学校可以这样管

学校系统改进的五个关键路径

王福强　著

江西教育出版社
JIANGXI EDUCATION PUBLISHING HOUSE
·南昌·

赣版权登字-02-2025-064

图书在版编目（CIP）数据

学校可以这样管 ：学校系统改进的五个关键路径 / 王福强著. -- 南昌 ：江西教育出版社，2025.7.
ISBN 978-7-5705-4192-8

Ⅰ. G47

中国国家版本馆CIP数据核字第2024AB3751号

学校可以这样管：学校系统改进的五个关键路径
XUEXIAO KEYI ZHEYANG GUAN :
XUEXIAO XITONG GAIJIN DE WU GE GUANJIAN LUJIN
王福强 著

江西教育出版社出版
（南昌市学府大道 299 号 邮编：330038）

出 品 人：熊 炽
责任编辑：俞霖霞
美术编辑：张 延

各地新华书店经销
江西省和平印务有限公司印刷
710 毫米 ×1000 毫米 16 开本 21.75 印张 278 千字
2025 年 7 月第 1 版 2025 年 7 月第 1 次印刷

ISBN 978-7-5705-4192-8
定价：68.00 元

赣教版图书如有印装质量问题，请联系我社调换 电话：0791-86710427
总编室电话：0791-86705643 编辑部电话：0791-86708350
投稿邮箱：JXJYCBS@163.com 网址：http://www.jxeph.com

序言 |

学校管理：精神画像的生成和汇聚

师道公益讲堂曾邀请王福强老师为《师道》杂志的广大读者做了一场名为“为师生赋能——学校文化的重塑与迭代”的专题讲座，内容精彩纷呈，得到听众的热烈好评。王老师在讲授过程中展现出来的饱满的精气神，更是令人印象深刻。每次和王老师讨论稿件，我总能感受到他对生活的热爱和对工作的热忱，以及教师特有的和蔼和细致。随着交流的增多，他那富有责任感且勇于拓新的教育者形象慢慢在我心中形成。这种判断当然是与他的文章关联在一起的，他在文字中表现出来的专注、积极向上，同样充满感召力。

在编辑工作中，我经常和优秀的教师打交道。在这些教师身上，我总能感受到语言和行动和谐一致的状态，这种统一感恰恰是他们持续成长、改变的结果，体现了在充分的生命探索中实现的身心秩序的调和。王老师坚持在教育园地中栽花，既关心着师生的未来，又在全然投入中成为全面发展的典范，因此他的成长对我们具有丰富的启发意义。特别是在他不断走向更大舞台的过程中，他影响着更多老师的“行踪”，这更是打破了我们对教师职业能为、可为的固化认知。如果说言行一致源于王老师严格自我要求，那么积极而稳健地扩展自己的舞台则是把他的成长带到更具动态性的张力结构中。人在努力精进的过程中塑造的精神图像无疑是非常重要的，而与周围的环境更为积极地交换信息，在合作中使自己的愿望更为开放地流动起来，同样是成长的关键部分。在王老师身上，这种内外交互的充分，触发了他对自身价值更为敏感的认知，使其教育历程散发出无可阻挡的光芒。翻开这本书稿时，我看到专业的锋芒和人性的光辉在眼前更为璀璨地交汇，也惊喜于阅读中悄然而生的愉悦感。

学校管理内容之庞杂，关涉细节之繁多，常令校长们繁忙不堪，加上教育工作的特殊性，无不使他们战战兢兢、如履薄冰。这本书对学校各个任务环节的打通、以鲜明板块意识对管理内容的理顺、以文化建设实现对学校的引领等内容，无不体现着王老师教育管理思想的通透。我最欣赏的是管理全链条中对人的“高清”看见、对人的“大力”托举，这种对人的关切使一种具身性的意味流淌其中，令原本行政化、条理化、抽象化的学校管理变得润泽生动，不再枯燥沉闷。成长共同体的理念生成了新的学校文化内涵，在对旧场景的反思和批判中，我们看到，那些试图“管住”、试图“封锁”、试图“贬抑”的管理模式的落后性显得异常明显，而学校文化肌体的自发展、自管理变得更为正当和迫切。新的认知、新的使命给学校管理带来的不仅是局部的调整，更是冲破旧有规范标准的全面迭代。当学校的轮轴在“共同愿景”的召唤下转动起来，琐事的缠绕便渐渐松解，成为一个个能够贯彻育人精神的宝贵细节，互相消耗的人事行为也在周全的管理“调教”下，转变为协同共进的正向合力。“共在”的理念催生了学校中人们相依相生的默契。

为了使系统性的管理文化和管理方法便于读者理解与掌握，王老师以有别于一般文章的论述方式设计了新的解读形式，改变和调整了章节的结构和文字的节奏。清晰的内容不仅得益于不同的写法，还有对理念诠释的用心斟酌；统一的形式考量的是能够全盘统摄的能力；而对一些内容的重新裁分和安排，可以说是推倒重建的勇气的体现。纸上的架构，必是思想磨砺的结果，更是扎实的现实经验的体现。这本书每章节的基本构成特点，首先是场景化地进行问题的聚焦和描述，这能使读者快速进入管理的具体论题之中，便于做出批判性的理解。场景所展现出来的管理者实践的局限常使读者产生一种意欲改造的强烈愿望，使其在进入后面的“破局”时储备了相当的热情和思考。其次是条目式呈现经过梳理的思想，这有利于加深读者记忆。措辞的简洁，炼意的准确，视觉效果的工整清爽，皆有利于理念的传达和进一步传播。再次是重视落实。书中所提供的内容、方法都指向方便执行、利于迁移。例子可感可学、资料详尽充实、工具趁手实用。最后是以问题引领学习者再度审视自身职责、复盘所学知识、扩展认知边界。

书中，在主题化的管理经验下，更有令人肃然起敬的对微小内容的考究，这种琢磨的程度非热爱无以达到。王老师在分析中表现出极大的耐心，除了整体规划、重点推进，筑牢底盘、合理授权，清晰定位、扁平管理等主体思路，更在细节处扪触人性，在关系中发掘价值。如果一位校长能够坚持在情境交往中思索人自身真正的需求，就会在为学校规划蓝图时，使每一项指令都与为师生个体谋求更大发展空间的想法紧密结合起来。正如我们体验到的那样，很多管理正在使我们失去宝贵的自发性，糟糕的管理限制我们超越自身，甚至使我们沦为工具一般的存在。唯有教育主体发生意识的变革，方能使学校、教师的形象打造告别刻板印象和作秀表演，而充满真诚和活力。我们必须在可信赖、可发展的真实场景中形成身份的认同，只有当我们从抵制、应付，走向追随、用心，才能在诸多互动中产生新的意义。

管理者若想挖掘管理的深层价值，就要努力挖掘组织架构的另一种可能性，不仅要使学校的存在目的——育人，落实到工作的方方面面，还要有策略地将关于育人的思考“漫溢”到育“管理者”、育“教师”当中，也就是说，教师也能成为学校育人文化切实的受益者。学校管理的存在应该不仅能使每名教师清晰地明白自己工作的职责，也能为其提供自我发展的方向指引。

学校管理的精神每时每刻都在“参与”着每一名教师的教育生活，也都在形塑他的每一个学子的“学生时代”。意识到这种经历性，并注这种经历性，才能够在设计学校理想范本时思及生命的鲜活，从而谢绝教条和控制。我们都害怕毫无光彩的生活，但也容易屈就于那种无光的日子。王老师在书中提起的北京市十一学校那些闪耀着自由光辉的师生高光时刻，十分令人向往。学校能成为师生心安之境、心畅之境，肯定是管理者将校园中已经消失的内心生活“邀请”了回来，把分离了的人与人之间的关系通过尊重“缝合”了回来。更纯粹的追求，使学校可以集中前所未有的精力去缩短整体想象和个人体验的距离。管理者在为师生成长标记一个个小小的路标时，也为学校管理打开了“独一性”的新视域，即更多有意思的个人生活“主动”进入学校的“独一性”当中，这些“独一性”拼就出幸福学校的全图景。正如城市纪录片呈现的那样，无数人的笑脸拼成了城市生动的表情。

书中谈到廊坊第五小学的校园里有十几棵漂亮的柿子树，因此学校把育人目标定位为“小柿子，个个红”。该校文化内涵中除了珍重每个“小柿子”的美，也有由小我之饱满汇聚为果园之丰收的深意。小大之辩，是学校管理文化中最应深思的一对基本关系。

只有当“育人”真正成为学校所倡导、所贯彻的核心内涵，教与学更深的交融才有可能出现。学校管理内聚力肯定要建立在能够形成共识的教育意义和教育任务之上，当教师以真挚的态度，将所有有助于提升自身专业素养的资源，以及自身所能付出的精力与心血，都视作助力学生创造幸福未来的重要力量，学校对教师的培养才能释放出更大的能量。《师道》杂志以助力教师专业成长为旨归，因此我对助益教师成长的举措不免多留意了一眼，王老师书中所讲到的补齐“后培训”短板、关注教师研究成果、发掘教师个人的培训资源、使每名教师都拥有背后支持的人等，都是非常有见地且十分实用的建议。小环境与大环境相互关联、彼此影响，正是基于对学生发展的深切关怀，学校才能不断优化育人模式。每一名教师的专业成长故事应该在校园中被传颂，而不单是被包容，或是干脆被无视，甚至完全被抹杀。

管理人员各司其职、各尽其责对于学校管理来说非常重要，但对于建设一个更美好的学校来说仍旧不够，王老师十分看重管理中“内化”的机枢，他写道:“（校园里的每一个人）一举一动都能散发出教育的‘属性’和‘魅力’。”指向核心价值体系建设的学校管理，其潜在影响发生于每一天，人的互相影响亦不会停止。哲学家梅洛－庞蒂曾言，每一分钟我们都会目睹由不同经验的相互关联产生的奇迹，然而没有人比我们更了解奇迹是如何发生的，因为我们自身就是这关系的网络。唯有当学校管理者真正领悟育人本质，始终坚持教育初心，才能在校园中形成积极向上的精神氛围，滋养师生的心灵成长，如此，影响的涟漪便不会消散，人立身于职责之内，却也可以释放想象，在系统的规则之中感觉手脚的伸张。

作者运用巧妙的整合手法，将学校多样的人文景观有机融合，引导读者构建不同管理内容之间的逻辑联系，从而学会透过复杂的教育现象，洞察其背后的管理思维内核。谋求学校各部分之间更为积极的合作，使各科室的工作顺利“接壤”，能使“部分”的努力最终达到所期待的“共同体”的高度……书中精彩的思想比比皆是，留待读者自己慢慢发现。

当我沉浸于这本书时，总有那种对“文化气候”的感受。人的集合，既会造成个人难以逾越的屏障，也能为个人带来发展的契机。学校之中，师生的聚合是为个人带来痛苦还是福祉，是剥夺还是成全，这是对学校管理的深深叩问。当拟定细则，我们应该关联情境；当下达指令，我们应该顾及心理。专业的指导，肯定会有灵感的触发；关爱的给予，必定会有美好的回应。学校在岁月中自洽生长，渐成独特气象，而领导者德才兼备的气度和仁爱慈悲的情怀，才能让学校在时间的洪流中稳步前行。

行笔思谊，是为序。

李淳（《师道》杂志主编）

2024年7月28日

自序 | 以系统性解决方案打开学校工作界面

2020年春夏之交，我辞去了校长职务，投入对学校管理的深度研究与指导中。几年下来，我辗转于几个省份的上百所学校，深入校园的每一个角落，俯下身子，目光平视，理性分析。校园中的每一双眼睛，讲台上的每一个动作，会议室里的每一次讨论，活动中的每一个观察维度，无不在引发着我的思考：学校运作的机理与规律究竟是什么？

学校自身是一个完整、独立，但多样性并存的复杂系统，其发展又受到诸多外部因素的制约与影响，而每所学校都有其独特的文化背景与生长基因，接触与深入的学校越多，我越能感受到学校工作容易“顾此失彼”的问题与学校管理者的困惑和无力感。学校的发展不是简单的因果关系，而是大量的关于“相关性”的分析。学校的运作系统有哪几个主要要素？每一个要素内部的结构是什么？彼此之间有什么关系？它们如何通过系统化的方法推进学校各项工作，从而“打开学校工作界面”？

面对这些问题，我坚持和校长站在一起，回到管理现场，反复调研，给学校“画像”，寻找“痛点”，挖掘潜在的增长点，并且坚持“下水”指导，通过一个个的解决方案打开工作局面。在这个过程中，我化身为一名贴心的教练，和合作伙伴们摸爬滚打，从厘清问题，到提出挑战、限定问题边界、给出结构化的解决方案，最后到价值增量的产生。我欣喜地发现，我们摸出了学校“解决方案”的产生门道。一个个解决方案的诞生，不仅解决了具体的问题，而且盘活了教师内部的学习与研究系统，潜移默化地影响着学校生态与组织变革。项目组内大家身份平等，研究群里大家协作共赢，大家目标一致，共同努力，在不断摸索中训练系统化思维。至此，学校治理的系统、要素、运作、结构、关系逐渐清晰。我试着将这一切梳理、归纳、分析，期望给更多的学校管理者以启发，于是，这本书应运而生。

《学校可以这样管》中的“可以”，代表着一种可能、一种选择、一种探索、一种基于现实问题寻找更好管理方式的努力与尝试。它不是标准答案，但其中蕴含的学校发展过程中必然的内在规律，能够给学校管理者提供一个独特的思维视角，实现学校发展的更多可能性。

本书共分为五个部分，分别聚焦于学校治理系统、学生成长系统、教师发展系统、课程教学系统、学校生态系统，旨在全面呈现学校的常态化工作。五个部分之间存在着紧密的逻辑关系：学校治理系统是基础和保障，它为学校的整体运行提供了框架和规范；学生成长系统关注学生的全面发展，是学校工作的核心目标；教师发展系统则是为了提升教师素质，使其更好地服务于学生成长和教学工作；课程教学系统直接关乎教学质量的提升，是实现教育目标的重要途径；学校生态系统营造了良好的教育环境和氛围，对学校的健康发展起着重要的支撑作用。它们相互关联、相互促进，共同构成了学校工作的完整体系。

本书倡导一种系统的、结构化的、有规划的工作思路。“打开学校工作界面”意味着学校管理者要摒弃固有的思维定式，敢于创新、勇于尝试。书中所提供的解决方案，正是为了帮助管理者打破传统，引入新的理念和方法，以更好地适应时代的发展和满足学生的需求。每个部分都详细阐述了具体的工作方案和实施策略，为学校管理者提供切实可行的参考思路。

比如学校治理系统部分，该部分涉及校长角色如何自我定位、如何授权、如何带领中层干部成长、如何建立科学的管理制度、如何形成团队的工作思维、如何进行有效的组织架构设计等；学生成长系统部分探讨德育内容如何变得具体化、清晰化，德育模式如何变得科学化、人性化，德育评价如何变得多元化，从而探索学生综合素质的培养路径；教师发展系统部分详细讲解了如何进行教师成长的整体规划、如何设置专业培训课程、如何激发教师的工作积极性等；课程教学系统部分围绕质量控制、校本研修“新样态”的建设、课程体系的打造路径、课堂教学变革的一般规律和推进步骤等展开探讨；学校生态系统部分研究如何营造积极向上的校园文化、如何加强家校合作等。通过具体而全面的阐述，学校管理者能够清晰地了解到在各个方面应该采取的具体行动和方法，从而更加有效地开展管理工作。同时，书中还提供了大量的实际案例，分享了诸多宝贵经验，介绍了不少实操工具，让管理者能够从他人的成功与失败中汲取教训，避免重蹈覆辙，更好地推动学校的发展。

对于学校管理者来说，这本书就像是一名经验丰富的顾问，随时随地为大家答疑解惑、提供策略。它不仅能够帮助大家迅速厘清管理思路，明确工作重点，还能够引导大家不断创新和改进，提升学校管理的水平和质量。无论是学校管理中的日常问题，还是重大变革和挑战，学校管理者都能从书中找到有益的启示和指导。

回顾自己的成长历程，从初入教育行业时的懵懂青涩，到逐渐积累经验后担任校长时的责任在肩，再到如今专注于学校管理指导时的深入洞察，每一步都写满了挑战与收获。在撰写这本书的过程中，我更加深刻地体会到教育事业的伟大与责任。个人的成长与学校的发展紧密相连，只有不断完善自我，才能更好地为学校管理贡献力量。

我希望这本书能够成为学校管理者的得力助手，帮助大家构建更加系统、科学、高效的学校管理模式，让学校的发展步入更加健康、有序的轨道。

当然，本书必然存在一定的局限性。毕竟个人的经验和认知有限，书中的观点和建议或许不够全面，所提出的方案和策略也可能在实际运用中面临各种挑战，需要大家根据实际情况灵活运用。但我衷心地希望，这本书能为学校管理者提供有益的思考和启发。

王福强

2024年7月20日

目录 MULU

第一章　效率为先：学校治理系统打造

第一章　效率为先：学校治理系统打造

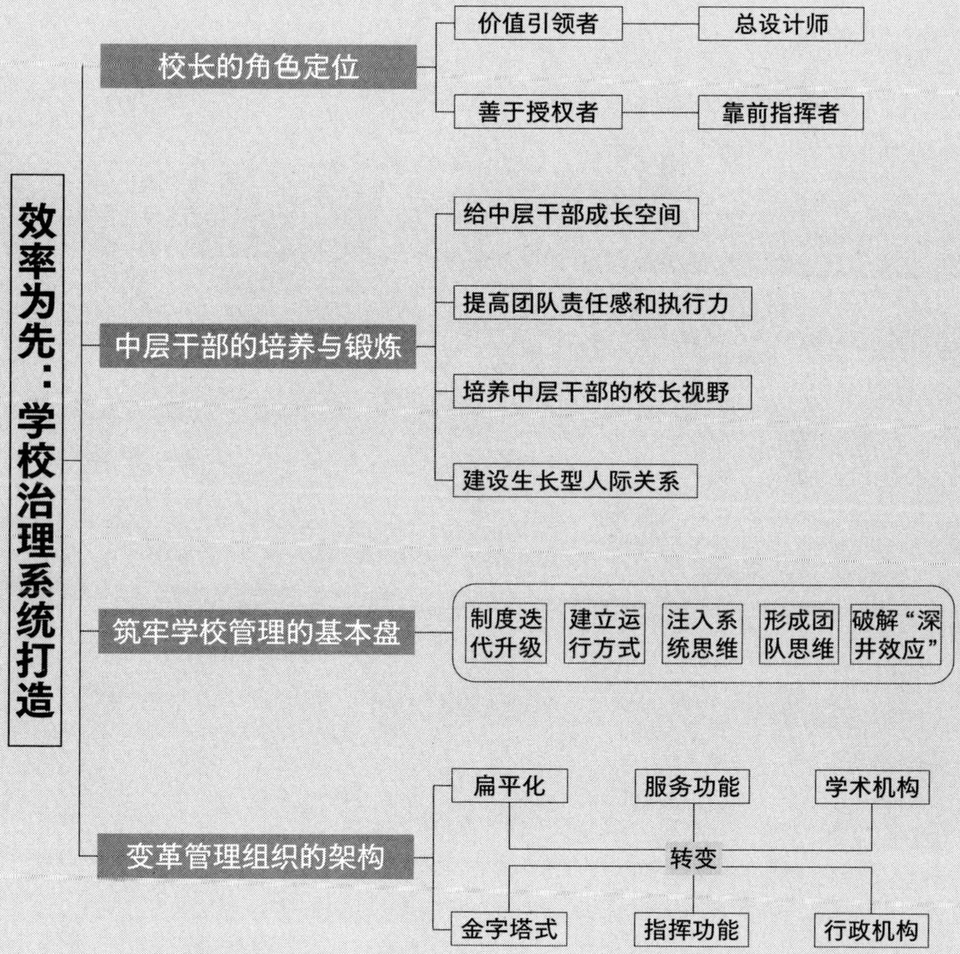

现场速记

现场一

在一个校长朋友办公室聊天时，有人拿着期中考试的方案进来汇报工作。他向校长介绍了教学部门关于考试时间等的一系列安排，并逐一说明理由。校长听完后，直接说这里这样改、那里那样改，没对更改原因做出任何说明。那个人只是频频点头，并无丝毫质疑。人走后，我质疑道："这是你们主管教学的副校长？你也真够累的，难道一场考试如何安排也得你亲力亲为吗？"

现场二

在一所学校调研时，一名教师跟我分享了一个无奈的故事：有一次，她组织一个特殊的班会，需要打印五六十份材料。而按照学校的规章制度，为了节约，印刷室一般是不单独为班级印制资料的，除非有特别需要。她找到印刷室，工作人员告诉她需要领导审批才行；找到年级主任，年级主任说自己没有权限；找到教务主任，教务主任说不清楚处理流程，让她去找后勤人员反馈；后勤领导又说，这件事主管校长才有权批复……她找了一个又一个人，前前后后打了六七个电话，问题仍然没有解决。最后，她干脆放弃了，班会也没开成。

反思感悟

学校需要建立怎样的制度和机制，才能实现有效管理和发展？在这个组织架构中，校长、中层管理者应该具备哪些特质？部门之间如何开展合作？如何保证组织架构能够以教育教学为中心，为一线教师服务？为了提升管理效益，学校组织架构如何与新时期教育的价值追求相匹配？

一、校长的角色定位

在走访学校的过程中，我与不同地域的校长进行过交流，发现很多人不堪重负，对校长这个角色普遍感到无奈。有人感慨，当校长太不容易了！校长在实际工作中缺乏人事自主权，每年学校能进多少人员、具体引进什么人员，由上级部门直接决定。在这样的情况下，校长开展管理工作难免受限。此外，校长还要应对数量繁多的会议和检查，精力被分散，难以全身心投入教育教学管理工作。不少校长竭尽全力想改变学校现状，可发布的指令常常如石沉大海，得不到有效回应。究其原因，中层干部在执行过程中存在“不够得力”的情况，而部分教师面对指令也常出现“有令不行”的现象。这不禁让人思考，推动学校发展难道仅仅是校长一人的责任吗?

拿破仑曾说，一头狮子带领的一群绵羊，能够打败一只绵羊带领的一群狮子。尽管我们对“一个好校长就是一所好学校”有着不同的理解，甚至存在争议，但不可否认，校长能否找准自己的角色定位，能否发挥自身影响力，是影响一所学校整体治理水平高低的关键和基础。

1. 校长领导力并非来自你的“椅子”

校长只是上级任命的职位，是等级序列的产物，其“权力”决定了校长可以要求和命令他人做事，具有强制性。这种想法是不对的。

我一直认为，一个校长仅凭借所谓的“权力”，是无法在组织中长久发挥作用的，也无法促进组织的健康发展。

对校长而言，最重要的是自身影响力。我们通过观察校长队伍中的大量样本得出结论：校长的影响力并非仅由职位、头衔、地位或等级决定，它还与校长的人格魅力、专业影响力紧密联系。

真正具有影响力和领导力的校长，通常具备三个特征。

价值引领者，而不是弄权者。真正的领导者应该是价值观的倡导者和践行者，他们以高尚的道德标准和卓越的远见带领团队前行，而非仅依赖权力来操控他人。这样的校长能够以身作则，用实际行动传递正面的价值观，激发团队成员的积极性和创造力，共同实现团队的目标。他们明白，真正的领导力源于信任和尊重，而非简单的权力压迫。

问题解决者，而不是解答者。优秀的领导者应该是能够深入分析问题，找到问题根源，并有效解决问题的人。他们不仅仅满足于提供表面的答案或解决方案，而是会花时间去了解问题的本质和背后的原因，然后采取有针对性的措施来解决问题。这样的领导者能够带领团队应对各种复杂挑战，不断提升团队的适应能力和竞争力。

拥有追随者，而不是“跪舔者”。一个健康的领导与被领导关系应该建立在相互尊重和平等的基础上。真正的领导者拥有的是那些真心认同其价值观、敬佩其才能、愿意与其共同奋斗的追随者，而非那些仅出于某种目的而阿谀奉承、逢迎拍马的“跪舔者”。健康的领导与被领导关系更加稳固和长久，因为追随者是基于对领导者的信任和认可而选择跟随的，他们更愿意为共同的目标付出努力。

这三段话共同描绘了一个理想化的校长形象，强调了校长应该具备的价值观、能力和品质。在实际的领导和管理工作中，管理者应该努力向这样的标准靠拢，不断提升自己的领导力和影响力。

我的一个朋友在山东一个小城市担任小学校长，她上任之初，就发现学校多年来盛行着非常严重的“跪舔文化”，很多人并无多大能力，对学校也没有多大贡献，只因善于察言观色、溜须拍马，就在学校耀武扬威、占尽好处。相反，那些默默无闻、辛勤工作的教师往往得不到该有的尊重和客观的评价。整个学校乌烟瘴气。

她在学校旗帜鲜明地提出了“公正”的管理理念，在会上严肃地表明态度：重新修订评价制度，要让真正优秀的人脱颖而出。她对那些能直面学校改革、做出卓越成绩的人，以各种方式予以肯定和表彰。尽管阻力不小，但她很快就赢得了团队中绝大多数人的支持，学校风气迅速澄明起来。

2. 校长最重要的角色是“总设计师”

加拿大管理学大师亨利·明茨伯格认为，作为一个组织的负责人，他承担的绝不是单一的角色，而是一个角色集，包含多种角色，每一种角色都意味着一系列的职责和工作，不同角色之间也有着密切的联系。

正处于教育转型期的校长承担的就是角色集的工作。想办好一所学校，校长先要对自身的角色特征有所了解。

第一个特征：角色杂

校长既要做一个领导者，能够对学校发展做好战略思考、宏观规划，把握促进学校发展的各种要素，整合资源，运筹帷幄，做到心中有数，又要做一个教育者，是教育教学的行家里手，常听课、会评课、懂研究、能指导。只有这样，才能在教师心中站稳脚跟。

第二个特征：重心低

校长绝不是坐在办公室里简单指挥就可以，而是要始终在教育教学的“现场”，到教师和学生中去，力求做到“问题在一线发现，困难在一线解决，经验在一线总结，典型在一线推广，任务在一线落实”。一般来说，校长要做到“重心低”，需抓住几个要点：

▶与工作“零距离”接触，把握工作主动权和决策发言权。

▶开展调查研究，了解学情、教情，改进、完善教育教学工作。

▶进行监督指导，提高工作效能。

▶及时召开研讨会，运用集体智慧，商定解决办法。

▶做教学的能手和旗手，能始终站在学科教学的“制高点”，引领学科的健康发展。

第三个特征：维度多

校长的工作内容呈现出多层面、多维度的特征，校长必须对相关领域有所了解，才能真正发挥出自身的领导力。一般来说，校长的工作涉及下列内容：

▶办学的愿景与学校发展规划。
▶对德育工作的领导力。
▶对课程的领导力。
▶对教学工作的领导力。
▶对（教师）专业发展的领导力。
▶对教研工作的领导力。
▶对行政工作的领导力。
▶形象设计与文化建设。

据我观察，在纷繁复杂的工作角色中，若校长缺乏对学校进行宏观架构和整体设计的能力，则会制约其工作效能或自身影响力。校长应该是学校整体发展的“总设计师”，遗憾的是，不少校长陷于琐碎的事务性工作中难以自拔。他们做起工作来不辞辛劳、兢兢业业，展现出应有的态度和担当，但当说起自己的办学理念、办学目标、教学主张、对课程的理解、对育人方向的思考等方面的问题时，往往一脸茫然，思路不清。

校长不仅是学校行政工作的领导者，更是学校发展方向的引领者和规划者，其职责涵盖了学校的各个方面，从教育教学组织到校园文化建设，从师资队伍培育到学生管理，都需要校长进行深入思考和全面规划。

首先，校长作为“总设计师”，需要具备前瞻性的战略眼光。他必须深入了解国家教育政策和社会发展趋势，结合学校的实际情况，制订符合学校发展需要的长远规划。这种规划不仅要关注学校的硬件设施建设，更要注重教育理念的更新和教育方式的创新。

其次，校长需要具备强大的组织和协调能力。他要善于调动学校内外的各种资源，促进各方的合作与交流。他要与教师、学生、家长以及社会各界人士建立良好的沟通机制，倾听他们的声音，理解他们的需求，共同推动学校的发展。

最后，校长还需要具备卓越的领导才能和人格魅力。他需要用自己的言行来影响和带动学校的教职员工，激发他们的工作热情和创造力。他需要关注每一名学生的成长和发展，为他们提供最好的教育环境和教育资源。同时，他还需要不断提升自己的专业素养和管理能力，更好地引领学校的发展。

综上所述，校长作为学校整体发展的“总设计师”，其角色和职责至关重要。他需要用自己的智慧和才能来规划和引领学校的发展，为学校的未来奠定坚实的基础。

3. 要做个随时离得开的校长

我经常在培训现场看到一些电话不断的校长，虽然人出来学习了，但仍要处理学校的大事小情，因此一刻不得闲。我认为，一名真正优秀的校长，是能够离得开学校的。如果校长一离开，学校就处于“半瘫痪”的状态，这不能证明校长的“重要性”，相反，这折射出学校治理体系一定存在着漏洞：要么学校的运作过度依赖校长个人，学校缺乏有效的管理机制；要么说明校长没有培养和发展其他管理人员的能力；要么就是学校的组织架构和管理体系不健全，在制度建设和组织设计方面存在问题。

在一次校长培训活动中，我组织大家研讨：在什么情况下，一所学校对校长的依赖程度会相对较低？大家得出了如下结论：

- 教师专业能力越高，对校长的依赖度越低。
- 学校制度化程度越高，对校长的依赖度越低。
- 团队建设的水平越高，对校长的依赖度越低。
- 中层干部的自主管理程度越高，对校长的依赖度越低。

对一个发展良好的学校来说，学校对校长的依赖程度越低，学校的管理体系越完善，学校就越能呈现出“有序”“有效”“有质”的特征。

1978年，史蒂文·克尔和约翰·杰迈尔提出了领导替代理论：当下属能够自主完成工作任务，且任务本身具有明确性、常规性，同时组织运行状况良好时，被领导者可以代替领导者行使部分职责。

我想，这对“要做个随时离得开的校长”有极为深刻的启示，它至少可以促进我们理解以下几点：

- 领导做的工作是服务，而不是管制。校长的工作不该是时时出主意，处处去管人，而是要做好服务工作，充分发挥被领导者的主动性和自觉性，充分挖掘其潜能和活力。
- 领导的重点是培养人，而不是使用人。如果校长能把一般的下级成员培养成了人才，再把这些人才进一步培养为领导人才，让他们清楚自己要干什么、具体怎么干，明白为什么要这么干，还能领会领导者的意图，这样就会帮校长减少许多工作，同时还能调动被领导者的自主性和责任感。
- 领导是“设计师”。校长只需做好组织的重大决策，制订好战略计划，妥善处理好意外事件即可，其他能让下属去做的事，都应授权让他们去完成，让决策发生在合适的层面，避免陷入事无巨细的琐碎事务中。

谈到授权问题，有些校长想做，但不成功。主要原因是不放心，本来已把一些工作安排给了中层干部，但会忍不住插手过问，让被授权的下属很不舒服。长期下去，下属还会产生依赖心理，有问题就请示领导。

这样的授权就是失败的。

美国内陆银行总裁大卫·拜伦认为，授权他人后就应完全忘掉这回事，绝不去干涉。这就是著名的“拜伦法则”，也就是我们常说的用人不疑、充分信任。

授权，授的是决策权。我们在赋予被授权者责任时，也要给他面对目标时选择路径的权力，也就是说定了结果，就别再对别人指手画脚了。

因此，授权并不是校长将有限的权力简单下放，而是通过分享，建立一个更广泛的权力基础。通过合理授权，让中层干部或者教师能感觉到自己的价值，从而愿意发挥自己的主观能动性。

校长要经常思考，从学校发展的角度出发，哪些工作可以授权，哪些工作只能自己完成。一般而言，校长必须赋予副校长、各部门负责人充分的权力，明确工作的范围、目标及考核准则等，校长应避免直接向教职员工个人越级授权。校长、副校长和各部门负责人应共同维护学校管理的层级制度，做到逐级授权、合理授权。

授权时，授权者应向被授权者明确如下几点。

详解任务，明确职责。要向被授权者尽可能详细地描述所授权的工作任务，更要明确任务的考核标准、完成期限等。一定要摒弃“我以为他明白了”这种主观臆想的想法，在任务布置过程中，要对任务进行必要的、详细的讲解。可以坚持布置工作时的“四问”原则：这项工作是什么？由谁完成？什么时间完成？需要完成到什么程度？通过这“四问”，能让被授权者明白为什么干，怎么干，要干出什么成果。同时，有必要让被授权者对应回答这“四问”：自己要完成什么工作？工作要求是什么？最终要达到的结果是什么？自己的职责是什么？这样能够有效避免双方因看问题的高度和角度的不同，对任务的理解出现偏差。

界定责任，厘清资源。要确定被授权者并明确其可以利用的人力、物力和财力资源，这是顺利开展工作、按时完成任务的基础。通常来说，一项复杂的任务往往会面临团队组建问题，这项工作会由被授权人具体实施。校长可结合实际情况给出一些原则性的建议，譬如如何结合各部门分工进行遴选，以保证工作的平衡性，或如何体现对人员工作量、工作绩效的整体把握等。

公开信息，提供支持。与被授权者沟通之后，确定了目标、任务、责任、团队组建思路等基本问题后，应该通过公开授权信息，对外公布其相关权力，并对相关部门提出需要配合的要求。公开授权能激励被授权者认真完成任务，调动被授权者的积极性，并且缓解被授权者“名不正言不顺”的工作尴尬，为被授权者提供良好的工作环境。

实时追踪，及时反馈。因为工作繁杂，许多校长授权之后常常忽略了对工作开展情况的过问，导致工作目标或进度出现偏差。授权之后，校长也要及时听取口头汇报，或者查阅书面资料，并结合预期的工作任务、工作标准和时间节点，进行实时追踪，这样才能有效帮助被授权者判断工作方向是否正确，利用的资源是否合理，工作方式是否存在不足等，从而随时发现并解决问题。这样不但有利于任务的更好完成，也有利于促进学校高效化管理文化的形成。

当然，校长放权不是为了个人的轻松自在，而是为了充分发挥中层干部的力量，调动中层干部工作的主动性和积极性。校长只有“不弃权”，才不会改变“放权”的初衷，才能牢固把握学校正确的办学方向，引领学校师生的共同成长和学校的可持续性发展。

4. 靠前指挥，走动管理

到了学校、校长室，我常常看见很多校长的“标准像”：在干净整洁的办公室里，校长坐在椅子上，背靠着摆满教育管理书的书柜，或者电话不断，或者手握一支笔，等着下属一个个进来汇报工作，校长则侃侃而谈，指挥若定……

一个校长如果养成了高高在上，每天只是开开会、听听汇报、看看材料的作风，那将是一所学校的不幸。

所谓“靠前指挥，走动管理”，就是指校长要有走出办公室“围城”的意识，不脱离学校实际，和教师“打成一片”。这样做的好处是显而易见的。

一是能掌握学校发展的第一手资料。学校发展的矛盾在哪里？问题在哪里？这些问题的答案都藏在现场之中。如果校长目不明、耳不聪，自己的“遥控指挥”功能就会失灵。校长通过走动，及时了解各种工作的开展状况，根据具体情况有的放矢地制订策略和管理制度，可以及时解决一线工作中出现的问题，提高工作效率。

二是能及时有效消除管理中的隐患。大部分学校的管理模式仍属于金字塔式，管理层级多，信息链较长，下级向上级汇报情况，往往是报喜不报忧，最终校长得到的信息可能会存在一定的偏差，从而直接影响最终决策的准确性。

三是能给教师更多的激励。大家工作态度、工作业绩如何，去一线看一看自然一清二楚。如果一个校长坚持“沉”入备课组、“沉”入教室、“沉”入活动现场，相关教职员工自然不敢谎报“军情”，反而会努力把事情做好，以随时接受校长的走动式检查。

四是能给团队树立起身体力行的形象。要在嘘寒问暖中了解师生的实际需求，倾听师生的意见和建议，感受他们的喜怒哀乐，表达希望与大家沟通和交流的意愿，形成良好的信息沟通渠道。久而久之，教师群体将形成务实的工作作风。

五是能及时传达自己的管理思想。通过参加集体备课和研讨，校长可以了解教师备课、教研的实际情况，在为备课组或教研组有效“把脉”的同时，献计献策，提出自己的建议。

在这个过程中，校长需掌握一些策略：

▶尊重教师或学生的自主空间，不打乱对方的生活和学习节奏。

▶放低姿态，发自内心地走到一线。是检查者，更是服务者。

▶注重对已部署工作的追踪。

▶与更多的人交流。

▶走动过程中关注细节。

▶对优秀班级、优秀教师、优秀行为及时给予肯定与鼓励。

▶有计划，不“三天打鱼，两天晒网”，不流于形式。

通过靠前指挥、走动管理，校长可以极大程度地拓展管理空间，在走动中与中层干部、一线教师实现互动管理。如果一名校长能将60%的时间和精力用于走动式管理，用40%的时间和精力思考现状、分析问题和寻找对策，那么这将有效促进学校治理效益最大化。

深度思考

◎ 你对自己的校长职务有哪些角色定位？

◎ 你认为在学校管理中自己的长处和短板有哪些？能否为自己的校长角色画个像？

◎ 你认为自己目前在授权方面做得如何？你能否充分发挥中层干部的管理才能？在这一点上，还有什么可改进之处？

◎ 你日常进行走动管理的区域有哪些？为什么会选择这些区域作为走动管理的重点？

二、中层干部的培养与锻炼

在指导学校进行系统改进与优化的过程中，一个结论引起了我的注意：学校存在的种种问题，其根源往往不在于普通教师，而是来自领导班子内部，特别是中层干部。中层干部是学校管理工作正常运行的“桥梁”和“纽带”，是承上启下的中坚力量，是学校管理工作中不可或缺的执行官和实践者，其影响力往往非常大。

换句话说，中层干部是学校变革的决定性力量。提升学校中层干部的领导力，已经成为现代学校突破治理瓶颈、走向高质量发展的最佳选择。

因此，中层干部的培养工作，必须引起校长的重视。

1. 校长不是“千手观音”

我见过很多“太能干”“太勤奋”的校长，对学校事务大包大揽。相反，中层干部要么袖手旁观，要么唯唯诺诺，学校管理陷入一个“怪圈”：一个人演戏，一群人看戏。这些校长的做法，通常会导致三种风险：

- 错位风险：抓细节，太忙、太辛苦，最后失去了战略高度，这是定位的失误。
- 孤立风险：所有工作都得靠自己推动，离开自己则无法运转，这是路径的失误。
- 越位风险：越级指挥，忽略中层干部的存在；越位汇报，造成领导之间的误解，这是策略的失误。

我经常和这些校长开玩笑说：你不是“千手观音”，也不能七十二变。我们在上一节讲过校长授权、分权的话题。美国政治家艾森豪威尔认为，

成功的领导 = 授权 + 赢得追随 + 实现目标。培养人才是校长最该做的事情。

我在做校长的时候，曾经对中层干部提出过一个要求：我只做“选择题”，不做“简答题”，更不做“论述题”。当某个部门负责人就一项具体工作来向我汇报时，我有个“三不谈”的要求：

▶没有两个以上的备选方案不要谈。

▶没有对问题利弊的预判不要谈。

▶没有对其他部门的影响分析不要谈。

一项工作的答案究竟在谁手里？往往不是校长，或者说至少不在校长一个人手里，领导班子所有人的脑袋不可能都长在校长一个人的脖子上。校长应该让中层干部主动去思考，明确工作的目标，寻求问题解决的路径并划分责任，努力避开工作中可能存在的“坑”。要看到工作背后的“人”，以工作为载体，推动“人”的成长。

学校各部门负责人上承学校领导的管理意图，下接普通教师队伍的具体执行。如果“级部”“教学”“教研”“德育”“党务”“后勤”等各个团队能各承其重，互相配合，那么学校自然生机勃勃，活力十足。

中层干部的培养有四个关键点。

一是沟通，明确责任，压担子。我认识河北的一个小学校长，她非常善于和中层干部沟通，甚至说，她将大部分工作时间用在与各个层面的负责人不厌其烦的交流上。交流的内容包括对自己办学思想的阐述，对各部门工作定位的认知，等等。校长要让沟通常态化，在交流中明确责任、赢得信任、唤醒动力。

二是放权，树立威信，给地位。校长要在全体教职员工面前，清晰说明每个部门、每个职务或每一项具体工作的分工，负责人的权限，资源的调配方式。校长要学会在关键场合为中层干部“站台”，做好他们的精神支柱，协助其在全体教师面前树立威信，打开工作局面。

三是使用，打磨能力，练水平。要鼓励中层干部具有“牵头”意识，敢于尝试新的管理领域，拓展能力空间，利用各种机会和场合，让他们去“曝光”、去锻炼、去表达。

四是学习，开阔视野，长见识。鼓励中层干部走出“舒适区”，进入“学习区”，向名校、名家学习，多提供机会，让其看到外面的世界，打开封闭的思维。

校长“懒”一点，中层干部的成长空间就会大一点，成长速度就会快一点。

2. 执行力是关键

有一名管理学家曾说：“如果你能真正钉好一枚纽扣，这应该比你缝制出一件粗制滥造的衣服要更有价值。”

道理很简单：一个团队执行力强，便能排除万难，千方百计地实现战略目标。相反，执行力弱，就会找借口，谈条件，错失良机，导致战略目标无法实现。

就我的观察来看，无论学校处于何种发展阶段，都有执行力偏弱的问题。在此情况下，学校的管理人员大致存在以下现象：

- 管理信号递减严重。
- 对待工作缺乏热情和主动性。
- 不追求完美，不追求细节，敷衍塞责之风严重。
- 在制度落实上不能善始善终，而是虎头蛇尾。
- 学校领导的话，只是墙上的标语、纸上的制度，真正得到贯彻的寥寥无几。
- 工作开展得前紧后松。
- 工作思想不统一，各说各话。

▶表面一团和气，背后相互埋怨、发牢骚，暗地里“顶牛”“拆台”现象此起彼伏。

在研究这些现象的过程中，我深刻体会到，中层干部工作作风的好坏是影响整个团队执行力强弱的关键，教师群体执行力弱，根源往往在于中层干部。有一名校长跟我诉说自己的苦恼，说不少中层干部存在本位主义思想，不能甚至不想准确地领会学校的战略意图，因此学校的工作要求总是执行不下去。她疑惑地问：“你说出现这个情况，是不是说明要求的落实要因地制宜，坚持具体情况具体分析？如此看来，大家这样做是不是也情有可原？”

这名校长的困惑是具有普遍性的，但我认为，“令不行禁不止”是执行中很严重的错误。之所以有如此结论，一是因为不认真贯彻执行上级政策或文件精神，必将给整个组织的运转一致性与协调性带来危害；二是这种不执行的行为很容易被暂时认可，带坏更大范围内的风气；三是因为这种行为的危害具有滞后性，但一旦累积到一定程度，往往很难收场。因此，我们须防止中层干部团队打着“实事求是”的幌子，各行其是。校长可以引导中层干部在原则性规则与非原则性规则之间划清界限，明确要求中的“规定动作”与“自选动作”。凡是“规定动作”，中层干部必须一丝不苟地照做，如有特殊情况，也必须在校长或教育主管同意的前提下，进行与政策精神不相悖的灵活变通。只有这样，才能协调好“统一执行”与“因地制宜”两者间的关系。

执行力不是说说就能形成的，校长需要在带团队的过程中不断引导和锤炼中层干部。在工作中，我曾总结出中层干部提升执行力的几个关键习惯，分享给大家。（见表1-1）

表 1-1 中层干部提升执行力的关键习惯

序号	关键习惯	具体要求
1	做好时间管理	给每一项工作制定一个起止时间；善用零散时间，养成良好的工作节奏感；克服拖延；大部分时间用来做“重要且不紧急的事”
2	分清优先顺序	认清事情的“本末”“轻重”“缓急”
3	清楚理解任务	明确知道任务需要怎么做、做到什么程度、什么时间完成。迎接上级检查之类的工作，一定要事先与上级相关部门进行沟通，知晓重点、流程、方式等，做到不打无准备之仗
4	做好沟通工作	多沟通，实现信息共享；多提醒，保证工作落实到位；多肯定，激励教师提升绩效
5	形成工作闭环	“文经我手无差错，事交我办请放心”；“事事有着落，件件有回音”；“有始有终、有头有尾”，处理结果及时向上汇报

学校很多工作都是为了促成育人理念的落地，本质上是在考验管理者将观念问题转化为技术问题的能力，这也是中层干部必备的能力。要落实上级部门和学校的理念与规划，不仅要确保各项事务圆满完成，更要关注执行过程中人的感受，最终通过教师的成长，成就学生、发展学校。这个过程传递出的是一名中层干部超前的工作能力和良好的执行力。

结合以上理解，可以遵循“四步工作法”去落实每一项工作，以提高执行力：

- 理解问题设目标。形成系统思考问题的思维模型，准确描述预期任务、目标。
- 诊断问题定方案。定义问题、拆解任务、出台标准，形成可操作的方案。

- 解决问题用清单。分工协作、逐步“清零”、紧扣目标，坚持工作中的“清单模式”。
- 完成任务要复盘。认真反馈，不断优化、总结。

提升执行力应杜绝一些口头禅，比如：“我可以早到，是因为……”“我没在规定时间内把事做完，是因为……”“我对这个事不熟悉，所以……”“我实在太忙，因此……”。反过来，应该提倡一些习惯性表达，比如：“好的，我马上去做。”“我相信事在人为，我会尽全力做好。”“对不起，这件事我没处理好，我会继续努力。”

当不解释、不推诿成为一种做事习惯时，执行力自然将得以提升。

3. 提升团队的责任感

江西一所乡镇学校的校长提出了“首遇责任制”的管理要求，很有借鉴意义：

> 校园中第一个遇到问题的人，应尽力处理和解决所遇到的问题，如果自己没有处理这种问题的能力和权限，必须把问题移交给有能力或有权限解决的部门或人员，不得采取推诿、拒绝等方式应对，否则追究“首遇”责任。

这名校长告诉我，他在带领中层团队时有这样一些推荐的表达方式：“这事我不知道，如果您有需要，我帮您问一问。”“这事不归我管，我感觉应该归某某部门或某某领导管，您可以去问一问，或者我带您过去一趟。”他认为最忌讳的就是“这事我不知道”“这事不归我管”这种简单粗暴、一推了之的表达方式，这在团队中是不能容忍的。

这名校长把培养团队成员的责任感作为一个关键的工作内容。中层干部的执行力，实际上是以“责任感”为前提的。只有中层干部的责任感加强了，他们才能更加坚决地遵守并贯彻学校的各项决议，在面对困难时不会怨条件差，而是积极主动地想办法应对，始终坚信办法总比困难多。

“拒绝借口”是一个管理团队责任感强的标志。我曾在学校提出提升团队成员责任感的四个标准：有了风险去化解，出了问题去整改，没有风险积极去防范，没有资源努力去开拓。有了这四个标准，许多工作便能找到发力点。

中层干部性格特点各异，认知和能力也存在差异。在此情形下，校长不妨提出一些提升责任感的具体举措，为下属指明发展方向，这些举措也可作为下属自我成长、自我评估的指标。这里提供一份个人责任感提升清单，以供参考：

- 主动面对问题，坚信方法总比问题多。
- 往前走，不要停滞不动或向后退。
- 工作无小事，把小事做好。
- 拖延是恶习，优秀的成绩来自即刻行动。
- “老好人”要不得，缺乏原则的“老好人”如同帮凶。

4. 不在其位谋其政

据我观察，大部分校长在实际工作中更喜欢“听话”的中层干部，认为他们只要不折不扣地执行，做自己的“传声筒”和“代言人”就行了，其他无须过问。其实，这是“一言堂”的家长式管理思维在作祟。

清华大学附属小学（以下简称“清华附小”）对管理者的要求，有一段非常有名的阐述：

请你不要走在我的后面，我不想领导你；
请你不要走在我的前面，我不想跟随你；
请你走在我的旁边，我想与你并肩同行、风雨兼程。

这段阐述同样可以理解为校长与中层干部的关系。一个团队是一艘船，它需要众人一起努力，让它扬帆起航，成功到达彼岸。因此，让中层干部“有校长的视野，做中层干部的事情”，让中层干部“不在其位谋其政”，适度超越自己的职责范围，积极参与学校的整体发展和各项事务，关注学校的长远利益，是校长应有的管理格局。

校长可以采取一些举措培养中层干部。

提出共同愿景。可以与中层干部共同制订学校的发展愿景和战略目标，让他们明白自己的工作不仅仅是完成本职工作，更是为了实现学校的整体目标。

实行流动轮岗制。良好的流动轮岗制度有利于开阔中层管理者的视野，提高其工作能力，弱化本位主义思想，同时也有利于培养校级后备干部。

实行执行校长制。校长外出时，需要每天有一名中层干部做执行校长，全面统筹学校工作，处理紧急事件，并与校长保持信息沟通，让每个人都能形成“一盘棋”的管理意识和思维方式。

提供培训和发展机会。帮助中层干部提升专业技能和领导能力，使他们有能力从更广阔的视角思考问题。

鼓励参与决策。可以邀请中层干部参与学校的重要决策过程，让他们了解学校的全局情况，培养他们的战略思维和决策能力。

建立合作机制。可以建立跨部门的合作机制，促进中层干部之间的沟通与协作，让他们在解决问题时能够站在学校的角度考虑。

激励与认可。可以通过激励和认可机制，鼓励中层干部积极履行职责，对表现优秀的中层干部给予适当的奖励和表彰。

以上举措可以促使中层干部，特别是年轻干部，补齐人生阅历尚浅、心理承受能力不足等短板，淬炼出能理事、善谋事的过硬内功，从而提高学校的整体管理水平。

总之，中层干部不应只是局限于完成上级交付的任务，而要成为校长的左膀右臂，要能读懂校长的深层意图，成为校长决策的“纠偏者”、问题的“排忧者”。

当一所学校的中层管理团队具备了这样的特征，学校的管理必然会朝着科学化更进一步。

5. 引导中层干部建设生长型人际关系

管理者、被管理者、部门主心骨、校内外沟通者、部门利益代言人、矛盾调解人、资源分配者……

以上是对学校中层干部角色的一个画像。中层干部不仅要做业务高手，还要做管理行家；不仅要做“老黄牛”，更要做带领大家走向广阔草原的“领头羊”。这些责任也不可避免地给中层干部带来了压力。

不少中层干部在跟我交流的时候，都会表达这种困境：自己就像“夹心饼干”，挤在上级、平级、下级之间，处处要协调，个个要注意。没有上级的信任，带团队就十分艰难；没有下级的支持，则无人可用、徒有虚名，成了“光杆司令”；没有同级的理解，工作上不但得不到配合，甚至还多了许多障碍。

的确如此，人际管理尤为复杂。倘若处理不好，必然处处受限，寸步难行。因此，中层干部以怎样的心态面对工作，直接影响其自身的成长和发展。

我在江西万载做入校指导工作时，曾结识一所偏远山区学校的一名年轻语文教师。我见证了她由普通教师到教务处干事，再到学校中层干部的成长历程。面对相对复杂、烦琐的工作局面和初至管理岗的压力，她的乐观深深感染着我，也感染着她身边的每一个人。在一次交流中，她谈到自己对工作的一些认识，给我留下了深刻的印象：

对于烦琐的工作，我觉得应该先处理情绪再处理事情，不要被“事好多，烦死了”的心态支配，要按照事情的轻重缓急去处理。事是做完的，不是拖完的，合理规划、调整好心态更重要。要常怀“对事不对人”的心态，关系复杂就学会做减法，不钻进那些复杂的关系中去，简单地对人对己，做个“处理事”的人，而不是“处理人”的人。

应该说，她虽然很年轻，但很好地化解了面临的困境，是个极具智慧的管理者。从校长的视角来看，我认为校长有必要协助中层干部建立生长型人际关系，从而打开工作局面。

每年开学前，带领团队做新学期准备工作的时候，我都会专门安排一场“中层干部恳谈会”，请大家分享对自己角色定位的认识，自由交流工作中的酸甜苦辣、成败得失。我把这个活动的目标定位为中层干部的自我认同。

自我认同是指能够理智地看待、接受自己，精力充沛、热爱生活，不会沉浸在悲叹、抱怨或悔恨之中，奋发向上，积极且独立，有明确的人生目标，在追求和逐渐接近目标的过程中能体验到自我价值以及社会的认同与赞许。

这种自我认同，很大程度上来自中层干部在学校群体中的认可度和存在感。可以说，他们身处什么样的人际关系中，就会呈现什么样的工作状态。中层干部处理人际关系有五个关键维度，表1-2是关于这五个维度的简要表述。

表1-2　中层干部处理人际关系的五个关键维度

序　号	维　度	核心目标	核心要义	实施要点
1	面对上级	为其增值	三观一致，不跑偏	▶发现问题后，积极寻找解决途径而不是推卸责任 ▶领导决策出现偏差时暗中帮助调整 ▶与领导充分沟通想法，以便更好地为其分担任务 ▶努力尝试别人不愿意做的事情

续表

序　号	维　度	核心目标	核心要义	实施要点
2	面对平级	大力相助	积极协调，求双赢	▶拒绝内耗 ▶避免“深井现象”，强调信息互通 ▶在尊重、欣赏、合作中成为朋友 ▶共享机遇，追求共赢，相互成就 ▶把反对者的声音视为促使自己成长蜕变的宝贵助力
3	面对下级	挖掘潜力	靠前指挥，做榜样	▶以身作则 ▶做事情不能相互看面子，要让共同的组织愿景成为大家一起前行的动力 ▶善于挖掘下属潜力，愿意为他们搭建平台，让他们看到自己的价值，看到成长和进步 ▶不吝啬肯定与鼓励，下属的成长就是自己的成功 ▶学会倾听，做下属坏情绪的“垃圾桶”
4	面对自己	管理形象	严格自律，向内求	▶认真履行自己的职责，积极解决问题 ▶言行一致，做到公正、公平、廉洁 ▶与同事、学生、家长建立良好的关系，与之友善、亲切地相处 ▶穿着得体，言谈举止得当，给人以整洁、自信的印象 ▶不断追求新知识，持续提升技能 ▶能够与同事协作，共同完成工作任务
5	面对外部	积淀资源	做好宣传，树形象	▶与家长、社区和其他利益相关者保持开放和有效的沟通 ▶遵守相关法规和政策，并与政府和监管机构保持良好的合作关系 ▶与企业、组织和机构建立合作伙伴关系，共同实现教育目标 ▶通过提供高质量的教育和积极的宣传来维护学校的良好声誉 ▶及时、公正地处理冲突和解决争议，维护学校的稳定与和谐

有一名校长曾在学校提出干部开会时的“公务形象”要求，我认为

这可以作为培养中层干部团队的路径参考：

提前到；带记录本；穿着得体；如需签到要及时签到；尽量前排就座，不要选角落坐；不能跷二郎腿；认真听，并做好记录；手机静音，开会时不能打电话、发信息；开会期间不能私下“开小会”；开会期间不能有剪指甲、掏耳朵、抠鼻子、脱鞋等动作；会前就餐不能吃葱、蒜等带有强烈刺激性气味的食物；会议结束后要把凳子放回原位。

深度思考

◎ 你带领的中层干部团队有哪些优势和劣势？

◎ 你希望中层干部团队具备哪些特质？对内、对外呈现出什么样的形象？

◎ 在中层干部团队执行力的提升上，作为校长，你可以提出怎样的要求或采取怎样的培养方式？

◎ 你带领的中层干部团队，其中每个成员在人际关系建设上存在怎样的瓶颈？如何突破？

三、筑牢学校管理的基本盘

“基本盘”，是指一所学校为谋求长远发展和稳健发展，自身所应具备的最基础、最核心的秩序、要素和原则，是学校正常运转和发展的基础。基本盘越清晰，越能让全体教职员工看到自己的能力，保持优势和信心。在多变的时代，学校管理者看清脚下的基本盘，是拨开云雾、窥见未来、做好学校管理的第一步。

在走访和参与学校管理的过程中，我发现制约学校发展水平的往往并非师资力量、资源、特色等，而是管理的“基本盘”，即学校没有建立基本的教育教学秩序，或秩序存在明显的“疏漏”。比如：组织混乱，学校的管理结构不清晰，各部门之间职责不清，做事效率低下，决策难以执行；缺乏明确的教育目标和教学计划，教师和学生缺乏明确的指导，所开展的活动缺乏系统性和连贯性；教学秩序混乱，教师的教学方法难以实现基本的教学质量，学生学习效果难以保证；学生缺乏基本的规范和纪律意识；家校间缺乏沟通和合作的渠道，关系紧张；学校资源分配不合理、浪费严重；等等。

要推动学校治理体系的建设，首先应该回到基本盘，思考学校发展的基本要素和组织策略，真正为学校发展打好基础。

1. 管理制度的迭代升级

几乎每到一所学校，校长都会拿出一本管理制度集来佐证学校的管理成果。但是，这些制度到底有多大价值呢？有些书页都已经发黄了，制度是几年前，甚至十几年、二十年前编写的，内容早已陈旧不堪；有些虽然是崭新的，但当我问起教师的时候，许多人茫然不知。这些所谓的管理制度只是为了应付检查而做的材料，与学校实际工作并无太大关联，不能发挥制度本身的管理作用。

当然，更多的问题，是制度本身的价值取向与教育应有的要义相冲突。北京教育学院校长研修学院孟瑜老师在《中小学校制度建设存在的问题及思考》一文中有这样一段论述：

有的学校规定："不得随便走进教师办公室和别的教室，不许在办公室前围观吵闹"等等。什么叫"随便"？什么样的事情进教师办公室可以不算"随便"？所以小学生只能理解为，就是不能有事就找老师。……还有的学校规定："接受老师正当批评教育时，要面向老师立正站好。不与老师顶撞、吵闹。"教师能保证所有的批评都是对的吗？教师就一定全面了解当时的情况吗？为什么学生不能解释和分辩？

孟瑜老师认为，从这些规定中可以明显看出，学校制度重视秩序控制和效率，忽略了关照学生的完整生活，忽略了学生的利益需求和个性化发展需要。

"以人为本"是现代教育的核心理念，"把人当作人"是教育的核心和旨归。贯彻"把人当作人"的精神，就要尊重和关心学生，尊重学生的合法权益、人格尊严、身心发展的客观规律及其个性发展的独特要求，平等友好地对待学生，努力营造一个开放多元和相对宽松的环境，有利于学生生命舒展。只有这样，才能更好地实现教育目标。这就意味着，学校的制度建设应该把促进学生身心健康成长放在中心位置，为学生搭建实现自我价值的平台。孟瑜老师所举的案例，显然更侧重学校利益，而非从学生立场出发，其制度设计将重点放在对人进行管控，而非促进人的成长，因此，这样的制度是"看不见人"的，与"以人为本"的理念背道而驰。

这样的例子在我梳理学校制度的过程中比比皆是。想建立一套现代学校治理体系，制度的迭代升级是必不可少的。管理者要跟随教育环境的变化，不断填补制度中的盲区和空白点。制度的迭代和升级，要特别注意围绕以下方面展开。

要加强学生综合评估体系的建设。传统的学校管理制度侧重于学生的学业成绩，但学生的全面发展范畴，虽然不止于成绩这一项。学校应该制订综合评估体系，评估学生在学业、思想品德、创新能力、社会实践等方面的发展状况。这样可以方便教师、家长更全面地了解学生的发展需求，及时采取相应措施提升其综合素质。据我观察，大部分学校在这方面仍是空白。

要注重教师发展支持制度的建设。学校可以提供定期的培训课程，让教师学习新的教育理念和教育技能，提高其教学水平。还可以提供教学研讨和交流的平台，鼓励教师相互学习、相互借鉴。通过这些方式，教师能够不断提升自己的教学能力，为学生提供更好的教育服务。

要强化学生管理工作，推进管理形式创新与内容深化。传统的学生管理形式侧重于纪律教育，但现代的学生管理需要更多地关注学生心理健康、个性发展等方面。学校应制订相应的学生管理制度，引入专业的心理辅导教师和社工人员，为学生提供心理支持和个性发展指导。还应注重与家长的沟通和合作，形成家校共育的良好局面，共同促进学生的健康成长。在当前中小学学生心理健康问题频发背景下，这项工作显得尤为重要且迫切。

要推动信息化建设。学校应充分利用信息化技术，建设现代化的管理系统。可以通过引入学生管理平台、教务管理系统等电子化工具，实现学生信息的全面管理和共享，提高工作效率，减轻管理负担。还可以利用信息化技术创新教学方式，为学生提供更加个性化的学习体验。

除了管理重点需进行调整，学校管理制度的迭代升级方式也值得注意。建立制度并不是少数几个人的事，只有实行民主管理，广开言路，充分发挥全体相关人员的智慧，好的制度和科学完善的机制才能形成。

学校管理不是单向的命令与执行关系，它涉及教师、学生、家长等多方利益关系。因此，在制订和调整管理制度时，学校应该充分听取各方的意见和建议，确保决策的公正和合理。

通常来说，学校制度迭代升级工作，可遵循以下流程展开：

- 成立学校制度修订、升级项目组，由相关领导牵头，教师、学生代表参与。
- 收集整理，让分散在各处的制度系统地呈现出来。
- 项目组成员单独审阅，提出删、减、增、改的修订意见；按制度类型分类汇总意见；集体审阅所有意见，进行取舍；根据修订意见，撰写生成新的制度；提交学校教职工代表大会审阅通过。
- 校务委员会颁布执行。

2. 建立管理运行的基本方式

以学校常见的会议为例。学校常规会议是最受教师诟病的一个话题，教师常常会提出各种问题。例如，要开哪些会？会议如何组织？会议目标如何达成？能否简练些，实用些，有效些？能否讲求效率，讲求效果？能不能别像老太婆的裹脚布，又臭又长？能否不空洞乏味，味同嚼蜡？

虽然刺耳，但这样的评判并不为过。我见过很多类似的会议，没有精细的谋划和鲜明的主题，谈问题只停留在表面，不痛不痒，参加会议的人就像喝了一杯温吞水，不冷不热，着实令人不爽。这样不仅达不到开会的预期目的，而且往往造成教师群体懈怠、冷漠、涣散的工作作风，负面影响极大。

我们可以先将学校常规会议进行分类，如表1-3所示。

表1-3 学校常规会议分类

序 号	会议类型	会议发起	会议人员	会议周期	会议重点
1	校长行政办公会议	校长室	各部门、各项目负责人	每周一次	重大事项决策，日常管理工作，协调部门关系，监督工作
2	部门（项目组）工作协调会议	各部门、各项目组负责人	各部门（项目组）成员	学期初、学期末，学期中随机组织	重要工作部署，明确目标、分工，工作定期跟踪、总结、调整
3	全体教师工作会议	学校办公室（或校长室）	全体教职员工	每1~2周一次	政策、制度宣讲，信息传达，工作部署，工作总结，培训交流，团队建设
4	办公微信群、钉钉群等线上会议	相关管理部门	相关群体	随时	随时传达沟通相关文件、工作要求

对于不同类型的会议，应根据其定位和特点，制订一定的常规要求，并让参会人员熟知，以保证会议的质量。

比如，每周的行政办公会议，通常要对上一周工作进行总结，对下一周工作进行部署（见表1-4）。因此，各部门可以提前提交部门工作清单，交由办公室汇总，并在会议开始前下发给与会人员，这样能够让所有参会人员迅速清楚一周的工作安排。同时，在各部门进行工作说明时，管理者可以适度调配时间，将部门之间交叉的工作内容作为重点，减少工作内容冲突，提升会议效果。

表1-4 学校周工作安排

________学校 ________部门 ________周									
日期	工作内容	预期目标	时间	地点	主办部门	协办部门	参加人员	责任人	备注

部门（项目组）工作协调会议一般为专题会议，比如班主任的专题工作会、教学工作会等，这类会议的关键在于明晰的主题，明确的问题与解决的路径，参与人员的职责、要求、工作标准等。必要时，各部门要提供相关资料，供与会人员翻阅。

教师会议可以结合工作部署与培训，让每一次工作会议都变成培训会，把会议的重要功能定位在团队的打造和教师的成长上，丰富会议的形式。而且注意，尽可能开短会。

琐碎的、并不复杂的工作，尽可能不在集中的教师会议上说明，而是通过办公微信群、钉钉群等方式发布。这里需要注意，利用网络发通知要避免不加选择、铺天盖地的发布方式；要注意发布的范围，只在对应的群体内发送消息。必要时，管理者要对学校微信群、钉钉群的组建、使用等提出相关要求，建立相关规范。

会议的基本定位、基本内容与流程、参会人员的要求等，管理者要在工作中不断梳理、明确，并让所有人知晓。要保证学校的常规性工作内容，均通过各类会议得以落实，用会议建立起一套学校常规管理的运行模式，保证日常工作的开展。

为了保证会议组织有效、高效，可以将“四要素会议法”作为会议组织的基础性要求和评判标准，由会议组织部门或领导严格遵守。具体见表1-5。

表1-5 四要素会议法

序 号	会议要素	不合理举措	合理举措
1	会议主题突出	“一揽子会”。各部门走马灯似的上场，几乎把一个学校方方面面的工作都过了一遍，但与会者不知所云	会议目的明确，与会人员对会议试图达成的结果，会议准备做出的决定及行动方案都很明确

续表

序　号	会议要素	不合理举措	合理举措
2	议事日程详尽	没有内容的时间预设，造成会议前紧后松或前松后紧，导致会议重点内容并未传达清楚	列出与会议目的有关的项目，依据重要程度进行排序，限定每个项目的商议时间。会议前将相关信息下发给与会人员
3	控制讨论过程	没有严格的会议流程，出现严重跑题、严重超时等情况	主持人熟悉并严格遵循会议安排，如果讨论与论题无关或不必要的细节，主持人可以及时引导
4	遵循预设时间	没有预设时间，或实际时间与预设时间严重不符，如此，易形成无序的、缺乏计划性的工作作风	设计会议总时长及各环节时间、各发言人发言时间，并严格遵循预设时间

学校管理者要“珍惜话语权”，绝不能坐在高高的台上，翻来覆去地说，说起某个老生常谈的话题就没完没了，导致会议的时间被不断延长。这样的开会方式除了让与会者心生怨气，别无益处。

此外，还有许多管理者要注意的问题，例如，不能剥夺别人预设的发言时间，要按照会议议程的预设时间展开；不能“将自己的快乐建立在别人的痛苦之上”，发言要有听众意识，选择合适的话题和表达方式，为师生所接受；不能“眉毛胡子一把抓”，要用最简练的语言和方式，将最本质、最核心的东西表达出来。

这些对管理者而言至关重要，切记。

3. 培养团队的系统化思维

很多学校之所以管理效能不高，往往是因为管理者缺乏系统化思维。有些管理者喜欢“拍脑袋”做决策，想起一出是一出，搞得教师疲惫不堪，人心浮动，甚至颇有怨言。一名教师曾给我发微信表达对学校的不满：

有一天下午，我本来有三节课，中午吃完饭一到学校，就看到学生拿着扫帚、铁锹到处跑。我怀疑下午课程安排有变动了，便问身边一名学生怎么回事，他说今天下午有一位领导要来学校，下午打扫卫生不上课。这样的事情在我们学校司空见惯了，大家都很反感，却又无能为力。

真正优秀的学校是安静的，这种安静来自良好的秩序，而保证良好秩序的前提是每一项工作的系统化安排。

我在学校时，一直主张全面、系统谋划某个阶段的工作，每年寒暑假开学前，各部门负责人会花费很大精力，考虑多方面的因素，做好各方面的规划。譬如综合考虑教研活动、学生活动、升旗仪式、主题班会安排等，将所有工作纳入整个体系，并将它们安排进每个学科、每个班级。在开学前，每名教师都将拿到一整套的系统安排表，上面清晰地写着自己的工作内容和工作要求。在相对较长的一个时间段内，学校的每个人都能清楚知道自己的工作时间、工作地点、工作内容、工作要求，这样系统化的安排让所有相关人员都更为轻松。而这种轻松，恰恰是良好工作质量的保障。

在这个问题上，校长“变异”的控制往往是最大的破坏性力量。因此，控制自己的欲望，减少临时动议，强调工作的系统性、前瞻性，以保证教学秩序为第一要务，这需要校长的自我修炼。

我在大会上曾向全体教职工承诺：我坚决不做“顾头不顾尾”的人，对于学校已经系统安排好的工作，无特殊情况，应雷打不动地去做。我坚持这样做，就是期望学校里所有人都具有“系统思考”的意识和能力，当要处理一项工作的时候，会认真分析自己“这一点”的变动给整个工作体系带来的影响，从而超越自身狭隘的利益，尝试从更高层面去理解其价值。例如乒乓球的双打项目，要想打得好，就不能只想着自己怎么击球，更要同时思考如何给同伴创造最佳的击球位置。这种系统化思维中隐含着强烈的“换位意识”，对学校良好生态的建设而言，积极意义不言而喻。

培养系统化思维，可以采取以下步骤：

- 明确目标和指标：确定学校的长期和短期目标，并将其转化为具体的指标和标准。这有助于确保所有工作都朝着共同的目标前进。
- 制订工作流程：从招生、教学到行政管理等各个方面，给各项工作制订明确的流程。这有助于提高工作效率，减少重复性工作。
- 建立沟通机制：建立有效的内部和外部沟通机制，例如借助定期会议、线上办公群等途径，保障信息畅通。
- 团队协作：鼓励教师、行政人员和学生之间开展协作，通过团队工作来实现共同目标。
- 持续改进：将系统化思维视为一个持续改进的过程，定期评估、调整工作流程和方法，以适应不断变化的环境和需求。
- 培训：为教师和行政人员提供相关培训，帮助他们了解和应用系统化思维，提高工作效率和质量。

需要注意的是，培育一个团队的系统化思维是一个长期的过程，需要全体人员的共同努力和持续关注。

此外，确定了一定时期内的工作重点后，学校可以对这些工作实施“饱和攻击”，这也有助于系统思维的形成。

“饱和攻击”是一种军事战术，通常指在短时间内对目标进行高强度、全方位的攻击，以迅速取得胜利。在学校管理中，“饱和攻击”可以理解为集中资源、全面推进，以实现学校改革和发展的目标。

一所学校要开展课堂改革，要想更好地达成效果，形成良好的工作开展局面，就可以以系列化的工作来实施“饱和攻击”，从而提升工作效果。表1-6呈现了某学校重点工作“饱和攻击”的方向与重点。

表 1-6　学校重点工作“饱和攻击”

序　号	攻击方向	攻击重点
1	确定目标和策略	明确课堂改革的目标和策略，例如提高学生的学习兴趣、培养学生的创新能力、提升教师的教学水平等。根据目标和策略，制订详细的工作计划和时间表，确保各项工作有序推进
2	培训教师	对教师进行系统培训，包括专家讲座、教学观摩等多种形式，确保教师能够真正理解和应用新的教学理念和方法
3	制订教学标准	制订详细的教学标准，明确教学目标、教学内容、教学方法、教学评价等方面的要求。教学标准应该具有可操作性和可衡量性，能够指导教师的教学实践
4	改进教学方法	组织教师开展教学研究和实践，探索适合学生的教学方法和手段。例如，采用小组合作学习、探究式学习、项目化学习等
5	加强教学管理	建立健全教学管理制度，加强对教学过程的监督和评估。包括教学计划的制订、教学过程的监督、教学效果的评估等
6	营造教学氛围	营造良好的教学改革氛围，例如组织教学竞赛、教学观摩、教学研讨等活动，持续强化改革的观念，激发教师的教学热情和创造力
7	与家长合作	可以通过家长会等家校互动的方式，加强与家长的沟通和合作，让家长了解课堂改革的目标和方法，支持学校的改革工作

显然，“饱和攻击”需要集中资源和精力，全面推进各项工作，从而最终达成课堂改革的目标，这对学校工作的系统化思考和实践提出了更高的要求。团队长期浸润在这种工作状态中，久而久之，系统化思维便会成为一个组织不可或缺的构成部分。

4. 形成“团队重要”的工作思维

学校工作基本盘的成功建设，无疑是以一支成熟团队为基础的。

团队不是随便一群人的简单组合。管理大师彼得·德鲁克认为，组织

（团队）的目的是使平凡的人做出不平凡的事。走访学校的过程中，我总能非常真切地从团队的状态中感受到这所学校团队文化的优劣。一群人所折射出的思维方式的优劣，是一所学校成败的关键。

校长的格局影响着学校工作人员的思维方式。在江西参与一个县域教育整体提升的项目时，我遇到过一位校长，他所在的学校原本并不属于该项目的实验校，但每次入校活动，他都会尽力派出团队参与。这种让一切资源为我所用的“借力”思维，给整个学校带来了与众不同的发展。这位校长是睿智的，他在用自己的实际行动，影响整个团队良好思维方式的形成。

在学校团队的打造过程中，我一直主张管理者要形成八种关键的意识。

标准意识。标准就是工作质量，标准就是工作底线，标准就是工作规范；定好各项工作标准，严格执行既有标准；坚持无方案不行动，以方案界定目标、界定职责、界定流程。

效率意识。第一次就将事情做对，拒绝反复；在正确的时间，出现在正确的地点，做正确的事；珍惜时间，降低成本；让决策落实在合适的层面。

精致意识。向前再多走一步就是优秀；不怕事情小，就怕事情糙。

团队意识。追求团队效应，不追求能人效应；个人在团队中的价值体现在团队对个人的需要程度上，一呼百应就是一种最好的合作局面；坚持“捆绑式”评价。

创新意识。创新并不是“你无我有”，而是“你有我精”；将常规工作做到极致就是创新；人人学会微创新。

秩序意识。日常工作就是标准；不随便安排工作，按照既定方案执行；不忽略关键时段，强化落实管理细节；保证秩序的关键是时间意识、标准意识；认定工作的第一责任人。

底线意识。教师要学会自我保护，不是自我辩护，而是自我约束，底线就是维护常识，常识包括尊重每一个学生、关注学生的全面发展、遵循教育规律、采用科学合理的教学方法等。守住底线就是守住教育的尊严，底线与价值判定能力息息相关。

执行意识。理解工作内容和标准，及时与了解的人沟通，按时保质完成工作并及时汇报总结，任务执行者不能超过三个人。

"完美的个体"是不存在的，但建设一支"完美的团队"是完全有可能的。如何培养团队良好的工作思维方式呢？需注重以下几点：明确共同目标，凝聚团队力量；倡导开放沟通，鼓励创新思维；培养协作精神，提升团队效能；关注个人成长，激发教师潜能。通过定期组织团队培训、分享会等活动，增强团队凝聚力和向心力。同时，校长应以身作则，展现积极的工作态度和思维方式，成为团队的良好榜样。如此，便能带领团队不断成长，实现团队成员的优势互补，保持团队的高效运作，最终建成一个优秀团队，做到：

- 事事有人做。
- 人人有事做。
- 减少交叉。
- 杜绝真空。
- 知道自己该做什么事。
- 知道做何事、找何人。

5. 破解"深井效应"

学校管理中的"深井现象"，通常指的是学校内部各个部门或层级之间存在着较为明显的隔阂，就像一口口深井一样，彼此之间沟通不畅、信息共享困难，缺乏协同合作。

例如，学校的教学部门和行政部门之间如果存在“深井现象”，可能会导致教学计划和资源分配不合理，或者行政工作无法及时满足教学需求。又如，学校各个年级之间如果沟通不畅，可能会出现教学内容重复或遗漏的情况。

“深井现象”的危害常常表现在以下方面：

- 信息孤岛。各部门之间信息不畅通，导致重复工作、资源浪费和决策失误。
- 缺乏协同。不同部门形成各自的小团体，难以实现跨部门的项目合作，影响学校整体凝聚力和团队合作。
- 决策缓慢。由于缺乏沟通和协调，决策过程可能变得冗长、低效。
- 浮躁蔓延。频繁的工作冲突或工作空缺，导致团队工作不顺，信任度下降，人心不稳，团队成员颇有怨言。

筑牢学校管理的基本盘，要把消灭“深井现象”作为一个重要的工作点。要避免或消除这种现象，学校可以采取以下措施，以提高学校管理的效率和协同性。

确定共同目标。学校管理层可以确定共同的愿景和目标，让各部门明确学校的整体发展方向。共同的愿景和目标可以加强部门之间的合作意识。

建立沟通机制。学校可以定期组织跨部门的沟通会议或研讨会，让各部门的代表有机会交流信息、分享经验和解决问题。此外，可以设立专门的沟通平台或渠道，例如内部通信软件或共享文档，方便各部门之间实时交流。

推行项目管理。将学校的大型活动或任务细分为具体的项目，并成立跨部门的项目团队。这样可以促进各部门之间合作，共同完成项目目标。

加强领导协调。学校领导可以发挥更积极的协调作用，促进各部门之间的合作。可以定期与各部门负责人进行沟通，了解问题并及时解决。召开例会时各部门的分享可以集中在这一点：你的工作与其他部门的关联。

开展团队建设活动。组织各部门参与团队建设活动，如户外拓展、合作游戏等，增进部门之间的相互了解和信任，打破隔阂。

设立跨部门委员会。学校可以设立跨部门的委员会或工作小组，负责协调各部门之间的事务。这些委员会可以由各部门代表组成，共同讨论涉及多个部门的问题，进而做出决策。

强调绩效共享。将学校的整体绩效与各部门的绩效相关联，鼓励部门之间展开工作，协同推进工作。

深度思考

◎ 在你所在的学校中，哪些制度或标准正在制约学校的发展？

◎ 你是否有勇气在制度迭代升级中真正让学校朝着民主化方向迈进？

◎ 你对目前学校各类会议的组织效果是否满意？是否有提升会议效果的思路？

◎ 你认为学校应该倡导怎样的工作思维？你所在的学校中存在“深井现象”吗？你准备如何破解？

四、变革管理组织的架构

先讲一个故事。有一次我到一所学校去调研，一位副校长问了我一个问题：您说，学校有必要设置副校长这个角色吗？聊起来才发现，原来，校长是个工作非常勤奋的人，常常越过她去指挥下面的主任，亲自部署工作任务，时间久了，主任们也习惯了这种方式，有了问题直接跟校长汇报，甚至就这样做出了决定。结果，有些重大的事项，这位主管的副校长居然不知情，其尴尬可想而知。

我们姑且不去评论校长和副校长自身存在的管理问题。假设这所学校的实际工作完全可以由校长和中层主任直接对接而正常开展，那么，这个副校长职务的设置是否有必要呢？

这就需要我们把学校的治理结构与体系如何搭建的问题“拎”出来，做一番思考。

1. 由金字塔式管理向扁平化管理衍变

我观摩过一所学校的全体教职工大会，将近四百人，挤满了报告厅。会议的主要议程是关于安全工作的部署，负责安全的副校长絮絮叨叨讲了十几条意见，校长又接着强调了一遍，大家听得昏昏欲睡。我悄悄问旁边的一名教师：“讲的这些怎么落实啊？”这名教师倒也爽快，向我一摊笔记本：“喏，这不就落实了吗？”

后来我了解到，这所学校的组织架构很不清晰，部门林立，但职责混乱，执行力很弱，学校弥补这种管理结构缺陷的唯一办法就是开会。校长、副校长声嘶力竭地布置工作、严肃要求成了常态，但很难见到工作真正落地。于是，在学校里，大家相互推诿、拈轻怕重、事不关己就成了常态。整个学校像一台散架了的机器，无序、凌乱，任你怎么给它充电或加油都使不上劲儿。可想而知校长有多么着急上火，于是开会时发脾气就成了家常便饭。

破局之道是调整组织结构，把我们最常见的金字塔式组织变成扁平化组织。

在金字塔式管理模式中，一个集体的高层、中层、基层管理者组成了一个金字塔式的结构。最高决策层位于金字塔顶，他们的指令通过一级一级的管理层，最终被传达给执行者；基层的信息通过层层筛选，最后到达最高决策层。

应该说，大多学校仍然在采用这种组织管理结构。从校长、副校长、中层部门到年级组、教研组，师生的需求往往要经过4～5个层级才能传递到最高决策层，可想而知，这样的结构肯定会生出诸多繁文缛节，在这个过程中，信息极易发生丢失和“变形”。一个优秀的决策能落地，或者一个来自底层的科学建议能够被反馈到校长那里，就变得非常不容易，至少单靠组织结构本身的运作，可能性极低。

而在扁平化管理模式中，学校通过减少行政管理层次，裁减冗余人员，组织管理结构是紧凑的。它的优势就在于精简了管理层次，较好地解决了金字塔式管理“层次重叠、人浮于事、信息递减严重、执行力偏弱、责任主体不明确、组织机构运转效率低下”等弊端，加快了信息流通的速度，提高了决策效率。

我们以北京市十一学校的操作案例对此加以说明，李希贵校长曾在一篇文章中这样介绍他们的管理结构变革：

首先是减少管理层级，副校级干部直接兼任年级主任或中层部门负责人，同时，把年级作为学校的事业部门，让其集教育、教学、科研、管理于一身，将权力和责任最大限度集中在这样一个实体上。而过去的中层部门不再作为一个管理层级，也不作为一个管理部门，而是成为职能部门，按照学校工作的总体规划与年级合作、协商开展工作。当然，也应有对年级工作的诊断和评价，但只能按照学校的既定方案，不得自定章程，自行其是。

扁平化的结构给北京市十一学校带来了一些积极的变化。比如，会议数量有所减少，这使得教师能够拥有更多时间与精力，全身心地投入学生工作；教师的声音和需求，能够直接被学校最高决策层所关注；一线师生的意见与建议，能够直接拿到校务会议上进行讨论，由此，快速响应师生需求的机制应运而生，同时，出现错误决策的可能性也进一步降低了。

那么，对普通学校而言，如何向着扁平化的管理结构转变呢？我建议围绕这样几个要点展开：

- 减少管理层级：通过取消或合并一些中间管理层，缩短决策路径，使得信息能够更快地传递到最高决策层。
- 支持教师参与决策：设立教师委员会或项目工作小组，让教师参与学校政策制订、课程设计和教学改革。教师直接提出建议和意见，并参与决策讨论和投票。
- 建立开放的沟通渠道：可以利用现代技术，如即时通信工具和在线平台，定期举行教师会议、家长教师联合会和在线论坛等，鼓励教师、学生和家长直接沟通，促进信息的快速传递和共享。
- 授权和自主决策：给予教师更多的自主权和决策权，让他们能够在一定范围内自主决策和实施教学活动。教师可以开展跨学科教学活动，提高教学的综合性和实效性。

当然，扁平化管理模式也会带来相应的挑战。比如，决策者将更多地直接面对职能部门，以“一对多”“面对面”的方式开展工作。大量的数据和管理信息的交流，仅能在决策者和管理部门之间进行；而部门与部门之间的信息资源的交流及调用，同样也只能通过决策者来进行。这种模式对管理者的决策能力、数据整合能力、协调能力要求较高。

学校需要开展适当的培训和提供支持，以帮助教师和其他人员适应新的管理模式。同时，学校领导也需要保持开放的态度，愿意倾听和采纳来自各个层面的意见和建议。

2. 让组织功能从指挥向服务转变

在传统的学校组织架构中，指挥功能通常占据主导地位，管理层通过下达指令和规定来组织学校的运作。因此，学校出现了大大小小的“官儿”，他们最擅长的就是布置任务，提出要求，指挥教师做这做那。因此，管理者与教师之间“不对付”，甚至形成对立的情况在学校并不少见。

我在学校工作的时候，会议室里只有一条标语：管理就是服务。

这个表达实际上代表着我对学校管理机构功能定位的理解。强调服务功能，就是强调学校管理机构是为师生提供支持和帮助的，要关注师生的利益和需求，致力于创造一个有利于教师教学和学生学习的环境。

但实事求是地讲，从我最近几年对学校的实地观察来看，真要实现从指挥功能向服务功能的转变，改变管理层的思维方式和工作模式，是一件非常艰难的事，需要一定的时间和努力。但如果谈到优化学校治理，这又是不得不迈过去的一道门槛。

在实践中，我们提炼出从指挥功能向服务功能转变的六个具体步骤。

第一步：取消金字塔式管理结构。取消金字塔式管理结构，代之以扁平化管理结构。这样可以减少管理层级，提高决策效率，更好地服务师生。这一点我们在上一节已经进行了相关论述。

第二步：设立服务部门。设立如教学支持中心、学生发展中心、行政服务中心等服务部门。这些部门的职责是为师生提供各种支持和服务，包括教学资源的采购和管理、学生活动的组织和指导、行政事务的处理等。

第三步：制订服务承诺书。要求各服务部门制订服务承诺书，并向师生公布，接受师生的监督。服务承诺包括服务内容、服务标准、服务时间等。各部门审查和优化自己的管理流程，减少不必要的烦琐程序，提高工作效率和服务质量，也便于师生对服务部门的工作进行监督和评价。我以教学支持中心的服务承诺清单为例对此加以说明：

1. 提供最新的教学资源信息与整合服务，确保教师能及时获取信息。
2. 定期组织教学方法与技能培训。
3. 协助教师进行课程设计与优化，提供专业建议。
4. 及时响应教师的咨询与求助，保证 24 小时内给予反馈。
5. 为教师安排个性化的教学指导与辅导。
6. 协助教师进行教学成果展示与推广。
7. 定期收集教师对教学支持服务的意见与建议，并及时改进。
8. 保障教学设备的正常运行与及时维护。
9. 为教师提供教学研究项目的相关信息，协助教师申报项目。
10. 营造积极的教学交流氛围，组织教师开展交流活动。

第四步：建立沟通机制。建立学生、家长和教师对学校服务的反馈机制，组织相关人员定期检查意见箱、在线反馈平台等。学校应该认真对待反馈，并及时采取措施改进服务。此机制为师生及家长提供了表达意见和建议的渠道，也便于学校管理层了解师生的需求和建议。

第五步：加强培训和激励。加强服务部门工作人员的服务理念、服务技能等方面的培训。培训可以包括内部培训课程、专家讲座、工作坊等形式。同时，要建立激励机制，对表现优秀的服务部门及个人进行表彰和奖励。

第六步：宣传和推广。利用学校网站、宣传册、家长会等形式向学生、家长和社会宣传学校的服务导向文化。学校领导者需要明确表达对服务导向文化的支持，并通过自身行为树立榜样，积极参与服务活动，与师生互动，了解他们的需求和问题，并及时提供帮助和支持。

当然，过程肯定不是一蹴而就的。学校可建立持续改进的机制，定期评估服务质量，并采取措施改进不足之处。学校可以成立质量改进小组，负责收集、反馈、分析问题，并制订改进措施，逐步建设服务导向的文化，提高学校的服务水平和教育质量，满足学生、教师和家长的需求。

在推行服务型组织功能建设的过程中，我发现了问题的要害所在——中层干部的工作思维和工作方式是决定服务意识能否真正落地的关键。

学校管理系统是一个闭合式系统。其中，中层干部起着承上启下的作用。当中层干部能正确理解校级领导的意图并坚决贯彻落实时，就能带动基层进一步执行具体措施、计划和做法，如此一来，整个系统便会充满活力地运转起来。现实中，许多中层干部尚未意识到自己角色的重要性，在角色定位、思维方式、工作方法等方面仍需进一步解放思想，改进做法，增强服务基层的意识和能力。中层干部转变工作思维与工作方式，可以着力于以下几点。

换位思考，学会将心比心

要做到三点：一是设身处地地以当事人的角度来反思其动机、过程和结果；二是从当事者的角度来推测其心理、情绪和态度；三是学会感同身受，真切体会当事人的处境。学会转换角色，换位思考，是树立服务意识的基础。

转变思维，抓住工作重点

无论是传达校级领导意图、推进学校治理策略，还是检查落实情况、评价实施成果等，中层干部都不能简单地用命令、要求、指责的口吻和方式来表达。要转变思维方式、表达方式，要多从如何实施、如何操作、如何应对等具体操作层面来宣讲与推进，要从实际情况出发提醒教师可能会遇到什么问题，要从营造氛围、搭建平台、提供方便的角度来为师生服务。在教师面前树立一个“解决型”管理者的形象，能够给教师的工作提供实实在在的助力。

以情动人，转变话语方式

中层干部首先是宣讲员，宣讲的角度、语气和语调要凸显服务意识、服务心态和服务热情，可以掌握以下话语体系：

- 把“大家知道了吗”变成“我说清楚了吗”，把“大家理解了吗”变成“我说明白了吗”。
- 把“无论如何你们都要做好”“做不好就是你们失职”变成“你们还有什么问题吗”“我们共同做好这些工作”。

前者无论从内容还是语气来看，都暗含“不知道”“不理解”“是你们的错”等比较浓的责备意味，让人听了不舒服。后者则强调“让大家听清楚、听明白”“这是我的责任”等，带有很强的“我为大家服务”的意识，让人听了心里舒服。

贴心服务，调整工作方法

譬如，在班级管理中，针对学生的违纪现象，是不是只能采取强硬的扣分方式来处理？这样的做法，非常容易让中层管理者与班主任形成对立。如果中层干部能自觉地改变自己的工作方法，充分利用校会、级会、国旗下讲话、广播视频系统等加大宣讲学校纪律及措施的力度，先指出存在的普遍现象、个别问题，就能让违规违纪者及时收敛、收手，减少犯错的机会。这样做，也是给了班主任一柄“尚方宝剑”，让班主任有了“靠山”和“抓手”。这种“先礼后兵”的管理就是服务，可以使中层干部和班主任站在同一战线上。

关注人心，加大情感投入

要弱化行政命令意识，加大情感投入力度。情感大门打开了，情感认同产生了，端正态度、接纳观点、遵循做法也会顺理成章。中层干部平时要与基层教研组长、备课组长、班主任多接触、多交流、多沟通，多听他们的意见和建议，多倾听他们的心声。变严肃十足的强硬管理为十分温暖的贴心服务，也就是前文讲过的建立生长型的人际关系。

从指挥功能向服务功能转变，是学校管理体系变革的关键一步，在这个过程中，学校会面临观念转变、资源配置、部门协调等多种挑战。这需要管理者运用智慧，在了解和尊重学校原有的文化和价值观的基础上，尝试找到与服务导向文化相契合的元素，并在此基础上进行融合和改进。

3. 逐步增强管理结构中的学术性功能

杭州市澎博小学在探索学校管理共同体的建设中，曾经提出一个观点：要通过激活学术组织，让机制变革为发展动力。学校设立了“学术委员会”，通过该组织的建立与运行，逐步达成了学校变革的效果：

- 让大脑强起来——成立“质量指导”“教育科研”“班级管理”“课堂教学”等若干小组，每周固定有一节开放交流课。
- 让大腿粗起来——让淹没在教师群体中的普通教师从边缘地带重新走向学校各个舞台的中央。
- 让步子快起来——青年教师结成一个学习共同体，每个月固定用半天时间开展一次学术交流活动。

北京市十一学校也曾对学校管理结构进行重组。《学校转型——北京十一学校创新育人模式的探索》一书中这样写道：

在实际的运行过程中，我们成立了学校课程委员会这一最高学术机构领导下的“课程研究院—教导处—学部”三位一体的组织架构。在这个组织结构中，“课程研究院”是技术部门，是学校的头脑，主要负责研发；“学部”主要负责各课程的具体实施，立足各学科教研组长带领下的教研组和各分布式领导项目组展开工作；“教导处”主要负责全校课程的实施督导和推广，为课程研究院的课程研发工作和学部的课程实施工作提供服务。为落实扁平化管理，确保各部门工作的职责和效率，学校课程委员会主任由校长兼任，课程研究院院长由副校长兼任，学部主任由副校长或校务委员兼任。

以上两个案例都说明，在中小学校增设学术机构可以带来一些潜在的价值。比如能够促进学术研究、提升教学质量、为学生提供更多发展兴趣和特长的机会，也有利于集中资源，深入发展某些学科领域，提高学校的学科竞争力。

从目前中小学校的情况来看，可以考虑增设以下学术机构：

- 科研中心：提供研究设施和指导，支持学生和教师开展科研项目。
- 学术俱乐部或社团：以特定学科或兴趣为主题，组织学生开展活动和竞赛。
- 学科研究所：深入研究特定学科领域，推动教学和学术发展。
- 创新实验室：鼓励学生将创新想法付诸实践，培养实践能力和创造力。
- 课程研发中心：成为学校课程体系研发的关键力量。

当然，如何形成行政力量和学术力量“两条腿”走路的工作格局，对绝大多数学校来说都是一个新的探索和尝试。增设学术机构应根据学校的具体情况和需求进行决策，充分考虑各方面的因素，谨慎规划和实施，以确保其对学生的教育和学校的整体发展产生积极影响。要特别注意下列事项：

- 学校资源和需求评估。确保有足够的资金、空间和师资来支持新机构的运作。
- 明确目标和定位。每个新机构应有明确的目标和定位，与学校的教育理念和发展战略一致。

▶专业指导和支持。为新机构提供专业的指导和支持，确保其有效运作和发展。

▶学生参与和反馈。鼓励学生积极参与新机构的活动，并听取他们的反馈和建议。

▶持续评估和改进：定期评估活动效果，根据需要进行调整和改进。

深度思考

◎ 你能准确剖析金字塔式（层级式）管理模式与扁平化管理模式各自的优势和劣势吗？

◎ 你在推进管理结构改革中做了哪些探索？

◎ 你是否意识到管理中的服务功能对学校管理文化建设的重要影响并愿意为之努力？

◎ 你所在的学校有与行政组织并存的学术组织吗？学术组织的成立与运行存在哪些问题？

第二章　适性发展：学生成长系统打造

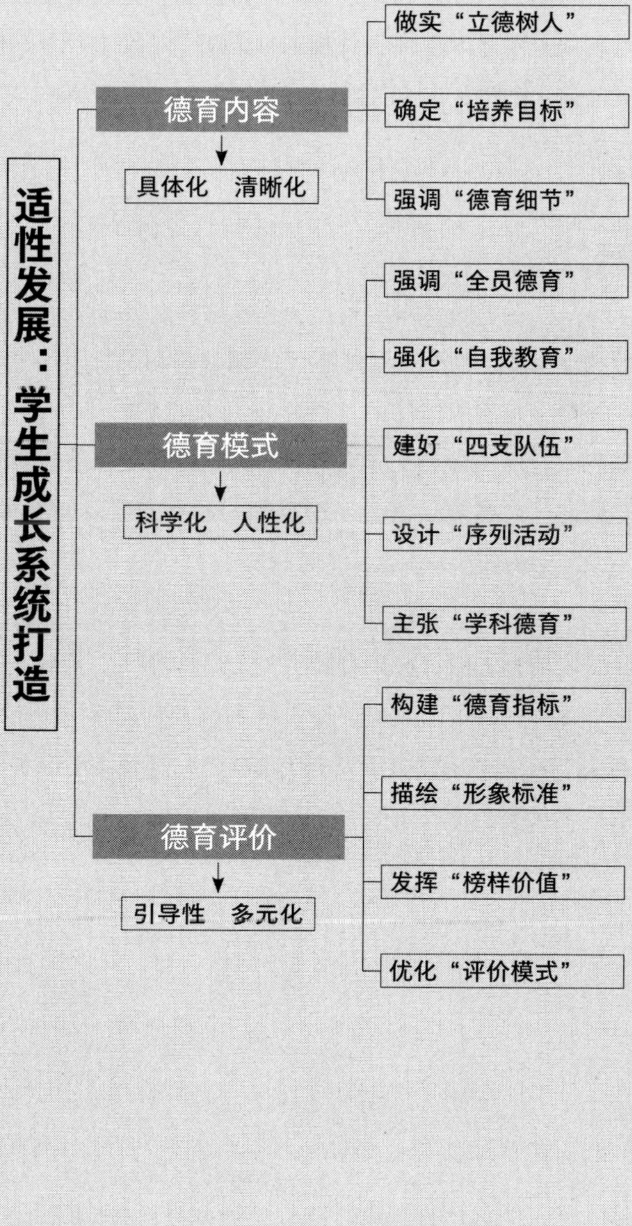

现场速记

现场一

一所学校为了响应德育教育的要求，组织了一系列“道德讲堂”活动。活动由政教处负责组织，每次都由相关教师宣读一些道德规范，学生现场就这些条款进行背诵、答题，表现好的学生则予以现场表彰。活动组织得井然有序，然而实际效果却不尽如人意。这是因为，现场既没有针对这些条款开展真正的互动和讨论，也未能给予学生具体的教育和指导，更没有引导学生思考并形成他们自己的价值观。活动流于形式，缺乏深度和实效性，很难触动学生的心。

现场二

为了应对学校检查，班主任组织学生在教室中进行拍照。班主任设计了若干场景，通过 PPT 背景的不断变换，学生位置的调整，不同季节服装的更换，形成以假乱真的效果。在短短半节课的时间，便将过去一个学期学校所要求的主题班会内容全部完成了。在这个过程中，学生们嘻嘻哈哈，无比开心。

反思感悟

学校德育工作的重点有哪些？如何落实“立德树人”的培育目标？怎样的德育方式更加符合学生的成长规律？如何形成“三全育人”的德育局面？学校应该怎样开拓德育培养路径？班级建设工作要抓哪些重点来促进学生的健康成长？

一、德育内容的具体化、清晰化

有人把当下中小学德育工作的尴尬状况概括为“三无”：无位——说起来重要，干起来次要，忙起来不要；无奈——日常被挤压，经常被指责，时常被诟病；无能——看不清效果，听不到赞美，逃不过对立。

德育工作为什么会处于这么尴尬的境地？中小学德育到底该干些什么？如何理解它的教育价值？让我们试着进行探索。

1. 让“立德树人”成为实实在在的行动

有一次，跟一位高中校长谈到德育，他说：“没人敢说不重视德育，但你观察一下各个学校，真的有人重视吗？有成绩，有升学率，足够了。即使看起来很重视，大部分也是假象。”

这位校长揭开了一个大家心照不宣的真相。就像网上流传的一个说法：德育队伍最庞大，德育口号最响亮，但德育最终变成了一壶烧不开的水。

我在很多场合跟多位校长讲过，一定要认真审视下列问题：

- 学校的育人目标是什么？其中德育的核心目标是什么？学校要着重培养学生什么样的德行？
- 什么样的德育内容最有价值？
- 学校德育的基本内容框架是什么？其中富有学校特色的德育内容是什么？
- 什么样的德育方式是最有效的？学校德育的基本实施方式是什么？
- 学校德育需要什么样的课程资源？
- 学校的德育活动如何进行系统化设计？

面对这样的自我追问，回答起来或许并不容易，因为一旦触及教育的本质，我们总会直面更多的“痛点”，从而内心不安。

在互联网上，一些特殊的字眼总在频繁吸引着全社会的关注，譬如“985废物”、“小镇做题家”、“巨婴”、“啃老族”、“精致的利己主义者”、抑郁症、“空心病”患者等。这应该引起教育人的警惕：这些人，不都是从我们的学校走上社会的吗？

调查问卷显示，当前中小学生在思想道德方面存在一些严重的问题。比如，面对作弊现象，有34%的学生认为这是一种不诚实的道德问题，而有42%的学生认为作弊是出于无奈，并不一定是道德问题，有19%的学生认为最好不作弊，但偶尔有一两次也无妨，甚至有5%的学生认为人人都有可能作弊，作弊算不上什么大错。再如，学生的人生观、价值观有功利化的倾向。关于人际交往，相当一部分学生认为维持关系的关键是等价交换、相互利用。15%的初中生和19%的高中生认为“各人自扫门前雪”的说法是有道理的。有的学生还认为“只讲索取，不讲奉献是渣滓；而多讲奉献，少讲索取，则是傻子”。

这都给我们的教育敲响了警钟。如果我们一味地在“成才”上下功夫，忽略了“成人”教育，我们的社会将走向何方？为什么我们在德育教育中下了那么大的功夫，却鲜有实际效果？

我想，这与中小学无处不在的应试教育、功利追求不无关系。在应试教育的社会大背景下，德育被迫走上了一条只注重灌输道德知识的边缘化道路。纯知识的灌输以及纯学理的分析批判导致道德教育缺失感性，与师生情感世界、生活世界脱节。

简单归纳，学校的德育工作呈现出的问题如下：

▶定位不清晰：将德育从完整的教育体系中抽离出来，造成德育地位的游移和偏失；德育与智育发展水平不协调，缺乏正确的德育观。

- 目标不准确：强调听话顺从，学生难以形成自主、自觉、自尊的独立人格；德育目标过于理想化、共同化和一般化。
- 内容不具体：德育内容泛政治化，脱离学生实际和社会实际，不能适应时代要求；陈旧僵化，与社会现实反差巨大，引起学生的怀疑和反感。
- 方法不科学：说教式、灌输式、封闭式教育，教育与生活相分离、知与行相脱节。
- 评价不系统：德育评价过于主观和随意，缺乏科学性、层次性和具体性，偏模式化、片面化，造成学生人格扭曲。

在这样的情况下，教育自然会培养出越来越多“不正常”的人。因此，从某种角度来讲，中国教育的关键，是如何培养真正的人，即具有基本做人准则、人格底线的人，而非如何培养人才。

党的十八大报告中提出要把“立德树人”作为教育的根本任务。这也说明，学校教育的第一要务是“立德树人”。但，何为立德树人？很多人并不能清晰地表达出来。

立德树人的含义可以从两个层面来理解。

立德——这一部分强调的是德育的重要性，即坚持德育为先的原则。具体来说，它涉及正面的教育和引导、感化与激励，目的是影响和提升个人的道德品质和精神境界。

树人——这一部分则侧重教育对人的全面发展的影响，即坚持以人为本的理念。在这一过程中，教育应该通过合适的方式来塑造人、改变人和促进人的发展。这意味着教育不仅要关注知识的学习，还要注重个人能力的培养和社会适应性的提高。

“立德树人”是一个整体概念，它既强调了德育的重要性和优先性，也明确了教育对于个体全面发展和精神成长的根本作用。要落实“立德树人”的根本任务，不仅要传授知识、培养能力，以及寓价值观引导于知识传授和能力培养之中，更重要的是要帮助学生树立正确的世界观、人生观、价值观。推进全员、全程、全方位育人，每一名教师都要承担好育人责任，各方力量要同向同行，形成协同育人效应。

不得不说，时代的飞速发展的确带来了很多挑战。以互联网为依托的知识全球化趋势使学习或多或少地从传统的、单一的学校教育中抽离出来，学生在这一大背景之下，其个性、特点和成长的形式也发生了很大的变化。

一是获取信息更便捷。除了课本，各类媒体都成为学生获取知识的渠道。这些信息远远超出了学生在学校所能获取的知识的范围，具有很强的不可控制性，中小学生的辨别能力不足，难以对这些信息做出正确的判断。

二是自我意识更强烈。学生已懂得运用法律等手段来保护自己的权益，这是一件好事，但现实是，家长、社会人员、教师等对此缺乏理解，相关的法制不健全。

三是更关注与实际生活相关的信息。学生对空洞乏味的教学和说教式的教育尤为反感，对与社会生活联系密切的信息与知识十分感兴趣，而且有自己的想法。

四是受国外影响更明显。国外的观念、生活方式、学习方式、消费方式、娱乐方式等通过各种渠道直接或间接地对学生产生影响，负面情绪对学生的影响持续深化，其波及范围也在不断扩大。

五是依赖程度减弱。对家庭、学校的依赖性正在逐渐减弱，与社会、网络的联系加强。

这种教育环境、教育对象特点的变化，必然要求教育思想、教育内容和教育方法的变革。如果我们还沿用过时的尺子去衡量和管理新时期的青少年，怎么会有真正的成效呢？

因此，作为学校管理者，有必要静下心来，重新审视我们的德育教育，思考其本质目标和合适的实践路径，从而对德育教育进行清晰的系统设计。

2. 形成“培养什么人”的校本化解读

“立德树人”作为教育的根本任务，是一项需要循序渐进推进的宏大工程。那么，学校怎么让“立德树人”真正落地生根、开花结果呢？

教育部曾出台《中小学德育工作指南》，明确了中小学德育工作的五项主要内容：理想信念教育、社会主义核心价值观教育、中华优秀传统文化教育、生态文明教育、心理健康教育。这应该成为学校设计德育内容的基础。

但是，走访学校时，我发现大部分学校的德育培养方向不够清晰，很多时候，学校管理者并不能准确解答学校要“培养什么人”的问题。要么拿国家所提出的培养主张笼统表达，要么虽有一个大致的培育方向的阐述，但无法应对深入的追问：我们期望学生具备哪些素养？我们开展德育教育，希望赋予学生哪些特质？

我认为，学校德育工作有效开展的起点，应该是学校层面的顶层设计。学校应结合上级教育行政部门的要求和学校自身的实际，对德育的具体目标进行校本化重构，形成特色化、具体化的内涵表征，并研究具体的实施策略，从而形成不同的实践路径。

大部分学校的德育工作就困在了这一步，方向都是模糊的，即便付出再多的努力，效果又能如何呢？

有些学校在这方面做出了很好的探索，可供大家参考借鉴。比如，某小学设定了“人要美、学习美、环境美”的“三美”德育目标，并根据学生身心特点，结合各年级实际，有针对性地开展德育活动，形成各年级专题化、规范化的德育内容：

一年级：迈好学习第一步——以“养成教育”为主题。
二年级：迈好成长第一步——以“守纪教育”为主题。
三年级：迈好文明第一步——以“环境、礼仪教育”为主题。
四年级：迈好理想第一步——以“爱国主义教育”为主题。
五年级：迈好人生第一步——以“感恩教育”为主题。
六年级：迈好成才第一步——以“成才教育”为主题。

该学校还针对每个年级，进一步细化德育标准，设计了具体的活动主题和内容。比如，一年级的“养成教育”着重培养学生10个道德好习惯：①微笑待人；②主动打招呼；③每日为父母做件事；④及时感谢别人的帮助；⑤按规则办事；⑥说了就要努力做到；⑦用好每一分钱；⑧集体的事情一起做；⑨用过的东西放回原处；⑩爱护环境。这样，就能确保德育方向的准确和德育内容的落地。

再如，云南省曲靖市第一中学提炼出“让学生在润泽中自由生长”的教育理念，坚持“学生成才，学校发展，教师成功”的三维教育目标，其中“学生成才”包括：身心健康、人格健全，成绩优异、勇于创新，德才兼备、适应社会。概括起来就是“高分高素养”。“知行合一，止于至善”的校训，强调师生言行一致、勇于创新、敢于担当等，成为学生要遵循的基本准则，是发展学生核心素养的重要准则。通过集体分析讨论，学校将“厚积淀·重慎独·宽视野·高追求·淡功利”（简称“厚重宽高淡”）特色理念融入了学校的文化内涵：

厚积淀。强调“打牢基础”，师生都要学好人文知识和自然科学知识，学习体艺、信息技术知识，提高学科基本技能和实践操作技能，提升审美情趣。

重慎独。此为学校特色建设的核心所在，学校将之设定为特色发展的核心目标，要求师生做到道德自觉和行为自觉，自觉遵守国家法律法令以及校纪校规，自尊、自爱、自律、自强，言行一致。

宽视野。拓宽师生视野，不故步自封，不做井底之蛙，面向世界和未来，强化“国际理解”意识，有“实践创新”精神，追求登高望远的大气和底气。

高追求。确立立德树人的大目标，重视培养学生的责任意识，增强社会责任感，形成浓烈的家国情怀。

淡功利。要求师生树立正确的三观（世界观、人生观、价值观），淡化教育功利心，既不回避学生升学的强烈需求，又为学生的健康成长着想，为学生未来发展奠基。

清晰的校本化学生培养目标，让曲靖市第一中学形成有特色、发展好的良好局面。

学校确定德育目标时，应注意以下几点：第一，目标需具体明确，便于师生理解和落实；第二，目标应符合学生年龄特点和认知规律，循序渐进，逐步提高；第三，目标要紧密结合社会主义核心价值观，弘扬中华优秀传统文化，培养学生良好的道德品质；第四，目标应具有可操作性和可评价性，便于对德育成果进行客观评估；第五，目标应与时俱进，根据社会发展和学生需求及时调整、更新，确保德育工作的针对性和有效性。

3. 把德育要求降到“细节”之处

大而空，一直是学校德育工作的顽疾。

空泛的口号，看似正确，但空洞无物，可操作性差，常常导致学生生搬硬套，把学习当作走过场、走形式，兴趣全无。

譬如旧版的《中小学生守则》：

1. 热爱祖国，热爱人民，热爱中国共产党。

2. 遵守法律法规，增强法律意识。遵守校规校纪，遵守社会公德。

3. 热爱科学，努力学习，勤思好问，乐于探究，积极参加社会实践和有益的活动。

4. 珍爱生命，注意安全，锻炼身体，讲究卫生。

5. 自尊自爱，自信自强，生活习惯文明健康。

6. 积极参加劳动，勤俭朴素，自己能做的事自己做。

7. 孝敬父母，尊敬师长，礼貌待人。

8. 热爱集体，团结同学，互相帮助，关心他人。

9. 诚实守信，言行一致，知错就改，有责任心。

10. 热爱大自然，爱护生活环境。

这些条款，第六条“自己能做的事自己做”比较具体，其他内容到底怎么做，做成什么样，没有答案。

观察国外部分小学生守则，看看它们能给我们的德育管理带来哪些启发。

美国小学生守则有十二条，其中第六条是：按时或稍提前到课堂；提问时举手；可以在你的座位上与老师讲话；所有作业必须是你自己完成的；考试不许作弊；任何缺勤或迟到，需要出示家长的请假条。

日本小学生守则“在校生活”部分中有这样的规定：不迟到，进校后不随便外出；听到集合信号时，迅速在指定场所列队，进教室开门要轻，在走廊和楼梯上保持安静，靠右行；上课铃一响即坐好，静等老师来，听课时姿势端正，不讲闲话，勤奋学习；遇地震、火灾等紧急情况时不惊慌，按老师指示迅速行动。

英国《儿童十大宣言》有这样的条款：背心、裤衩覆盖的地方不许别人摸；不喝陌生人的饮料，不吃陌生人的糖果；不与陌生人说话；遇到危险可以打破玻璃，破坏家具；不保守坏人的秘密；等等。

抓住细节，抓住接地气的“底线要求”，能真正有助于一个人良好习惯的培养与优秀品质的养成，能保证“立德树人”扎实地变成现实。因此，把德育的要求降下来，关注强调细节的德育内容，往往能够让德育真正深入学生的内心，成为学生成长的依托。

在江西指导学校工作时，我曾经跟来自大连的一位老校长“搭档”，他在指导学校德育工作中的做法让我备受启发。他提出了学生养成教育的“三个三”行为规范：说好三句话（你好、谢谢、对不起），做好三姿态（坐、站、行），做好三整理（书包、书桌、书柜）。各学校根据具体情况，对“三个三”行为规范进行深化，并据此生成学校德育管理、评价等具体措施，常抓不懈，取得了非常好的效果。这就是德育工作做细、做实，把要求降下来的经典案例。

为了让德育内容更具体，我也一直主张制订更加清晰的学生行为标准，让学生“一听就懂”“一做就会”。为此，针对《小学生日常行为规范》二十条的内容，我曾组织师生进行讨论，将每一个条款细化为可操作的具体内容，形成学生各方面的行为标准，予以推广，有效地破解了相关条款“过于空泛”的问题。我们举其中的一个条款加以说明。

《小学生日常行为规范》第二条的内容是：尊敬父母，关心父母身体健康，主动为家庭做力所能及的事。听从父母和长辈的教导，外出或回到家要主动打招呼。

细化后的内容是：

▶在家里，早起要向父母问好：“妈妈（爸爸）早上好！”晚上睡前要说：“妈妈（爸爸）晚安！”

▶父母生病时，端药送水，时时问候，如：“妈妈（爸爸）好点了吧？”“头还疼吗？需不需要看医生？”……

▶过节要问候父母并送上祝福，如：“祝妈妈（爸爸）新年快乐，万事如意！”“祝妈妈母亲节快乐！”“祝爸爸父亲节快乐！”……

▶学会照顾自己（饮食均衡、添减衣物、认真做作业……），不让父母担心。

▶自己能做的事情自己做（洗衣服、收拾房间、整理书包……），减轻父母的负担。

▶父母照顾我们，如帮我们倒一杯牛奶、做一桌丰盛的饭菜等，我们要表示感谢：“谢谢妈妈（爸爸），您辛苦啦！”

- ▶请求父母帮忙时，要用“请”“麻烦”“谢谢”“您辛苦啦”等礼貌用语。
- ▶根据年龄特点，主动帮父母做一些力所能及的家务活，如扫地、擦桌子、收拾房间、做简单的饭菜……
- ▶听从父母教诲，不嫌父母“啰唆”，不顶撞父母，不打断父母的话，和父母意见不一致时应该协商解决，如：“妈妈（爸爸），我知道您是为我好，但我有自己的想法，请您相信我！”……
- ▶犯错时，要主动向父母承认错误并积极改正，如：“妈妈（爸爸），我知道错了，以后不会再犯了，您放心吧！”
- ▶经常和父母交流自己的生活、学习、思想等情况，尊重父母的意见，听从他们的正确教导。
- ▶如果父母有不当行为，要耐心劝阻，注意态度和语气。
- ▶父母外出或下班回到家要问候：“妈妈（爸爸），回来了！”帮父母拿拖鞋，接过父母手中的东西，需要时给父母倒杯水。
- ▶自己外出时要告知父母去哪，做什么，大概什么时间回来，如有特殊情况不能按时回家，要及时告知父母。

这样的要求，无论是教师指导学生，还是学生自我领悟、自我管理，都清晰可辨，有助于学生自我评判，从而让德育教育“可视化”。

深度思考

◎ 你能详细地阐述国家层面对不同学段学生德育教育的相关内容吗？

◎ 你如何理解“立德树人”的内涵？

◎ 你所在的学校对学生德育发展目标是否有独到的表达？

◎ 你所在的学校是否形成了学生德育工作的相关标准？这些标准是否具体且具备可操作性？具体落实的情况如何？

二、德育模式的科学化、人性化

除了德育内容不清楚，德育实施方式的僵化、空泛、实效性不足且脱离实际需求，也备受诟病。

其突出表现如下：重理论轻实践，德育往往更注重知识的灌输和机械化的行为训练；教师过多地以成人的观念和标准来要求中小学生，导致德育要求不切合实际，脱离了学生的年龄特征与成长需求；在德育过程中，学生大多处于被动的地位，学什么，怎么学，甚至为什么学都是由教师决定的；德育途径、方法单一呆板，缺乏家庭、社会及学生群体的协同参与；德育与生活严重脱节；等等。

变革德育实施方式，成为学校德育管理的关键一步。

1. 德育只是德育工作者的工作吗

我曾经看到这样的景象：课间的楼道里，两个学生发生矛盾，在地上厮打成一团。旁边路过的教师却视若无睹，径直走了过去。

那名教师一定有理由：我不是班主任，也不认识这两个学生，这件事不归我管。

除了批评这名教师的不负责任，我们要清醒地认识到，学校中一直存在的"专门德育论"也是导致这种现象的重要原因。

"专门德育论"具体表现为两个方面：其一，学校德育被简单限定为规定时间内开设的课程（如思想品德课）或活动（如班级活动）；其二，学校德育工作被视为德育部门和专职人员的职责，与其他教师无关。

不得不说，对学校德育的狭隘认知是德育效果不佳的重要原因。任何涉及学生成长的问题，都必须遵循学生在思想品德上的发展规律，否则极易事倍功半，甚至适得其反。

在思想品德上，儿童的成长规律有哪些呢？

个体差异性。儿童在思想品德发展方面的起点、发展速度和发展路径存在差异，这与他们的遗传背景、家庭环境、社会经验等因素有关。

阶段性发展。儿童的思想品德发展分为幼儿期、学龄期、青少年期等不同阶段。在不同阶段，儿童思想品德方面的需求和能力表现有所不同，教育者需要给予相应的教育和引导。

社会化影响。家庭是儿童最早接触的社会化环境，家庭的教育方式和家庭成员的行为表现对儿童的思想品德发展有着重要影响。学校和社会也提供了许多机会和经验，这对儿童思想品德的塑造和发展起到重要作用。

角色建构。儿童在成长过程中扮演着不同的角色，如子女、学生、朋友等。通过扮演不同的角色，儿童会逐步内化社会规范，建构差异化的价值认知体系。

自我意识与自律。儿童能够自我反思和判断自己的行为是否符合道德准则，并逐渐学会通过自我约束来规范自己的行为。

从以上规律可以看出，生活才是儿童思想品德形成与发展的源泉。儿童是在复杂的生活中，通过活动与交往，不断解决自身面临的道德冲突与矛盾，逐步塑造自己的思想品德。只有源于儿童实际生活的教育活动才能引发他们内心而非表面的道德情感、真实而非虚假的道德体验和道德认知。良好思想品德的形成必须在儿童的生活中进行，而非在生活之外。

但学校的德育设计大多是与此相背离的。学校的德育课程向智育看齐，以传授道德知识为目的，试图追求抽象的道德概念、规范和准则。这种课程无视人的情感和态度，看不到活生生的、有血有肉的人。

学校的德育机构设置也存在同样的问题。中小学校几乎都设有政教处（或教导处、德育处），有专门的人负责，看起来德育工作是落到了实处，但同时很多教师据此认为“德育只是德育工作者的工作”，其他教育工作者对学生的思想品德发展可以不管不问；“德育只是德育部门的职责”，非德育部门可以“事不关己，高高挂起”。教师队伍似乎被一分为二：一部分负责教学，另一部分负责德育。学科教师根本不管学生的思想品德问题，只负责学科知识传授。这就硬生生地把“教书”和“育人”割裂开了。

我见过比较极端的学校，教师大多成了“甩手掌柜”，出现了大家争相把“问题学生”送往政教处的怪诞景象。

严格来讲，我们无须指责教师的“觉悟低”，而应从管理的角度查找深层原因。管理者需自省是不是不经意间在学校创建了“专门德育论”管理模式？改变这种局面，可从两点着手。

第一，开展生活德育，让学生的生活过程与道德生成过程相融合。具体举措有：

- 将德育融入各学科教学。
- 组织各种与生活相关的德育主题活动。
- 营造积极向上、团结友爱的校园氛围。
- 让家长参与孩子的德育过程，学校与家庭形成教育合力。
- 因材施教，提供个性化的德育指导。
- 鼓励学生参与社会实践活动。

第二，形成“人人都是德育工作者”的工作机制和工作局面。具体举措有：

- 引领教师树立“首先是教育工作者，然后才是学科教师”的思想观念。
- 组织教师参加德育培训和研讨活动，提升其德育工作能力。

- 鼓励全体教职员工参与德育工作，明确各自的角色和职责，成为学生的道德榜样。
- 将德育目标融入各学科教学目标，使教学过程具备德育功能。
- 设立德育工作的评估指标，激励教师积极投入德育工作。
- 加强与家长的合作，共同关注和培养学生的思想品德。
- 引入志愿者、专家等社会资源，丰富德育工作的内容和形式。

2. 改变以管控和灌输为主的德育模式

走进学校，最常见的德育实施方式就是扣分：进出校门没有带校园卡要扣分，发型不合乎要求要扣分，校服穿着不配套要扣分，跑操不整齐要扣分，不在教室午休要扣分，午休时大声说话要扣分，更有甚者，宿舍熄灯后学生在床上翻身也要扣分……

走进政教处，似乎进了“差生处理厂”。政教处的教师和班主任，俨然是警察、侦探、法官的结合体，所有时间耗在“围追堵截”“抓”“查”“处罚”上。

德育工作似乎变得异常简单：制订规则，坚决执行。遇违反规定者，则依校规校纪予以各种处理。说教、灌输、处罚，成了德育工作的“固定招式”，结果，教育与生活分离、知与行脱节。

要知道，任何规则，如果学生不了解其背后的意义，就很难让学生由“被动接受”转为“自觉践行”，甚至可能诱导学生成为寻找规则漏洞的人。

学校德育工作的水准，基本可以概括为三个层次：

- 采取最传统的说教方式，讲大道理。
- 临时、应景的德育活动很多、很杂。
- 拥有序列化、导向明确的德育课程。

很显然，第一个层次是最低端的。该层次德育工作的开展，非但难以产生正向教育效果，反而加剧师生对立、家校冲突等问题。学校的许多做法遭到学生排斥，很多时候学校管理者所沾沾自喜的“风平浪静”，都是高压政策下学生的屈服而已。

为什么学生有抵触心理？是我们的要求太苛刻，还是我们的要求脱离了学生的实际？是学生真的难管，还是我们不了解学生？是学生的思想变化得太快，还是我们的方式太陈旧？是学生太过自我，还是我们对学生的要求过于严苛？德育工作应该在问题出现之后进行，还是在问题出现之前进行？

这些问题值得我们思考。德育是关于人的科学。人是有生命的，是有思想和感情的，那么德育就要改变过去那种以事、任务为本，把学生作为被改造的客体的模式，打破学生一切服从教师、一切服从学校的局面，给学生主动参与的机会，给学生说话和辩解的机会。用一句话概括，管理者要建构以理解、关心、尊重、自主为活动准则，以人为本的新型的人性化德育模式。

具体而言，可以从以下几个方面着手。

从“他人约束”走向“自我教育”

从他人约束走向自我教育，就像是学生从被牵着走的“幼儿”，成长为能够独立行走的“大人”。他人约束就像为学生设定了一个行为框架，让他们知道什么是可以做的，什么是不可以做的；而自我教育则是让学生成为那个设定框架的人，自己决定要做什么样的人。

这种转变意味着学生开始对自己的行为负责，不再依赖外部的规则和监督。自我教育强调了学生的自主性和内在动机，学生在这一过程中可以主动地思考和探索道德价值观，并且将这些价值观内化为自己的行为准则。

举个例子，他人约束可能是教师告诉学生“不要插队”，而自我教育则是学生自己意识到插队是不公平的行为，并且主动选择排队。这样的转变不仅能让学生更有道德自觉性，也培养了他们独立思考和自我管理的能力。

我曾在学校尝试组织“全员诚信考试”，为了达到预期效果，学校制订了相关工作的规则：

- 所有学生参加诚信考试。
- 组织学生签订诚信承诺书。
- 利用晨会、班会、升旗仪式等活动加强引导和教育（不光要管，更要教育）。
- 绝对信任：教师不得到监控室或教室后方监督，一律从正门进教室。
- 坚决不公开排名。

这样一种基于“信任”的管理，就从简单的他人约束转变为了自我教育，学生在这个过程中会主动思考自己的价值选择，并对自己的行为负责。

从“被动接受”走向“自主选择”

拥有自主选择的机会极其重要，学生在自主选择的过程中可以明确自己的好恶和需求，强化自我意识。在德育管理中，给学生提供更多选择机会，有助于打破被动灌输和管控的德育局面。

我曾在这方面做过一些探索。如升旗仪式由各班轮流负责，升旗方案、主持人由学生自定；增设更多的校本课程供学生选择；学生的校服款式、食堂配餐，由学生和家长一起投票决定；让学生以评委的身份参与各类优秀学生作品的评选；制订《绿色惩戒方案》，每种错误行为都有多种处罚方案，供学生自选……

这些探索形成了积极的教育局面。要想让德育管理从“被动接受”走向“自主选择”，可围绕以下几点展开：

- 创造一个鼓励学生自主思考和表达的环境。例如，组织讨论活动，让学生有机会发表自己的观点，互相学习。
- 提供多样化的德育活动，让学生可以根据自己的兴趣和特长进行选择，在活动中深化对道德的理解。
- 引导学生制订个人的道德目标和计划，帮助他们明确自己想要成为什么样的人，以及如何为之努力。
- 教师可通过自身行为示范，发挥榜样作用，引导学生观察并模仿。

从“强调管理”走向“注重教育”

“怎么又是你，你是不是不想读书了？”“你再这样屡教不改，小心我收拾你！”“你给我站好，看我怎么处罚你！”“叫你父母来，不信制服不了你！”这种话语体系反映出：教师热衷于将自己塑造成一个高高在上、凛然不可侵犯的形象，渴求着一种速成式的“德育模式”，希望通过严厉的惩罚措施，达到立竿见影的效果。然而，由于缺乏教育的内涵与温度，这种德育实施方式所取得的效果并不理想。

将德育工作从强调管理转变为注重教育，可以通过以下几个方面来实现：

- 改变教师观念，让教师认识到德育不仅仅是管理学生的行为，更重要的是塑造学生良好的思想品德和价值观，提高学生的道德判断力、责任感和同理心等。
- 教育方式要多样化，除了传统的课堂说教，还可以采用案例分析、角色扮演、讨论等互动性更强的教育方式。
- 要建立良好的师生关系，让学生感受到教师的关心和引导。
- 学校要营造积极的德育氛围，通过校园文化、表彰活动等方式，提高道德教育的重要性。

3. 建立学生自我管理机制

苏联教育家苏霍姆林斯基说过，真正的教育是自我教育。自我教育是实现自我管理的前提和基础，自我管理则是高水平自我教育的标志。所以，德育工作要想呈现良好局面，学校就需要建立起学生自我管理的机制。

广州市南武中学在这方面做了很多尝试。譬如，他们曾组织了“学代会”。

学校饭堂的饭菜口味实在不敢恭维。为什么自习课变成了练习课？作业量太大了，我们没有足够的时间睡觉……如此大胆的声讨不是出现在微博里，而是学生直接“质问”学校领导的一场“学代会”。这是南武中学的“学代会”现场，是学校“自管自育”管理模式的直观呈现。

“学代会”的220名成员来自从初一到高二的3000多名学生，他们大多数是学生会干部、各社团负责人，在同学中有较高威信，热爱班集体，关心同学。开会前，各年级经过讨论形成了年级提案，由代表在会议上向校方提问。

在会议上，对于学生提出的问题，学校派出各部门负责人现场解答。如针对自习课变练习课的问题，有关负责人的回应：由于学生上自习课时纪律较差，不能自觉地学习和做作业，教师才决定将这两节课改为练习课，使得学生可以在规定的时间内完成相关练习。经讨论，最后大家一致同意：既然同学们认为自习课好，那么倘若今后同学们纪律表现较好，便可以依旧上自习课。

有学生评价，虽然“学代会”并不可能让学生百分百满意，但有这样的机会让学生表达意见，出发点还是好的，说明学校比较开明。

南武中学这样的尝试，充分契合了当下学生民主意识较高的特点，这种“自管自育”的管理模式，由学校提供支持条件，教师提供指导，对学生在校内外的自主活动中充分发挥自己的特长，锻炼自己的能力，起到了非常重要的作用。

建立学生自我管理机制，可以从建好“四支队伍”做起。

学生自治委员会

学生自治委员会（简称“学生会”）是学生自我服务、自我管理、自我教育、自我约束的自律性组织。学生会可以在学校活动的组织、学生代表的选举、学校纪律的维护等方面发挥作用。学校要帮助学生会明确具体的职责和功能，使其与学校的目标和价值观一致。

例如，可以通过学生自荐或教师推荐的方式，选拔有责任心、组织能力强和有领导潜力的学生组成学生会，确保学生会成员能代表不同年级和兴趣群体，保证成员的多样性；要设定好学生会的组织结构，确定学生会的领导层次和部门，如主席、副主席、各部门负责人等，明确的职责分工可以确保学生会的有序运作；要为学生会成员提供领导力、组织技巧、沟通能力等方面的培训。

在学生会的组建及其后续开展的活动中，管理者应注意以下事项：

- 根据学生的需求和学校的实际情况建立学生会，使其成为学生自我发展和学校发展的有益平台。
- 确保学生会的活动不影响学生正常的学习，避免学生因过度参与而影响学业。
- 鼓励全体学生参与学生会的活动。
- 建立监督机制，确保学生会的运作公正、透明。
- 及时给予学生会成员反馈和鼓励，激发成员的积极性。

值周班级

值周班级旨在通过组织各班级学生全员佩戴“值周班”袖章上岗，让学生承担一周的学校值勤任务，以此培养学生的主人翁精神和自我管理能力，进而加强学校的常规管理，落实学校自我管理的德育理念。

比如，某校提出的值周班级基本管理要求：

1. 值周班级人数规定：每次安排十名值周学生。

2. 按照《班级量化考核办法》和《学生德育量化考核实施意见》的相关内容进行检查。

3. 值周学生每天早读、下午第一节课上课前10分钟到岗，上课前回教室上课，放学10分钟后离岗。

4. 值周学生在值周期间，必须佩戴“值周班”袖章，做到文明值周。

5. 值周检查遇到重大问题时，由值周班长立即报告年级值周教师和政教处处理。

6. 值周期间，值周班长做好检查、登记、评分工作，值周结束后，将汇总情况于周五放学前分别报年级值周教师和政教处，并将值周牌交回政教处。

7. 下一轮值周班级学生于周一早读前到政教处领取值周牌和相关表册，并接受值周培训。

8. 本周值周班级检查的详细情况，政教处要以通报的形式于下周值周小结时分享，并在值周评比栏中公布。

要落实这项管理举措，就要特别注意做好学校层面的管理，特别是值周班级的值周计划审核和值周后的总结活动。

校长小助理队伍

校长小助理制度可以为学生提供一个参与学校管理和发展的机会，同时提高他们的领导能力和责任感。在担任校长期间，我始终坚持在每个班级设置一名校长小助理，协助我开展工作。校长小助理要做好如下工作：

- 做好学生与校长之间的沟通桥梁角色，向学校反馈学生的意见和建议。
- 参与学校的决策过程，贡献学生的视角和想法。

▶组织学生代表会议，收集和反馈同学们的意见。
▶协助校长组织学校的各类活动。
▶宣传学校的政策。

校长小助理可以通过公开招募、学生自荐或教师推荐的方式进行选拔，要考虑学生的思想品德、责任心、沟通能力和领导能力等因素。通常来说，可以设置面试选拔环节，让学生展示自己的能力和对学校管理的理解。

校长小助理团队在运行中应该注意：

▶确保小助理的选拔过程公平、公正，避免人为因素的影响。
▶给予小助理适当的培训和指导，使其了解学校管理的流程和规范。
▶强调小助理的职责和权限，避免过度参与或权限过大。
▶定期评估小助理的工作表现，及时给予反馈和鼓励。
▶提醒小助理平衡好学习和工作。

学生社团

学生社团也是学生自我管理的重要组成部分，它可以丰富学生的校园生活，培养学生的兴趣爱好和特长，锻炼学生自我管理、自我教育的能力。

社团可依照如下方式组建：

▶确定社团的主题和目标，找到有共同兴趣的同学。
▶寻找一名有热情和组织能力的同学担任社团负责人。
▶制订社团章程，明确社团的宗旨、组织结构和活动方式。
▶招募成员。通过宣传海报、校内广播或社交媒体等方式吸引同学加入。

社团组建后，要根据社团的宗旨和成员的兴趣定期开展有意义的活动；要建立有效的沟通机制，确保成员之间信息传递畅通，培养团队的合作精神，鼓励成员相互协作完成任务；要与其他社团或学校组织合作，扩大社团的影响力。

社团管理中的注意事项：

- 遵守学校的规章制度，确保活动的安全性和合法性。
- 处理好社团内部的矛盾和问题，保持团队的和谐。
- 合理安排活动时间，避免与学习产生冲突。
- 积极争取学校的支持和资源，如场地、资金等。
- 定期评估社团的工作效果，不断改进和发展社团。

在学生自我管理机制的建设过程中，管理者除了要大力培养一支自我修养较好的学生干部队伍，让这支队伍成为服务师生以及推动学生自我管理的基本单位；同时，还要明确各级组织的定位和职责，细化分工，以此构建自我管理框架并拓展管理空间。此外，管理者还要用心与学生干部沟通、充分信任他们、多方关注他们的成长，从而为学生自我管理队伍的健康成长提供一个良好的环境。如建立学生多元化激励机制，确定干部互评互议制度等，通过这些举措，让学生干部保持先进性，做好示范者和引领者的角色。

4. 设计序列化的德育活动

学校德育工作中最多的就是各类德育活动。经常会听到来自班主任的抱怨："这么多的活动，费时费力，到底有什么用？"

我国当代教育学家顾明远先生认为，学生成长在活动中。学生成长不是靠教师的说教，而是靠各类活动。让学生在活动中主动地学习，体验与他人和社会的关系，从而塑造良好的思想品德，提升责任感、沟通能力，增强合作精神。

但是不是活动开展了，学生就一定“成长”了？未必。有些时候，德育活动的开展纯粹是为了活动而活动，看起来很热闹，实际上教育效果很微弱。通常来说，这类活动有这样一些表现：

- 缺乏针对性。活动设计没有考虑学生的年龄、性格、兴趣等特点，学生参与度不高。
- 形式单一。活动形式过于传统，缺乏创新，无法吸引学生的注意力。
- 与实际生活脱节。活动内容与学生的实际生活联系不紧密，学生难以将所学应用到日常生活中。
- 缺乏评估机制。活动结束后，没有对活动效果进行评估，无法了解活动的实际效果和学生的收获。
- 强调教师主导。教师全程主导，学生的主体性得不到充分发挥。

显然，这样的德育活动很难达成预期的结果。要解决这些问题，学校应更加注重活动的针对性、创新性、实践性，以及关于活动的评估和反馈，精心设计、精心实施，用精品德育活动来滋养学生的情感，塑造学生的精神。任何事情做到精品的程度，它的教育性就展现出来了。下面介绍一些常见的德育活动类型：

- 主题班会。设计有趣的主题，如“诚信的力量”“友善的魅力”等，通过讨论、案例分析等方式引导学生思考和分享。
- 德育实践项目。组织学生参与社会实践活动，如志愿者服务、社区调研等，培养学生的社会责任感。
- 角色扮演。模拟各种生活场景，让学生通过扮演不同角色，思考和理解道德问题。
- 德育游戏。设计一些有趣的游戏，如道德拼图、团队合作游戏等，在游戏中塑造学生的思想品德。
- 艺术创作。鼓励学生通过绘画、写作、摄影等方式表达对道德的理解和感悟。

- 主题演讲比赛。组织学生进行主题演讲，分享自己的道德观点和成长经历。
- 在线德育课程。利用网络平台开展线上德育课程，如观看德育视频、参与在线讨论等。
- 德育社团活动。成立各类德育社团，如环保社团、助困社团等，开展相关活动。
- 心灵成长工作坊。举办心理健康、情绪管理等工作坊，促进学生的心灵成长。
- 亲子德育活动。组织家长和学生一起参与德育活动，如亲子读书会、亲子公益活动等。

每次德育活动结束之后都要及时进行复盘，管理者听一听学生的意见和建议，作为不断提升活动效果的重要依据。表2-1是一份简单的学生评议样表。

表2-1 德育活动评议

序号	评议内容	是	否
1	你是否了解开展这项活动的目的？		
2	该活动是否能激发你的学习和生活热情？		
3	该活动是否能提高你的道德素质和社会责任感？		
4	该活动是否能增强你的团队合作精神和沟通能力？		
5	该活动是否能培养你的领导才能和创新意识？		
6	该活动是否能提高你的自我管理和自我约束能力？		
7	该活动是否能充分考虑到你和同学们的实际需求？		
8	该活动安排是否合理，时间利用是否充分？		
9	你认为学校德育活动还有哪些需要改进的地方：		

此外，德育活动的碎片化也是导致活动效果低下的重要原因，因此应当加强德育活动的序列化设计。德育活动序列化，指的是依据学生思想品德发展的不同阶段，把基本稳定的德育活动组织成有序的系列活动。系列活动的排列特点是由低到高，由浅入深，由个别到一般，由简单到复杂。每个活动在德育要求上，都略高于学生当前的发展水平。

要形成序列化设计，学校就要用系统的眼光、整体思考的策略和开放的视野，进行基于核心素养的德育活动课程研究，构建学生核心素养培育体系和实现路径，深入回答“立什么德、树什么人”的根本问题。

譬如，某校在德育工作方案中对初中三年的德育活动进行了序列化设计。（见表2-2）

表2-2　初中三年德育活动安排

年　级	学　期	德育工作重点	学校活动	班级活动
七年级	第一学期	培养良好学习习惯	新生入学教育 学科竞赛	班级学习小组 学科竞赛小组 学习经验分享会
	第二学期	增强集体荣誉感	校运动会 艺术节	班级文化墙 班级运动会 班级艺术节
八年级	第一学期	培养社会责任感	社区服务活动 环保活动	班级志愿者活动 班级环保小组 社区服务小组
	第二学期	加强自我管理能力	学生干部培训 心理健康讲座 成长礼	班级自我管理小组 心理健康小组 学生干部培训小组
九年级	第一学期	培养领导力	学生领导力培训 职业规划讲座	班级领导小组 职业规划小组 学生领导力培训小组
	第二学期	加强升学指导	升学指导讲座 模拟考试 毕业典礼	班级升学指导小组 模拟考试小组 升学指导小组

5. 强调学科德育

不存在“无德育”的教学。德国心理学家赫尔巴特认为，教学如果没有进行道德教育，只是一种没有目的的手段，道德教育如果没有教学，就是一种失去了手段的目的。

从当前德育改革的趋势来看，强调学科德育有助于打破德育课程的专门化、知识化和灌输化，使德育成为各科教师在教学中的共同使命。

教师首先是教育工作者，其次才是学科教师。学科教师应明确自我角色定位，积极开拓学科德育的实施路径。以下是学科教师开展德育的发力点。

教学内容具有道德性。学科教学能让学生感受到人性之美、人伦之美、人道之美，能够唤起学生对未来生活热烈的憧憬和乐观的期待。教师集体备课时，要注重知识本身具备的德育要素，加以挖掘提炼，并在课堂中予以呈现。

教学主体具有道德性。教师的高尚的品格、敬业的精神、育人的智慧、丰富的学识、友善的态度、公正的作风、端庄的仪表、儒雅的气质、娟秀的板书、生动的语言、慈爱的表情等，都可以成为德育的内容。

教学评价具有道德性。要高度重视教师的课堂评价用语，可抓住四个要点：对学生的亮点表现要“心明眼亮”，对学生的不同观点要“包容豁达”，对学生的疑问要“如获至宝”，对学生的错误要“巧妙利用”，让学生在课堂当中养成尊重他人、坦诚待人、坚持真理、勇于创新等优秀品质。

教学交往具有道德性。好的关系就是好的教育，学科德育将道德教育渗透在各科教师的言传身教当中，起到“润物细无声”的榜样效果。师生之间平等友好，友善亲切，充满人文关怀的交往，就是最真实的德育。

教学方式具有道德性。启发式、自主式、探究式的教学方式有助于学生形成独立自信、主动探索的积极人格。要扎实推进课堂改革，有计划、有步骤、有措施、有评价，坚决让学生站在课堂的正中央，这不仅是教学上的突破，也是德育工作的新局面。

学校管理者要组织学科教师开展学习和讨论，使学科教师了解学科德育的重要意义，了解现代教学方法、技术手段，优化育人环境，统一认识，有计划、有目标地在教学中加强德育渗透。同时，管理者建立相应的管理机制，按阶段、分年级、分学科提出具体要求，并加强培训，将德育教育的内容贯彻到位。

表2-3是对部分学科如何做好学科德育的思路介绍，供大家参考。

表2-3 学科德育工作的重点

序号	学科	德育工作重点
1	语文	选择文质兼美的文章，使学生在学习语言和文章的过程中增强对祖国语言文字的热爱；结合文章主题思想，进行爱国主义和思想品德教育；在指导课外阅读和作文中发展学生的思维能力，培养审美
2	数学	通过数与形、常量与变量、直线与曲线、有限与无限等进行辩证关系教育；基于我国数学发展史料介绍祖国数学科学的悠久历史和灿烂成就，进行爱国主义、思想品德、科学精神教育
3	历史	按时间顺序讲述历史，揭示历史发展规律，开展历史唯物主义教育与爱国主义教育；通过讲解历史为何选择中国共产党的领导和社会主义道路，开展社会主义教育；通过学习世界史，加深对社会发展规律的认识；以历史人物的高尚品德为范例开展思想品德教育
4	地理	通过讲解我国人口、土地、资源、环境治理、生态保护等方面的大量资料和数据，增强爱家乡、爱祖国的情感；了解我国人口众多、资源有限、基础薄弱的现状，加深对社会主义现代化建设的艰巨性、长期性、复杂性的认识，激励学生自力更生、艰苦奋斗的精神和振兴中华的责任感

续表

序号	学科	德育工作重点
5	音乐	从认知、操作、情感三个方面进行爱祖国、爱人民、爱家乡、爱祖国音乐文化的思想教育；通过《义勇军进行曲》《我爱你中国》《红星照我去战斗》《祖国颂》等歌曲，让学生边欣赏高雅的音乐作品边接受思想品德教育

深度思考

◎ 你认为学校原有的德育实施体系中存在哪些弊端需要调整和改变？

◎ 在学科教学中渗透德育内容，目前你所在学校的实施情况如何？你准备通过什么样的方式予以推进？

◎ 在学生自我管理机制建设方面，你有哪些举措？你认为困难是什么？

◎ 你所在学校的德育活动安排是否形成了序列化思维？

三、德育评价的引导性、多元化

德育评价具有指挥棒的作用，其体系构建必须以对“立什么德，树什么人”的思考为逻辑起点。

德育评价的目的不是给学生贴上一个“好”或“坏”的标签，而在于引导和促进学生思想道德素质的发展和完善。正如苏霍姆林斯基说的那样，最主要的是发现每个孩子身上最强的一面，找出他作为人的发展源泉的“机灵点”，使孩子能够最充分地展示和发展他的天赋素质，使他达到他的年龄可以达到的最好成绩。

总体来看，当前学校德育评价仍存在诸多问题。比如，德育评价往往让位于学业评价，浮于表面、流于形式；缺乏系统科学的德育评价指标体系，指标体系单一化；量化评价方式仍较为传统，很少采用体现新评价理念、质性的德育评价手段与方法；尚未形成评价者、教师、学生、家长等诸多主体共同参与的德育评价模式；等等。

构建切实可行的德育评价体系，科学开展德育评价是加强学校德育管理，推进学校德育工作科学发展的有效方式。

1. 构建科学合理的学生德育评价指标体系

学生德育发展情况的相关评价方式有许多，如优秀学生评选、教师给学生写评语等，但大部分学校存在着评价标准模糊的问题：到底该评价哪些内容？权重如何分配？如何获取学生表现的准确信息？这些问题最终导致教师往往不是结合学生在德育实践中的具体表现，而是凭经验、印象给出评价，使评价出现偏颇。

为了对学生的德育进行科学、全面、客观的评价，建立一个合理的学生德育评价指标体系是非常重要的，这也是学校德育评价体系建立的第一步和关键一步，当然，也是非常困难的一步。

德育评价指标体系的构成包括德育目标和衡量学生德育水平的具体指标。具体指标大致可以分为以下几个方面：

- 品德修养。主要评价学生的道德品质、行为表现，以及对教师、同学尊重与否等。这是德育评价的核心指标。
- 学习态度。主要评价学生对学习的态度和积极性，包括是否遵守学校纪律、是否主动参与课堂活动、是否认真完成作业等。
- 个性发展。主要评价学生独立思考能力、创新精神等。
- 社会责任感。主要评价学生对社会问题的关注度和参与度，比如是否主动参加公益活动、是否关心社会热点问题等。
- 心理健康。主要评价学生心理健康状况，包括是否存在焦虑、抑郁等问题，是否能够积极应对挫折和压力。
- 文化素养。主要评价学生在文化、艺术、体育等方面的素养和兴趣，包括是否关注文化、艺术活动，是否参与体育锻炼等。

结合每所学校的具体文化品牌和育人表达，这些指标可以形成个性化的德育评价指标体系。比如，重庆市万盛经济技术开发区出台了《万盛经开区中小学校德育评价改革年终督导评价指标》，对德育评价指标体系进行建构，该体系包括5个维度、8个关键能力、15个能力要点、25项内容。在这个顶层设计的基础上，该区涌现出一批学校德育指标体系建构的优秀案例，我们选择两个案例加以说明（内容来自人民网）：

福耀实验学校推出了“五福银行”学生综合素质评价体系，按照“安康福”“厚德福”“方圆福”“自信福”“和谐福”分类，设计包括健康与生活、责任与品德、规则与纪律、学习与创新、审美与表现、劳动与技能等30余个学生评价项目。“五福银行”主要是以银行储蓄的形式，把学生在日常学习、生活中的表现进行积分量化评价，以此作为学生个人和班级评优的依据，每学期按照积分排名评出德智体美劳五福娃、五福全娃和金银铜福班级。当学生个人积分到一定的数量，还可以在学校开展的“置物节”活动上免费兑换奖励物品。通过小小的积分迸发出大能量，激励学生“挣分”改掉坏习惯。

和平小学以“善美”“慧美”“健美”“雅美”“创美”五大基础课程为载体，搭建和美少年“美·研学”“美·理财”“美·成长”三大兑换课程，构建“和美”学生德育评价体系，赋予学生幸福美好的成长评价。学生通过在学校、家庭、社区的表现及活动参与获得二维码积分，学校设置相应兑换课程项目，孩子们根据自身意愿并通过积分兑换课程。

学校在构建德育评价指标体系时，也会面临着一些现实挑战。首先，涉及主观评价时，如何确保评价数据的真实性和可靠性，这是一个难点。管理者要特别加强对教师、家长等评价主体的培训，保证他们充分了解和掌握评价指标的内涵和评价方法。其次，学生对评价指标的理解和认同也很重要，单纯按照教育者的预想进行指标设计，极有可能引发学生对指标的不理解，甚至不认同，因此，有必要通过大量的教育和引导，让学生明白评价指标的目的和意义。最后，有效实施德育评价指标体系需要投入一定的时间和资源，工作内容也较为烦琐。

针对上述情况，在评价指标体系的构建过程中，管理者应该遵循以下原则：

- 全面性和多元性。评价指标应该涵盖学生思想品德的多个方面，如道德观念、社会责任感、团队合作力等。同时，要考虑不同学生的多元发展需求。
- 明确性和可衡量性。每个评价指标都应该清晰明确，让学生和教师都能够理解其含义。并且，指标应该是可衡量和可实现的，以便进行有效的评价。
- 个体差异性。要认识到学生之间存在个体差异，评价指标应避免“一刀切”，要充分考虑学生的家庭背景、性格特点和特殊需求。

- 形成性评价与总结性评价相结合。除了期末的总结性评价，日常的形成性评价也要纳入评价体系，以便及时反馈学生的表现。
- 定量评价与定性评价相结合。引导学生对照德育评价标准，对自己的日常表现进行评价与鉴定，达到自我教育、自我总结、自我培养、自我提高的目的。
- 可操作性。评价指标的实施应该具有可操作性，避免过于复杂。
- 教育引导性。评价指标应具有教育引导作用，鼓励学生积极发展良好的思想品德。
- 与教学目标相一致。德育评价指标应与学校的教育目标和课程体系相契合，促进学生的全面发展。

2. 尝试描绘学校人物形象的核心特征

在参观考察学校时，我不大喜欢按照学校预设好的路线和流程进行，在这个过程中我常常会偏离路线，到教室、到校园、到操场、到办公室、到图书馆，甚至到卫生间，去“看人”。

因为我知道，德育成效最终是通过校园里人的形象呈现出来的，它体现在学生、教师和家长的言行举止中。学生的思想品德和行为表现直接反映了德育工作的效果，教师的道德示范和教育方法会对学生产生深远影响，家长的支持和参与及自身形象也与德育成效密切相关。因此，德育工作的成功体现在校园内每个人的良好形象和行为中。

在这样的观察过程中，一所学校的德育工作是否有成效，往往一目了然，根本无须学校管理者煞有其事地介绍。

这让我一直思考学校德育的切入点：是否可以从尝试描绘学校不同人群的外在形象标准入手呢？也就是说，依据学校的发展定位和办学愿景，对身处校园中的教师、学生、家长，甚至普通职工等，进行核心特征的提炼，以此作为德育建设的基础。

我之所以这样思考，是源于一个常识：构成学校生态最重要的因素不是政策、机制、法规等，而是人，人本身就是最重要的生态。一所学校的文化生态，就是由学校中的微小系统——人，汇聚而成的。良好文化生态形成的难点之一，便是学校中的相关人群在教育目标上能达成一致意见，并遵循学校的发展需要塑造自身形象。这显然不是简简单单地开几次会、讲几句话就能做到的，首先要尝试对学校中的不同人群进行形象描摹，要在对其外在形象和内在气质予以界定的过程中，逐渐固化一所学校的文化特质。在这个过程中，与不同人群进行反反复复的对话、沟通，是必不可少的。

与学校相关的人群极其复杂，而且每所学校也都有自己的理念和定位，但无论如何，教师、学生和家长这三个群体是一所学校必不可少的，是构成学校文化生态的“主力军”。

在实践中，我曾经尝试用文字为这三个群体“画像”。

教师形象：温暖公正，专业有趣。教师要能够回到“人”的层面，让自己保持“温暖”的特性。教师身上应该散发着平等、祥和、正义的气息，是一个个站立的、有灵魂的生命，不苟且、不媚俗。同时，教师应以自己的专业构筑起职业生命的脊梁，成为一个高能量的人，保持热爱、好奇，愿意探索与追寻，呈现出多姿多彩的生命样貌。温暖公正、专业有趣的教师，能真诚地传达温暖的爱意，能清晰地表明人与人平等尊重的信念。要让自己成为一束静静的但持久的光，照亮自己与他人。

学生形象：文明大气，自立乐学，向上生长。学生应有纯净的心灵、干净的眼神与得体的行为，有辽阔与不凡的格局、心胸与境界。学生应该是独立的、积极的、脚踏实地的、坚定执着的。学生应热爱学习，不断拓展认知边界，保持对世界的好奇心，应文明大气、自立乐学、有自信、懂自尊、尊重生命。

家长形象：平和守信，尽责自律，向内修炼。家长应保持理性，内心安宁，言行一致，不失信于人，主动承担自己应承担的职责，不回避、不推诿、坦荡、有担当，给人以安全感；应严格自律，有坚定的自我追求，用自己的行为给孩子树立榜样；应平和守信、尽责自律、表里如一，拥有一种自然和谐的光辉，保持良好的状态。

有了不同角色的外化形象阐述，培育人就有了目标和方向，德育评价体系的建构也有了基础和依据。

分析提炼学校中不同群体的形象特质，实际是形成一所学校核心价值体系的过程，在分析一群性格各异、经历不同的人的基础上，逐步内化，生成一所学校的相同“基因”——大家想事、做事的思维方式和行为习惯。长期坚持，校园里的每一个人便会形成清晰的自评和他评的标准，时刻以此来衡量自身的发展是否到位，时刻思考自身还存在哪些不足，应该如何努力，最终让自己成为校园里行走的风景，一举一动都能散发出教育的“属性”和“魅力”，从而影响和感染着校园中的其他人。

那么，在为群体“画像”的过程中应该注意哪些问题呢？

- 关注价值观。外在形象只是一个方面，更重要的是关注与德育相关的价值观。要强调诚实、友善、尊重、责任感等内在品质，并将其与外在形象联系起来。
- 可衡量和可实现。确保自我评判的标准是具体、可衡量和可实现的，让学生和教职工清楚地知道自己在德育方面的努力方向。
- 与实际情况相符。形象阐述应该与校园文化和实际情况相契合，考虑学校的特点、目标和价值观，使其具有现实意义和可操作性。
- 多方参与。在“画像”过程中，鼓励学生、教职工、家长等多方参与，征求他们的意见。这样可以提高形象阐述的可接受度。
- 定期评估和更新。定期评估形象阐述的效果，并根据需要进行更新和改进。随着时间的推移，形象阐述也应与时俱进。

形象阐述可以帮助大家更好地理解和实践德育理念，那么，如何进一步将这些阐述转化为切实的德育效能，使其发挥最大育人价值呢？可抓住以下要点：

- 结合具体事例。通过讲述真实的故事或例子，将形象阐述与实际情境联系起来，使其更具生动性和可理解性。
- 强调行为影响。解释外在形象特征如何反映内在的道德品质和行为，以及这些品质和行为对个人和他人的影响。
- 引发思考和讨论。提出相关问题或情境，激发学生对形象阐述的思考和讨论，促进学生自主思考能力和道德判断能力的发展。
- 与课程内容融合。将形象阐述与学科课程相结合，例如在语文等课程中运用相关形象进行教学。
- 榜样示范。提供正面的榜样，让学生看到具有良好形象的人物形象，并了解他们的优秀品质和行为，从而激发学生的效仿意愿。
- 多媒体辅助。利用图片、视频、漫画等多媒体形式呈现形象，吸引学生的注意力，增强教育效果。
- 反馈和评价。给予学生及时反馈和评价，让他们了解自己的行为与形象阐述的符合程度，以及如何改进。
- 持续强化。将形象阐述贯穿教育的全过程，不断强化和巩固，使其成为学生内心的道德准则。

3. 让榜样发挥作用

我曾在一所规模较大的初中学校做过一次问卷调查，了解关于“德育榜样”的问题。在问题“你最崇拜的人是谁”中，选择体育明星和娱乐明星的学生占70%左右，选择英雄、劳动模范等的占20%左右，而选择父母与教师的约占10%。传统意义上的德育榜样对学生的影响力变了。

社会学习理论的主要代表班杜拉认为，影响学生道德学习的因素有很多，但其中起决定性作用的是对行为主体的观察或对榜样模式的模仿。因此，榜样教育是学校做好德育工作必不可少的途径和方法。

但学校的榜样教育还存在诸多问题，主要体现在以下方面。

一是榜样形象脱离学生实际。要么榜样形象被人为拔高，缺乏真实感、可接近性，以及可模仿性，学生觉得榜样高不可攀；要么过多地宣传一些老掉牙的人物或思想，因为时效性不强而使得青少年产生疏离感。

二是榜样的宣传具有不真实性。有些学校在德育过程中树立的部分榜样，存在过分宣传的嫌疑，学生容易产生被欺骗的感觉，产生逆反心理，达不到应有的效果。

三是榜样类型过于单一。在选择榜样时，过于关注学业成绩或特定的行为表现，而忽略了学生的多元性和个体差异，导致一些学生认为自己无法达到榜样的标准，从而产生挫败感。

四是榜样教育方式过于老套。语重心长的、说教式的教育方式，很难使学生把榜样教育从感性认识转化为理性认识，再把理性认识用于指导生活实践。宣传内容与方式过于老套，加大了榜样教育的落实难度。

五是与现实生活脱节。没有考虑时代的发展与进步，榜样的行为和价值观可能与学生实际生活中的经验不相符，导致学生难以将所学应用到日常生活中。

六是教育者言行不一。在学校道德教育中，很多教育者言行不一，未表现出严肃的道德感及高尚的道德行为，未能成为受教育者最现实、最直接的榜样，这对学生的消极影响是可想而知的。

基于上述问题，在开展榜样教育前，管理者首先应该思考的就是，在新的时代背景下，榜样的选择应该遵循“源于生活”的基本准则。“源于生活”意味着我们所树立的榜样应该具备下列特征：

- 真实性和可信度——可以看到榜样在实际情境中是如何应对挑战、取得成功的，这种真实的经历更有说服力。
- 可模仿性——为学生如何模仿榜样提供了具体的方法和策略，让学生知道如何在类似的情况下做出正确的选择。
- 贴合实际需求——榜样的行为和成就若与学生所面临的现实问题

和目标相关联，学生的学习意愿会更强烈。

▶激发共鸣和情感联结——来自学生熟悉生活领域的榜样，容易与之建立情感联结，激发学生的内在学习动力。

例如，很多学校会有针对性地结合每个阶段的德育工作主题，树立每周之星、学习标兵、文明楷模等不同的榜样，组织开展不同形式的榜样教育活动。这些榜样就在学生身边，是大家认识的、具体可感的、更易接受的。而且这些生活中的榜样多种多样，每个人都可以根据自己的兴趣、背景和目标选择适合自己的榜样，以发挥榜样积极的示范作用，实现“让学生教育学生”的预期目标。通过学习这些榜样，学生可以提升自己在现实生活中所需的能力和品质。

为了提高教育的有效性，学校榜样教育也应该形成整体规划，有序实施，一般来说，开展这项工作可遵循表2-4中的内容与目标。

表2-4 学校榜样教育整体规划

序号	工作内容	工作目标
1	明确教育目标	确定希望通过榜样教育达到的具体目标，例如，培养学生的某些思想品德、价值观或行为习惯
2	选择榜样人物	根据教育目标，选择具有代表性和吸引力的榜样。可以是校内的优秀学生、教师，也可以是社会上的知名人士
3	了解榜样事迹	深入了解榜样的事迹和成就，包括他们的成长经历、成功故事、面临的挑战以及克服困难的过程等
4	做好榜样宣传	通过多种渠道，如校内广播、宣传栏、主题班会等，向学生宣传榜样的事迹和精神，激发学生的兴趣和好奇心
5	引导学生思考	组织学生进行讨论、写作、演讲等活动，引导他们思考榜样的行为和品质对自己的启示和影响
6	模仿榜样行动	鼓励学生在日常生活中实践榜样的价值观和行为，如参加社会实践活动等
7	及时反馈评价	及时肯定学生在学习榜样过程中的努力和进步，同时鼓励他们继续发扬榜样的精神

续表

序　号	工作内容	工作目标
8	保持持续推进	将榜样教育纳入学校的常规教育活动，不断更新榜样案例，激发学生持续学习的动力

学校可以尝试选择多样化的榜样，采用多种教育方式，系统地开展榜样教育。在教育过程中要关注学生个体差异，与现实生活相结合，并进行长期的效果评估等。鼓励学生从榜样中汲取力量，让他们在成长过程中发现和发挥自己的优点和潜力，实现自我教育。

需要特别注意的是，教师的信念和价值观会直接影响学生的个体发展，这种现实的刺激与强化要比书本上的理论更有说服力。在学生眼中，特别是低年级的学生，教师就是“榜样”，就是模仿和崇拜的对象，因此，提高榜样教育的实效性，就必须从提高教育者的素质与自我形象入手。

4. 建立多主体、多元化评价模式

新时代德育评价改革的核心理念就是要回归人的全面发展，形成以学生的全面发展为本的评价新理念，并以此促进学生健全人格的形成。

这意味着在开展德育评价时，管理者至少要坚持两点基本认识。

一是要把学生当作一个有血有肉、有思想、有灵魂的独立的“人”来看待。要充分尊重和关注学生的个体差异、情感需求和发展特点，不能只看重学生的成绩，忽略他们的品德、情感和社会能力等方面的发展。评价过程中不能过于依赖量化指标，而忽略了学生的主观努力。

二是要把学生当作一个不断成长、不断发展的“人”来看待。德育评价不是为了给学生一个终结性、标签性的评价结果，而是为了激励学生向更美好的发展方向去努力。不能只关注最终结果，而忽视对学生的学习过程和成长经历的关注，也不能忽视对评价结果的及时反馈，否则，学生将无法了解自身的优点和不足，做不到积极改进。

为了做到这两点，在构建评价体系的过程中，管理者至少要做到“两多”——多主体、多元化。

多主体评价

德育评价要坚持评价主体多元化，把班主任、任课教师、学生、家长、社区人员等作为评价主体或重要角色，将学生自我评价、教师评价、同伴评价、家长评价和社区评价相结合，建立学校—家庭—社会“三位一体”的综合评价体系。同时，要从学校生活、同伴生活、家庭生活、公共生活等各个渠道，全面观察和收集学生在各个场景中的道德行为表现，综合考量各评价主体的评价结果。具体而言，评价主体有以下几类：

- 教师评价：教师是重要的评价主体，他们可以依据学生的学校生活表现、行为举止、思想品德表现等进行评价。
- 自我评价：鼓励学生对自己的思想品德表现、行为举止和学习态度进行自我评价，培养自我反思和自我管理的能力。
- 同伴评价：引导学生之间进行相互评价，促进他们相互学习。
- 家长评价：邀请家长参与学生的德育评价，了解学生在家中的表现和思想品德发展。
- 社区代表评价：与社区合作，引入社区代表，对学生在社区活动中的表现进行评价。
- 学校管理人员评价：学校的管理人员也可以从学校规章制度遵守情况等方面对学生进行评价。
- 社会实践导师评价：由相关组织或导师对学生参与社会实践活动的表现进行评价。
- 多学科教师评价：不同学科的教师可以从各自学科的角度对学生的思想品德和综合素养进行评价。

多主体评价也面临许多问题。如评价主体缺乏相应的评价能力，评价结果不够客观，评价过程中学生的隐私和尊严容易受到侵犯，等等。

首先，管理者需要在实施过程中制订明确的评价标准，尽量减少主观性偏差。其次，管理者应为评价主体提供培训和指导，确保他们了解评价的目的、方法和标准，提高评价的准确性和一致性。最后，管理者应建立监督机制，对评价过程进行审核和抽查，定期对多元化评价主体的实施效果进行评估，发现问题后及时纠正。

多元化评价

评价主体要综合运用观察、访谈，开展实践活动等方法全面获取和了解学生道德发展的有效信息，综合运用学生成长记录袋、日常行为表现记录卡等多种定性和定量评价方法，着力借助信息技术探索和优化德育评价方法，避免仅凭道德认知水平来对学生进行德育评价。

江苏省盐城市的罗燕翔、高晓敏老师在《新时代小学德育评价体系的构建与实施——以Y市“新时代好少年”德育评价为例》一文中，曾列举过Y市“新时代好少年”德育评价的多元方法体系，包括即时评价、每周评价、每月评价和学期评价4种，即时评价的主体是学生本人，每周评价的主体是同学，每月评价的主体是教师，学期评价的主体是同学、教师、家庭成员、社会朋友。

具体评价体系见表2-5。

表2-5 “新时代好少年”德育评价体系

评价类型	评价主体	具体操作方法
即时评价	学生	通过谈话，以及撰写成长心语、书面自我鉴定等方式，让学生全面、公正、客观地评价自己
每周评价	同学	学生相互之间通过公开阐述、投票等形式，对同学一周以来的行为表现进行相应的评价

续表

评价类型	评价主体	具体操作方法
每月评价	教师	班主任、值日教师、任课教师从不同侧面客观、多角度评价，体现不同时段评价内容的差异性。可以在课堂和课后2个时段进行评价，以课堂评价为主。课堂评价，主要是对学生参与讨论、回答问题、课堂活动情况等进行评价，可以比较直接地反映学生的学习情况和学习效果。课后评价，主要是评价学生以实践性为主的作业，如时事评述、手抄报、小论文或研究性报告等的完成情况
学期评价	同学	在学期总结表彰活动中，学生对同学一学期以来的行为表现进行阶段性的评价
	教师	任课教师、班主任从不同侧面多角度评价。可以在课堂和课后2个时段进行评价，以课堂评价为主
	家庭	通过电话、走访、家长会、调查问卷等方式，了解学生的父母或其他监护人针对其日常行为、学习习惯、学习态度、思想状态等方面给出的客观评价
	社会	采用走访调查、互动交流的方式，向与学生关系密切的亲朋好友了解情况，从社会交往、思想观念、责任践行、合作沟通等角度，对学生进行系统性评价，以补充和完善学校评价内容

罗燕翔、高晓敏老师在文中还写到了各学校设置每月之星荣誉墙的具体操作办法：

首先，由学生将本月个人得到的勋章卡和荣誉梳理记录清楚，对每月的情况进行整体回顾，并写下自己的感言，总结收获，反思不足。然后，可以设置以下3个栏目：①同学点赞，引导学生对同学的表现加以肯定、欣赏和称赞，让每位同学都获得继续完善个人品德修养的动力；②同伴加油，对暂时没有获得勋章卡的同学，可以给他们加油鼓劲、提建议、出主意，让他们能够找到今后努力的方向，明确行动的目标；③师长寄语，结合学生的月总结记录，家长和教师针对问题，加强沟通，给学生提出希望和要求，发挥家校合力的正能量。通过同学点赞、同伴助力、家校共育等方法，让学生逐步养成良好的道德行为习惯，展现出新时代好少年的亮丽风采。

这些具体的做法能给学校管理者带来很多启示。此外，越来越多的学校在评价过程中注意结合线上与线下，利用互联网信息技术平台为德育评价提供新方法、新手段。比如，教师、学生、家长可以利用开放的线上平台，广泛上传、下载、观看有关学生道德表现的视频、图片或者文字等数字资源，全面了解学生在学校生活、家庭生活、社区生活中的各类表现，完整记录学生在生活中的点点滴滴，从而使其成为一个不断更新的、开放式的“线上档案袋”，有效提升德育评价的过程性和真实性。

也有一些学校设计了道德积分、“道德银行”等兼具趣味性、生活性的德育评价方法，当学生在生活中有良好道德表现的时候，教师可以在道德积分卡或者“道德银行卡”上记录下来，给予学生一定的道德积分、“道德金币”，使其成为学生道德发展过程的真实“见证”。这种评价方法不仅能积累学生重要的过程性成长材料，还因趣味性、生活化等特点，备受学生欢迎。

深度思考

◎ 你的学校目前有哪些德育评价的方式？这些方式有哪些利弊？

◎ 开展评价的基础是构建一套科学合理的学生德育指标体系，你准备如何操作？

◎ 多主体评价存在哪些难点，你准备如何化解？

◎ 新时代背景下，你所在的学校有没有在多元化评价的角度上有所创新？

第三章　赋能团队：教师发展系统打造

- 赋能团队：教师发展系统打造
  - 纳入整体规划
    - 摸清底数
    - 团队画像
    - 个人蓝图
  - 创建培训课程
    - 内容选择：从需求出发
    - 课程设置：从体系入手
    - 培训活动：从实效着眼
  - 建立工作机制
    - 搭建多元平台
    - 挖掘内部资源
    - 重视教师成果
    - 创设第三空间
  - 改变“行走方式”
    - 以“减负”促状态
    - 以“评价”促发展
    - 以“支持”促稳定
    - 以“尊重”促团结
    - 以“看见”促自信

现场速记

现场一

有一次，我到一所全国名校考察交流，校长大谈特谈自己学校教师的“奉献精神”。这是一所寄宿制高中，巨大的升学压力导致了这所学校畸形的管理模式。学生一个月放假两天半，学生每天五点多起床，学校晚上十一点熄灯，白天九节课，晚上三节课。教师与学生同吃同住，是完全一样的作息时间。校长非常自豪地说：“教师没有时间谈恋爱，没有时间回家陪孩子和家人，但他们都自觉自愿，动力十足，毫无怨言，充满‘幸福感’。”

现场二

我到一所学校拜访一位校长，他拿出一本《师德评价手册》，骄傲地向我介绍，这是他在学校开展的评价改革成果，得到了上级部门的充分肯定。我认真地翻了翻手册的内容，是针对教师师德表现的量化考核。考核指标包含工作态度是否认真，是否爱岗敬业，是否爱学生，有无体罚行为，是否违反有偿补课的规定，是否参与各类传销活动，等等。考核结果将作为个人考核、奖惩、职称评聘的依据，考核不合格者，不得参与“评先”，无法晋升职务。

反思感悟

对教育而言，教师应该是一种怎样的存在？教师的价值到底是什么？教师拥有什么样的状态才能更好地体现自身价值？学校的管理者究竟该做些什么，才能为教师注入更多的成长动力，使其发挥其自身的价值与潜能？

一、将教师成长纳入整体规划

很多学校都存在一个较为显著的矛盾：校长往往会将教师队伍成长不够快、队伍不够成熟视作制约学校发展的重要因素，但而深入剖析后不难发现，问题的症结在于学校在教师培养工作中未能采用多元的方法。于是，校长更多停留在抱怨上，实际行动不足：要么教师缺乏系统的专业培训和进修机会，无法更新知识和教学方法；要么教师在职业发展方面缺乏明确的指导和规划，不清楚如何提升自己的职业水平；要么学校没有建立有效的激励机制，无法激发教师的积极性和主动性。

因此，不少学校的教师团队呈现出凝聚力不强、执行力偏弱、人心不齐、一盘散沙的现状。不仅如此，有些学校所处区域不理想，或者学校对外影响力不大，这也导致教师队伍不稳定，人员频繁调动，进而使得教师团队的发展陷入恶性循环。

我常常跟校长说，团队打造的关键在于，要为打造团队这项工作制订一个实实在在的整体发展和培养规划。具体而言，要做到目标明确、思路清晰，并且持续投入、持续开展相关工作，那种零敲碎打似的培养方式，只能是事倍功半。

1. 摸清底数是打造团队的第一步

团队的年龄结构、学历结构是怎样的？教师在专业发展方面最欠缺的是什么？大家对学校现有的培养机制，赞同哪些，反对哪些？

很多校长对上述问题并不能精准地回答。在这样的背景下，做好教师团队打造的整体规划只能是奢望。

摸清底数，应该是打造团队的第一步。要摸清学校教师团队的底数，可以采取以下一些做法：

- 开展问卷调查：设计一份详细的问卷，涵盖教师的教育背景、教学经验、专业发展需求、工作满意度等方面，通过问卷收集教师的反馈信息。
- 与教师面谈：与个别教师进行面谈，了解他们的教学理念、困难和挑战，以及对团队的培养期望和建议。
- 观察课堂教学：评估教师的教学方法、教学技能和课堂管理能力，了解教师的实际教学情况。
- 分析教学成绩和评估数据：收集和分析教师的教学成绩、学生评价和评估数据，了解教师的教学效果和需要改进的地方。
- 举办教师座谈会：组织教师座谈会或小组讨论，促进教师之间的交流和分享，了解团队的整体情况和存在的问题。

开展问卷调查是最常见的方式。这里，提供一份基础模板供大家参考。（见表3-1）

表3-1　教师基本情况调查

基本信息	姓名		性别	
	年龄		学历、专业	
	教龄		教授学科	
教学方法与策略	您在教学中常用的教学方法有哪些？			
	您如何激发学生的学习兴趣？			
	您如何评估学生的学习成果？			
专业发展需求	您对哪些方面的专业发展最感兴趣？			
	您希望参加哪种类型的培训或进修活动？			
	您认为学校应该提供哪些支持来促进您的专业发展？			
工作满意度	您对目前的工作环境和条件满意吗？			
	您对学校的管理和领导方式有什么建议？			
	您觉得自己在工作中得到了足够的尊重和支持吗？			
团队合作	您如何评价教师之间的团队合作氛围？			
	您愿意与其他教师分享教学经验和资源吗？			
	您对学校的团队建设活动有什么建议？			
其他	您还有其他关于教师团队培养或学校发展的建议吗？			
	如果有机会，您希望与学校管理层进一步沟通哪些问题？			

当然，可以根据学校的实际情况和管理者关于团队的具体想法，进一步完善问卷设计。管理者在进行问卷设计时需要注意一些问题。比如，坚持保密和信任的原则，确保教师愿意真实地表达自己的意见和看法，调研过程要保持客观和公正，避免数据受到主观偏见和个人情感的影响，确保数据的准确性和可靠性。

各类数据收集上来后，要对纷杂的信息进行系统的分析和总结，这是非常关键的一步。管理者至少要确保准确把握下列信息：

- 教师基本情况。
- 各级骨干教师人数、年龄、学科分布。
- 特殊人才。
- 教师成长的痛点。
- 教师的成长需求点、增长点。
- 学校能提供和需提供的资源。

总之，管理者要能够透过数据，找出团队建设的关键问题和趋势，为后续的团队培养提供有针对性的建议，为制订有效的培养计划提供依据。

此外，问卷调查不应是一次性的活动，而应定期进行，以跟踪教师团队的发展和变化，持续改进培养策略。

2. 为理想中的教师团队“画像”

我经常会问校长朋友：如果你带领一个团队，你期望3～5年后，团队具备哪些特征？团队中的每个成员具备什么素养、什么特质？

回答这几个问题就是在给学校理想中的教师团队“画像”，对于管理者而言，这是非常重要的能力。“画像”是对教师发展目标进行描述——这个描述越具体、越形象、可视化程度越高，找到达成路径的可能性就越高。

教师发展目标是在特定时间内，学校对教师队伍专业发展的预期结果，是学校对教师队伍的专业素质和工作表现的理想描述。可以说，目标管理是一种基于现实情况和客观规律的科学管理，能够给学校教师培养工作的开展提供科学、理性的参照，使管理者能够依据目标体系整体、有序地推进工作。

在开展教师培养工作前，不妨试着借助表3-2梳理工作目标。

表3-2　教师培养目标

教师类型	目标类型		目标标准描述	是否达标
新任教师	专业发展目标	专业知识		
		专业能力		
		专业情感		
	常规工作目标	课堂教学工作		
		教研工作		
		课题研究工作		
		班主任工作		
胜任教师	专业发展目标	专业知识		
		专业能力		
		专业情感		
	常规工作目标	课堂教学工作		
		教研工作		
		课题研究工作		
		班主任工作		
骨干教师	专业发展目标	专业知识		
		专业能力		
		专业情感		
	常规工作目标	课堂教学工作		
		教研工作		
		课题研究工作		
		班主任工作		

从表3-2中可以看出，不同层次的教师发展目标，应该同时涵盖教师的专业素质目标和实际表现目标。

在确定了不同层次的教师发展目标后，要把这些目标内容与一定的时间跨度相联系。也就是说，把这些目标内容分解到特定学期、学年或3～5年的时间中去，确定教师发展的学期目标、学年目标和3～5年目标的具体内容。许多有思想的管理者往往能够用更加简洁、通俗、鲜明的方式去表达自己对心目中教师形象和团队形象的描述，这也不失为一种引领团队前进的有效策略。

比如，我在江苏常州做校长时，提出了学校教师形象的核心特征——温暖公正，专业有趣，向深行走。短短十二个字，将教师的内在特质和外在形象做了简要的阐述。这十二个字经过持续解读、演绎，逐步深入人心，变成全体教师自我对照的成长标准。

再如，有的学校把教师的发展定位为“特别有责任，特别能吃苦，特别敢担当，特别乐奉献，特别能出彩”，虽然这样的表达没有那么科学、精准，但其丰富的内容和凝练的表达方式同样能给教师的成长指明方向。

广州协和小学非常重视教师队伍建设。学校既总结出优秀教师的标准——特色鲜明、特长突出、多元发展，又在此基础上，进一步衍生出对教师的“六最”期待——最具实践能力的教师、最具理论水平的教师、最具爱心耐心的教师、最具审美情趣的教师、最受孩子们喜欢的教师、最具幽默风格的教师。这些都让教师的形象变得立体可感，为教师梳理了自我发展的定位和目标。

同时，学校为增强教师团队的凝聚力和战斗力，还提出了团队建设的个性化表达：

- 负重创新，忠于职守的行政团队。
- 先锋表率，恪守党性的党员团队。

▶充满活力，饱含热情的团员团队。

▶团结协作，细致入微的班主任、中队辅导员团队。

▶尽职尽力，乐于服务的级组长团队。

▶业务领先，开拓进取的科组长团队。

▶默默工作，认真负责的各室管理员团队。

▶毫无保留，严格友善的师父团队。

寥寥数语，就把学校所期望的各类团队所担负的职责和形象描述了出来，具有非常好的导向作用。

还可以通过其他管理手段对教师团队进一步“画像”。比如，有些学校通过梳理，确定了教师每天要做的十五件事：

1. 想一想：今天我该怎样做才能远离消极情绪，使自己充满激情和活力？

2. 认真计划或思考一天要做的主要事情：将自己的目标深深印在脑海中，不可忘记。

3. 课前了解学生，充分备课，上好一天的课。

4. 课堂注意观察和了解学生，善于发现每一个学生的优点，不轻易批评学生。

5. 精心设计作业，认真地批改或讲评作业。

6. 用心对待每件事，认真做好每件事，把教学工作做细、做实，关注教和学的每个细节。

7. 在自习课或课余时间到自己所教的班级当面辅导一次。

8. 再次熟悉和完善明天要用到的教案。

9. 针对自己基本功最薄弱的一项，每天坚持练习一小时。

10. 再忙也要抽出一定的时间阅读，汲取新知识，获得新信息。

11. 抽出时间参与不少于半小时的文体活动，保证体育锻炼或娱乐的时间。

12. 至少与同事交流一次，如分享教学心得。

13. 抽出时间撰写一则读书笔记或教育日记（随笔）。

14. 想想我今天为什么而感到自豪，我应对什么心存感激；用心体味今天的工作给我带来的美和乐趣。

15. 按时作息，起居有节，合理膳食，调节心境，为身心健康打好坚实的基础。

假设我们能够清晰地罗列出教师“每学期要做的十五件事”“每年要做的十五件事”，并使其真正变成教师自觉遵守的行为准则，那么，我们期待的教师形象，必然会愈加清晰。

此外，在教师誓言中融入教师对自我形象的描述，也是一种思路。仍以我在江苏常州做校长时撰写的教师誓词为例，供各位校长参考：

我宣誓——×××校是我光荣的选择！

我懂得：我的肩头从此负有多少生命的重托！我每时每刻都应传承文明的薪火，我的一言一行都应成为下一代的楷模。我，就是教育！

我知道：学生对我很需要，我对学生很重要。对放弃责任的诱惑，我必须拒绝；对违背良知的利益，我必须割舍。为孩子们付出所有，是我最高的准则。即使面对误解和委屈，我仍将恪守崇高的职业道德。用智慧开启智慧，用爱心托起爱心，平等地对待每一名学生，为他们构筑迈向成功的基座。

温暖公正，专业有趣，向深行走！在奉献中体现价值，在平凡中成就伟大，这是我庄严的承诺！

3. 鼓励教师描绘自己的“心灵蓝图”

给团队“画像”之后，管理者要引导教师去描绘自己的“心灵蓝图”，也就是对自己的职业生涯做出必要的规划和构想。

注意，这并非纯自发的个人行为，而应该纳入学校的管理。管理者有必要把教师职业生涯规划作为一项重要工作内容列入学校工作计划，包括相关培训、自我规划、学校审定、建立档案、规划的回馈与总结等，让教师的成长“可视化”。

我曾在不少教师培训的场合，针对下列问题做出相应的引导：

- ▶你究竟是在为谁而工作?
- ▶你喜欢事事等待领导安排，还是主动出击寻找机会?
- ▶遇到困难，你是以抱怨和牢骚来应对，还是以积极的心态去化解?
- ▶你想做一个纯粹的生命消费者，还是一个不断为自己生命增值的人?
- ▶你是否善于抓住影响自己专业发展的关键人物和关键事件?
- ▶你是把工作当作课题来研究，还是把课题当作工作来对待?

这样的一连串追问，是希望“唤醒”更多的教师，让他们从埋头苦干或茫然无序中抬起头来，看看前方的路，从而找到更佳的发展途径。不少校长抱怨现在的年轻人无欲无求，缺乏上进心，喜欢“躺平”。我们不应纠结于时代带来的影响，而应面对现实，立足现实，认真探索“我们究竟可以做些什么”，力争让事态朝着好的方向发展，这才是正确的态度。我想，引导自己团队中的教师抓住职业规划这个“突破口”，不失为一条可行之路。

一切的成长基于正确的自我认知，因此，职业发展规划的前提是教师正确的自我审视和自我认定，不妨让所有人按照表3-3认真填写自己的“职业发展意向规划”。

表3-3 教师职业发展意向规划

内 容	条 目	自我描述
我是谁	我的工作、生活环境	
	我的性格、优点、缺点	
	我的兴趣爱好	
	我的能力特点	
	我的人生信仰、追求	
	我的情感、价值观	

续表

内　容	条　目	自我描述
我要去哪里	我的人生规划	
	我的近期目标和长期目标	
	我的人生梦想	
我准备怎样去	完成规划的具体计划	
	达成目标的策略与方法	
	实现梦想的行动方案	
我的重点关注	自我发展方向	
	希望学校提供哪些条件	

其中，目标部分是重点，是对未来自己的期许和描述。可以进行更加细化的拆分：

- 人生目标。时间30年以上。人生目标必须符合自己价值观，且与社会发展需求相适应。
- 长期目标。时间5年以上。设计时以勾画轮廓为主，通常比较粗略、不具体，可能随着学校内外部形势的变化而变化。
- 中期目标。时间3～5年。它要与长期目标保持一致，比较具体，有比较明确的时间，可做适当的调整。
- 短期目标。时间1～2年。是中期目标和长期目标的具体化、现实化和可操化表现，是最清晰的目标。

在实际操作中，不少教师会确定自己发展的外在目标。比如，要评为高级教师、模范教师、特级教师，成为“名师”，产生影响力，等等。这种追求是无可非议的。但作为管理者，有必要适当对教师做些引导：外在目标很重要，但我们更应该追求自身发展的内在目标，即教育水准不断提升，教育思想渐进深刻，教育影响持续扩大，成为懂教育、懂教学、懂学生的“明师”更重要。

在自我发展的定位上，管理者也要引导教师更加关注个人特质及价值取向，寻找适合的发展目标。通常来说，教师的职业发展方向可以定位在三个维度：以课堂教学见长的教学型教师，以教育科研见长的科研型教师，以学校管理见长的领导型教师。当教师能够准确判断“我是谁”的时候，就能减少目标选择的盲目性。

管理者需要求教师在自我分析的基础上，把职业规划写下来，从而将其纳入管理体系。这一步非常关键。只有期待的成长能够“看得见”，教师才能受到内在的自我要求和外部监督力量的共同约束。

这里为大家提供一份教师职业规划撰写的基本结构：

- 题目：包括姓名、年限、年龄跨度、起止时期。比如，王伟三年教育职业生涯规划（2024年9月～2027年9月，30～33岁）
- 目标：指职业发展方向和当前可以预见的最长远目标。
- 社会环境分析结果：包括对政治环境、经济环境、法律环境的分析，还包括职业环境分析。
- 学校环境分析结果：包括对学校制度、学校文化、学校管理者、学校品牌和服务、办学理念等的分析。
- 自身条件及潜力测评结果：个人目前状况和发展潜能。比如，有没有可能从普通教师发展成为学校领导。
- 重要角色及其建议：记录对自己职业生涯影响最大的一些人和他们的建议。
- 目标分解及目标组合：分析制订、实现目标的主要影响因素，通过目标分解和目标组合的方法做出果断明确的目标选择。
- 成功的标准：目标已经达成。
- 差距：自身现实状况与实现目标之间的差距。
- 缩小差距的方法及实施方案。

职业规划写好后，不能束之高阁，要将其纳入学校关于团队建设的管理要求，这是很多学校所忽略的。最常见的做法是：将教师职业规划与教师的业务档案相结合，建立相关的跟踪、评判机制，让教师不断对照目标，明确自己所处位置及后续努力的方向，调整策略。教师可以每个学年（或学期）做好规划落实的自我评判，形成自我反思的成长机制。（见表3-4）

表3-4　教师职业发展规划自评表

序号	自评条目	自评情况	自我满意度赋分
1	您完成了职业发展规划与学习计划中的哪些项目？		A.10　B.8　C.6
2	哪些预定项目没有完成，未完成的原因是什么？		A.10　B.8　C.6
3	在本时段的自我成长中，你最值得骄傲的成绩有哪些？		A.10　B.8　C.6
4	在完成职业发展规划与学习计划过程中遇到了什么困难？		A.10　B.8　C.6
5	除了规划与计划所定项目，本学期您还完成了哪些项目？		A.10　B.8　C.6
6	您要进一步修改规划、计划与发展目标吗？如要，请具体说明		A.10　B.8　C.6
7	年度自我满意度整体评价	A.非常满意　B.比较满意 C.不太满意　D.很不满意	

深度思考

◎ 你所在的学校在团队建设上存在哪些优势和不足？

◎ 你认为在定位团队发展目标时，可以抓住哪些重点？

◎ 你是否对理想中的教师形象和团队形象形成了较为清晰的表达？

◎ 你认为学校教师的自我规划意识如何？学校有无引导教师做好职业规划的管理举措？

二、创建适合教师实际需求的培训课程

过去我们常说：培训是福利。可惜，这个判断在很多教师心目中已不再成立。

是不是大家不需要培训，或者没有成长的动力了？显然不是。向上向好，是人的本性，想必大多数教师都希望自己的职业生涯能更完美，自己能做一名更优秀的教师。那为什么很多教师对培训表现出抵触心理，或者即使参加各种培训，真正的成长也很难发生呢？

重庆智识教育研究院有限公司曾经发起过一次问卷调研，来自全国31个省、自治区、直辖市的近5万名教育者参与。在谈到“阻碍教师参加培训的主要因素”时，56.66%的受访教师认为第一个障碍是“没有时间”，第二个障碍是“单位没有安排到我”。目前绝大部分培训是自上而下安排，培训和需求不对口，教师无法选择自己感兴趣的培训项目。

作为管理者，在组织教师培训时，一定要思考：应该选择什么课程？为什么要选择这些课程？这些课程于教师而言，真的需要吗？

1. 从教师需求出发设置课程

我曾经在学校针对校本培训做过一次调研，分析到底哪些因素能够激发教师主动参与培训的热情。教师的答案基本围绕三点：一是能解决“工作中遇到的问题”，培训能给自己带来实实在在的助力；二是能满足“自我专业成长的需要”，使自己的人生变得更完整，看得到自己的成长；三是对“内容感兴趣”，愿意看、愿意听。这三点构成教师参加培训的最大动力。

教师参加培训学习，也常常有一些不愉快的体验。比如重复性培训很多、内容和需求不匹配、没有自主选择权、收获感和价值感不强、教学方式单一、形式化考核资料多、过分注重检查笔记等。可见，如果只是靠强硬的制度逼着学习，常常是“人在心不在”，实际效果很差。

在北京市十一学校考察时，我发现很多教师下班后并不离开学校，而是去参加学校组织的相关培训。但学校并没有必须参加的要求，更没有考勤之类的硬性约束。为什么大家的积极性仍然这么高呢？原来是十一学校提供了多样化、差异化的培训内容，同一时段内会有若干不同的培训，“总有一款适合你”，教师会选择自己感兴趣的去参加。内驱力问题似乎轻而易举就解决了。

当然，对大多数学校来说，限于办学条件，模仿十一学校的做法是很难的，但这种思维方式值得我们学习。如果只是校长拍脑袋决定，极有可能远离教师的实际需求。不妨由管理者做好调研，摸清实际情况，列出拟提供的培训清单，清楚描述具体内容，然后由教师进行勾选——选择本身就意味着责任。如果一个学期、一个学年的培训课程，是由教师自己发表意见决定的，学校的培训内容是不是就更容易受到教师的欢迎呢？

管理就是服务，不是校长有什么就给教师“吃”什么，不喜欢也要硬塞给教师，而应该是教师喜欢什么口味的“菜品”，管理者想办法去发掘资源、设定课程，摆到“餐桌”上，这样才会让所有人都“吃”得津津有味。

在这样的指导思想下，学校开展培训就不应该是个随机性、临时性的事，而应该强调其计划性、目的性。安排培训项目的时候，不妨遵循表3-5所示的流程做好顶层设计。

表3-5　学校开展培训工作流程

序　号	工作步骤	工作内容
1	分析学校现状	通过调研、问卷调查和教学观察等方法，了解教师的教育教学现状、存在的问题

续表

序号	工作步骤	工作内容
2	分析培训需求	在现状分析的基础上，进行培训需求分析，确定教师培训的目标、内容和重点方向
3	制订培训课程框架	依据培训目标和内容，制订培训课程框架，确定教师培训课程的核心知识点、教学方法和评估方式，做到层次清晰、结构合理、针对性强
4	形成培训课程清单	基于课程纲要或框架，规划并开发详细的培训课程，形成课程清单，包括确定每一堂课的内容、教学资源和教学活动等，并积极吸纳教师的建设性意见
5	组织培训课程实施	依据培训清单和培训计划，做好每次活动的设计，通过教学观察、问卷调查和教学反馈等方式，收集教师的意见和建议
6	开展培训结果评估	通过考核和测评来跟踪教师是否掌握了培训的知识和技能，客观评估教师培训的效果，并采取相应的改进措施

2. 课程的系统化、深耕性至关重要

培训内容的碎片化、零散化是制约培训效果的重要原因。

改变这一点，需要学校管理者在前期调研的基础上，做好周密的规划，要把系统化、深耕性特征作为培训内容设计的关键出发点。

先来谈系统化。系统化的培训内容有助于教师建立起某个方面的完整知识结构，使他们能够更好地理解和掌握各个知识点之间的关系，从而提高学习效果，促进他们更好地将所学知识与实际工作场景相结合，提高知识的迁移能力。同时，系统化的培训内容也有助于教师遵循一定的逻辑和顺序组织内容，避免知识难度跳跃过大，有利于教师接受。

做到培训内容的系统化，可以抓住这样几个工作要点：

- 明确培训的目标和预期结果，确保所有的内容都与目标相关联。
- 制订一个详细的培训内容框架，将各个知识点和模块有机地组合在一起，形成一个系统的结构。

▶由浅入深，按照知识的难易程度和逻辑关系，逐步开展培训内容。

▶培训中结合实际案例和实践操作，帮助教师将理论知识转化为实际能力。

▶定期收集教师的反馈意见，根据反馈对培训内容进行调整和优化，确保其系统化和实用性。

▶通过测试等方式，对教师学习成果进行持续评估，以了解他们对系统知识的掌握程度。

比如，一所学校的教师若涵盖了老、中、青各个年龄段，那么管理者便可以对培训内容进行不同的界定，形成较为清晰的培训框架。（见表3-6）

表3-6 学校教师培训工作框架

序 号	类 型	培训框架	培训目标
1	新任教师	教育教学理论	帮助新任教师理解教育的基本原理和方法，为教学实践提供理论支持
		课程设计与备课	新任教师能设计合理的教学计划和教案，提高备课质量
		课堂管理技巧	新任教师能有效管理课堂秩序，激发学生的学习兴趣
		学生评价与反馈	新任教师学会科学评价学生的学习表现，提供有针对性的反馈，促进学生的成长
		与家长沟通技巧	帮助新任教师与家长建立良好的沟通渠道，共同促进学生的发展
		教育技术应用	提升新任教师运用现代教育技术的能力，丰富教学手段
2	胜任教师	教学方法创新	鼓励胜任教师探索新的教学方法和策略，提高教学效果
		差异化教学策略	胜任教师能够根据学生的差异进行个性化教学，满足不同学生的学习需求
		团队合作与教研	增强胜任教师的团队协作意识，通过教研活动提高团队教学水平

续表

序号	类型	培训框架	培训目标
2	胜任教师	教育心理学	深入了解学生的心理特点和发展规律，更好地指导教学实践
		课题研究与论文写作	培养胜任教师的教育研究能力，促进专业成长
		教师职业发展规划	引导胜任教师制订个人职业发展规划，明确职业发展方向
3	骨干教师	领导力与团队管理	提升骨干教师的领导能力，带领团队实现教学目标
		教育改革与政策解读	骨干教师了解教育改革的趋势和政策，为学校的发展提供建议
		跨学科教学与整合	培养骨干教师的跨学科教学能力，促进学科间的融合与创新
		教育研究方法与实践	提高骨干教师的教育研究水平，推动教育教学改革
		教师培训与指导	发挥骨干教师的示范作用，培养和指导其他教师，提升团队整体素质
		教育国际视野与交流	拓宽骨干教师的国际视野，促进国内外教育交流与合作

当然，这样的一个分类显然比较粗糙，根据工作岗位的不同，比如科任教师、班主任、教研组组长、科室工作人员等，又可以设计出更加有针对性的系列培训。我在与校长们交流这个话题时发现，不少人限于条件、资源等，颇有畏难情绪，觉得以自己学校的情况很难做到。但我们应该知道，学校培养教师就像家庭养育孩子，给孩子提供均衡而又必要的营养至关重要。哪怕家庭条件“不好”，仍然不妨碍父母为孩子制订一个合理膳食的菜谱，保证孩子的健康成长。学校管理者若坚持把培养的具体内容理清楚，并形成培训内容的清晰框架，就有可能通过积极开拓资源，逐一创造条件去完成，最大限度地突破培训内容碎片化的窠臼。

再来谈谈“深耕性”的问题。在系列培训的基础上，若管理者基于不同模块进行系统性课程设计，围绕特定主题开展深层次学习，并通过持续推进的方式深化培训内容，那么培训效果将得到显著提升。这就是在某一领域的“深耕”。比如，如果我们根据校情，特别是学校改革的方向和重点，把“合作学习”作为一所学校的大培训主题，就可以在此基础上进行拆分，形成如表3-7所示的培训清单。

表3-7 “合作学习”主题培训清单

序　号	培训项目	培训主题
1	合作学习的理论基础	合作学习的概念和原则 合作学习的教育价值和优势 不同类型的合作学习策略和方法
2	建立合作学习小组	小组组建的原则和技巧 角色分配和小组分工 小组合作精神和团队凝聚力的培养
3	合作学习活动设计	设计有效的合作学习任务 制订合作学习目标和评估标准 融入多元智能和个性化学习
4	沟通与互动技巧	积极倾听和有效沟通 促进小组讨论和互动的方法 解决小组冲突和合作问题的策略
5	小组过程管理	活动引导技巧 时间管理和任务分配 确保每个学生都参与的方法
6	评价与反馈	如何评估小组合作成果 提供具体和及时的反馈 促进自我评估和小组反思
7	技术工具与资源利用	在线合作平台和工具的介绍 利用教育资源促进合作学习 数字工具在合作学习中的应用
8	跨学科合作	不同学科教师之间的合作模式 跨学科项目和综合学习活动
9	教师的引导角色	教师在合作学习中的角色和职责 如何引导和支持学生的自主学习
10	实际案例与经验分享	成功的合作学习案例分析 教师经验分享和互动交流

3. 每次培训要力求最佳效果

在整体做好培训规划的前提下，培训成功的关键就在于每次具体培训活动开展得周密、到位。可以尝试如表3-8所示的教师培训工作安排简表来进行设计。

表3-8　教师培训工作安排

<table>
<tr><td colspan="6">课程名称：</td></tr>
<tr><td colspan="3">培训对象：</td><td colspan="3">培训课时（时长）：</td></tr>
<tr><td>课程价值</td><td colspan="5">描述要解决的问题，或描述教师在知识、技能、态度、能力等方面的预期收获</td></tr>
<tr><td>学习目标</td><td colspan="5">培训所达成的目标。目标要具有可测量、可评估的特点，要防止写成抽象的教学目的</td></tr>
<tr><td>课程特点</td><td colspan="5">凸显本节课某方面的特殊性、创造性、专业性，或与学校、教师的匹配度</td></tr>
<tr><td rowspan="7">教学内容分解</td><td>教学步骤</td><td>教学内容要点</td><td>教学方式方法</td><td>体验实践活动</td><td>时间分配</td></tr>
<tr><td>导入</td><td></td><td></td><td></td><td></td></tr>
<tr><td rowspan="4">主体</td><td></td><td></td><td></td><td></td></tr>
<tr><td></td><td></td><td></td><td></td></tr>
<tr><td></td><td></td><td></td><td></td></tr>
<tr><td></td><td></td><td></td><td></td></tr>
<tr><td>收尾</td><td></td><td></td><td></td><td></td></tr>
<tr><td>实施要求</td><td colspan="5">场地要求，设备要求，提前准备的资料、教材等</td></tr>
<tr><td>现场情况简要记录</td><td colspan="5">现场活动氛围、参与度、实际效果等基本情况记录</td></tr>
<tr><td>教学效果反馈与检测</td><td colspan="5">作业设计、作品展示、抽样检查、观察记录、问卷调查等</td></tr>
</table>

管理者千万不要以为一场培训无须如此费心劳神。须知，在管理工作中，很多时候“慢即是快”，有时候放慢速度、充分准备，反而能够更

高效地完成工作并取得更好的成果。

想象一下，如果没有充分的准备，培训真正开始之后可能会遇到各种问题，这样反而会浪费更多的时间和精力在问题解决与方向调整上。而花费更多时间在准备工作上，我们就能更好地进行规划，提前预判问题，并采取相应的措施，进而减少失误和漏洞。

此外，充分的准备还可以让我们更加有自信和有把握地去执行任务，提高工作的质量和效率。就像一场长跑比赛，如果在比赛前做好充分的热身和训练，比赛时就能更轻松地发挥出自己的实力。

为了保证培训效果，管理者要关注以下两个要点。

多采用互动式、沉浸式的培训方式

普遍来看，专家讲座仍是学校组织培训的主要方式，但因为低参与度，效果往往不尽如人意，特别是纯理论型的专家讲座，其实际效果更是成疑。教师喜欢的培训方式大概包括两类：一是“同伴互助”的模式，它让拥有不同背景和经历的人，以民主平等的方式彼此分享自己的思想，形成多样化的观点；二是“任务驱动”的培训方式，以互动式、参与式、从做中学的模式展开。培训方式更受大家的欢迎，培训的实际效果也就更好。

互动式、沉浸式培训，就是让教师仿佛置身于真实的教学情境中，通过多种感官的参与，来加深对知识的理解和记忆。在参与式、沉浸式培训中，教师可以安全地发表意见，也有机会学会平和地梳理自己已有的资源，锻炼反思、倾听的能力，发展分析的能力。而且，在真实场域下模拟真实问题的解决，这有助于教师的能力实现有效迁移，真正改变自己现实的工作方式。

常见的互动式、沉浸式培训方式有如下类型：

▶情景模拟。创设与实际工作场景相似的环境，让教师在其中进行角色扮演、操作模拟等活动，以增加培训的真实感和代入感。

- 互动体验。设计一些小组讨论等互动环节，让教师积极参与，通过交流和合作来加深对知识的理解。
- 头脑风暴。通过小组会议的形式，让所有教师在自由愉快、畅所欲言的气氛中自由交换想法，并以此激发彼此的创意及灵感，以产生更多的思想火花。
- 多媒体教学。利用多媒体资源，如视频、音频、图像等，丰富培训内容，提高教师的学习兴趣。
- 案例分享。邀请一些有经验的教师分享他们的实际教学案例和经验，让其他教师从中学到实用的技巧和方法。
- 反馈评估。及时给予教师反馈和评估，让他们了解自己的学习进度和不足之处，从而有针对性地进行改进。

总体来说，就是在培训中减少专家单向讲授的时间，多设置实践性任务，让教师在自我体验和同伴互助中学习，用输出倒逼输入。比如，在关于课堂教学的培训中，让全体教师以小组为单位，现场完成“备课、上课、说课、听课、评课”各环节，并以抽签方式上台展示，评委随后指出问题、指导修改。这时候，受训教师与培训的名师同台展示，大家在比对中反思、修正和提升，让一堂好课诞生的过程可视化、可复制。这样的沉浸式培训，效果自然不会差。

补齐“后培训”时段的短板

“上课听听激动，下课想想感动，回去一动不动”，这是很多学校教师培训容易陷入的一个“怪圈”。其背后往往有着现实的原因：一是“知道”容易，但行动需要更多勇气；二是单兵作战，缺乏共同体的研修氛围；三是缺乏管理的跟进，教师无法得到及时反馈及专业指导，许多教师很容易退回舒适区。

教师专业成长是个“无限游戏”，需要管理者不断跟进、反馈、支持……如果能在培训中做到“讲给你听、做给你看”，那么，在教师回到工作岗位的“后培训”时段，就需要学校做好相关的跟踪、反馈、评价工作，从而保证培训所得能真正落地，教师能得到更多的快速反馈、及时支持，以破解实际工作中的难点，形成正向循环。唯有如此，才能让培训真正发挥其价值。

管理者不妨在以下几点上着力：

- 提供实践机会。培训后，为教师提供应用培训所学知识的机会。如开展教学实践活动、课题研究等，并对照目标的达成情况，将效果较好的活动纳入日常的校本教研体系。
- 建立反馈机制。定期与教师沟通，了解他们在实际工作中应用培训所学知识的情况，及时给予指导和建议。
- 给予激励。对于能够将培训所学知识有效应用到工作中的教师，给予适当的激励和奖励，提高他们的积极性。或将教师培训的结果纳入绩效考核体系，促使教师更加重视培训。
- 开展跟进培训。根据教师的实际需求，组织有针对性的跟进培训，加深教师对知识的理解和应用。
- 建立学习社群。组织教师成立学习小组或社群，让他们在相互交流和学习中不断提升自我。
- 发挥服务职能。相关部门能根据教师的实际需求，持续提供专业资源。
- 营造良好的氛围。满足教师的诉求。比如“宽松愉悦的学习氛围”“充满人文关怀的管理方式”，满足教师对于“被关注、被看见”的强烈需求。

培训前充分调研，内容设计满足培训需求，培训目标清晰，培训方式灵活；培训后开展效果跟踪、持续服务，这就让培训工作真正形成了“以教师为中心”而展开的闭环。

深度思考

◎ 你所在的学校是否对培训内容进行过认真研究？

◎ 你认为设计培训项目可以遵循怎样的流程？怎么确保培训课程的系统化？

◎ 对于学校的重点改革项目，如果想通过培训提供助力，你应该注意哪些问题？

◎ 你曾经带领团队采取过哪些更具互动性和参与度的培训形式？

◎ 为了保证培训的实际效果，在“后培训”时段可以开展哪些工作？

三、建立“发现教师价值”的工作机制

应该说，大部分校长仍然崇尚或擅长控制型管理，即通过一套严格的层级结构、严密的规则制度和严肃的监督管理，来保证学校的秩序和纪律，规范教师的行为，确保一切行动“整齐划一”，以谋求可靠、优质的办学质量。

这样的管理形态在学校中是极其普遍的，有相当多的校长热衷于此，乐此不疲。如果学校的管理工作现状还不理想，存在“杂音”，这些校长则认为，那一定是控制的力度还不够，需要有更加周密的程序和措施，确保万无一失。

但这样的管理思维，真的与学校这个场域相匹配吗？在愈加提倡“以人为本”、杜绝流水线式人才培养方式的现代社会，如果管理者只把教师当作没有思想、没有个性的工具来“使用”，教育的创造性、创新性从何谈起？教师的幸福感不足，学生的安全感是不是也会随之丧失？

现代学校越来越重视赋能型管理，注重赋予教师更多的自主权和决策权，鼓励教师发挥自己的专业能力和创造力，使他们更有动力去追求卓越。如果说，囿于种种现实状况，彻底做到这一点还有难处的话，那管理者至少应该有勇气做出一些探索，在两种管理思维中找到平衡点。

1. 为教师成长搭建多元平台

管理就是服务，这样的理念决定了学校要坚持“一切为了教师发展”的目标。学校要为教师的成长搭建起一个宽阔的平台，让教师有机会进行充分的个性和才华展示。

应该说，名师不是刻意塑造出来的，除去天赋的因素，更是一所学

校充分尊重个性，关注适宜人才成长环境打造所带来的结果。

教师成长的多元平台，可以依据“学习—实践—反思—评价—展示”来搭建。

一是搭建学习平台，对工作“有想法”

管理者要与团队共同确定学校发展的整体目标，并围绕此目标精选教育理论书籍和典型案例，逐步带领教师学习、内化。要有意识地让学习内容更聚焦，以突破学校管理的重点。比如，如果把“和谐教育”确定为学校发展的品牌，那就可以将和谐教育的理论作为学习内容，要求教师学深、学透，把握其精髓，并逐步落实为自身的教育行为。

学习平台可围绕以下要点来搭建：

- 提供培训和进修机会。学校可以组织内部或外部的培训课程、研讨会、工作坊等，让教师能够学习新的教育理念、教学方法和教学专业知识。
- 建立学习资源中心。为教师提供书籍、期刊、在线课程、教学视频等资源，供教师自主学习和研究。
- 支持教师的专业发展。鼓励教师参与学术研究、课题研究，发表论文等，并提供相应的资金和资源支持。
- 促进教师之间的交流。开展各种交流活动，如教学经验分享会、教研小组讨论等，让教师可以相互学习和借鉴。
- 建立合作项目。鼓励教师参与跨学科或跨年级的项目合作，促进教师之间的合作和知识共享。
- 建立导师制度。为新教师安排经验丰富的导师，为其提供指导和支持，帮助他们快速成长。
- 提供在线学习平台。利用现代技术，建立在线学习平台，让教师可以随时随地进行学习和交流。

在这个过程中，以校长为核心的学校领导班子成员要先学习、先内化，给教师做出表率，并力争成为某些研究领域的专家。在学校内部想不明白、解决不了的问题，可以借助“外脑”的力量，采用“请进来”“走出去”的办法，发挥校外专家的引领作用。

二是搭建实践平台，让工作“有思路”

管理不能只唱高调，要能够有实实在在地推进工作的举措，让学校的理念和主张落地。这是教师成长过程中的关键一环，也往往是学校管理中较为薄弱的一环。

首先要运用新理论优化学校管理制度，将制度作为工作变革的支撑。比如，一所学校要进行课堂改革，教师也学习了相关的理论，但改革效果不佳，校长向我“求助”。在调研的过程中，我发现，尽管学校提出了课堂改革的相关设想，但与之配套的制度并没有建立起来。比如，学校没有一套课堂改革的总体设计和推进策略的整体方案，没有保证课堂改革按部就班实施的配套制度，比如学习制度、教研制度、评价制度等；学校的课堂评价量表仍然沿用十几年前的，里面的评判条款与现有的课堂改革方向并不一致，这直接导致了日常听评课等教研活动与学校课堂改革的“两层皮”。即使校长再怎么大谈特谈课堂改革的好处，恐怕教师仍会云里雾里，不知道怎么做，做到什么程度，校长的满腔激情在大家眼里只不过是空洞的“口号”而已。

因此，在推进某项改革的开始阶段，首先，管理者要依据改革要求，重建学校规章制度，优化管理机制，确保在制度层面将新理论成果转化为教师的常规工作。

其次，要引导教师形成有效工作的思维方式，形成团队自觉的工作作风。这包括培养教师的问题解决能力、创新思维能力及批判性思考能力。教师需要学会从多个角度审视问题，灵活运用各种教育教学方法，以实现教育目标。

最后，教师还应具备自我反思和持续学习的意识，不断提升自己的专业素养和教育能力。形成团队自觉的工作作风同样重要，管理者需要营造一种积极向上、协作共赢的团队文化，鼓励教师之间相互学习、相互支持、相互激励。通过定期的团队建设活动、分享交流会议等形式，增进教师之间的了解和信任，形成共同的工作目标和价值观。

三是搭建反思平台，使工作“有总结”

一名优秀教师的成长离不开教学反思，在这方面，有些学校的做法值得我们借鉴。

比如，有的学校要求教师人人都有一本问题记录本，结合新理论和课堂教学实际，随时记录具有研究价值或感到困惑、有独特见解的问题。教师利用每周的教研组活动时间，通过“问题悬挂”“问题招标”等方式，一起讨论解决。如果确实有解决不了的困惑或疑难问题，管理者可以邀请有关专家来校，通过举办报告、开展讲座、组织对话等形式，对问题与困惑进入深入剖析和探讨。

再如，有的学校采取“日反思、周交流、月总结、期末展示评比”的办法，要求教师对上过的每一节课进行反思，每周进行两次课前、课后讨论，每月撰写一个教学案例，每学期写一篇论文进行交流。

有的学校为了让教师的反思更加具体，将其具体内容总结为以下46条，供教师参考：

1.我的课备得怎么样？2.我的教学设计合理吗？3.本课的教学效果令人满意吗？4.课堂上的练习有效吗？5.学生的主体作用发挥了吗？6.本节课我讲授的时间多吗？7.教学环节衔接得好吗？8.课堂上讨论的问题对发展思维有作用吗？9.重点问题讲透了吗？10.引导是否得当？11.我讲话的音调、情感怎样？12.我的体态语言是否丰富？13.我在教室里是如何走动的？14.微笑教学了吗？15.对理解有困难的学生有耐心吗？16.鼓励学生了吗？17.训斥学生了吗？18.多媒体手段是否合适？19.授课后感到快乐吗？20.有导致我心情不佳的事情吗？21.我尊重学生了吗？22.我感到自豪的教学活动是什么？23.学生听课时的反应如何？

24. 学生学习状态描述。25. 组织教学有效吗？ 26. 学生与我合作了吗？27. 本节课的各类观点。28. 意外发现学生的闪光点。29. ××（或某类）学生情绪反常之原因。30. 关注现实生活的情况。31. 与其他学科融会贯通了吗？ 32. 课堂上师生对话的形式。33. 师生交往互动的状况。34. 教给学生方法了吗？ 35. 哪些教学活动设计得很好？ 36. 非预期性事件处理得怎样？ 37. 从学生那里学到了什么？ 38. 在什么样的情况下，感到与学生的关系最密切？ 39. 哪个教学精彩片段值得仔细咀嚼？ 40. 哪个突发事件令我措手不及？ 41. 什么时候、什么情景下感到最焦虑沮丧？ 42. 自我感觉这节课成功了吗？ 43. 课堂上关注到后进生了吗？ 44. 下次再讲，将在哪些地方做得更好些？ 45. 有需要自己重新理解或向别人请教的问题吗？ 46. 对教材中的问题所持的观点。

我们不妨根据学校工作的方向和要求，以类似的形式对教师的反思内容加以界定，这有助于反思更务实、更有效，而非走形式、走过场。在这一点上，学校管理者的指导和规范很有必要。

四是搭建评价平台，为工作“定导航”

毫无疑问，学校怎样评价教师，教师就怎样工作，如果评价方案不合理、不科学，不仅难以实现预期的改革目标，甚至会大大挫伤教师工作的积极性。

赋能型管理更加注重对教师的发展性评价，它以学校对教师的期望为参照，不仅注重教师现实的工作表现，更关注教师未来的发展，旨在通过评价，让教师明确今后努力的方向。

一般来说，教师评价应该遵循“全程”“全员”“全方位”的原则。评价要贯穿教师工作的全过程，比如周评价、月评价、学期评价、学年评价等；要做到评价对象多元化，包括学生、同行、学校领导、教研人员、家长等，从而提高评价结果的准确性。

要特别注意的是，教师是自我发展的主体。因此，强化教师“自我评价”要成为管理者重要的管理思维，并有具体的举措。比如，教师根据自我职业发展规划，对照预设的目标，定期进行自评，这就是自我评价非常重要的一个方式。学校管理者要为教师提供工具和方法，让教师对照学校评价标准和评价指标，同时依据职业发展规划，逐一自查各项工作落实情况，真实反映自身工作表现，从而使教师清晰地认识自我，努力发展自我。

五是搭建展示平台，促工作“有成效”

我曾在江西一所学校指导一个青年教师“小分队”，在谈到小分队“搭建舞台，让自己的成长可视化”的工作目标时，我将其价值概括为三点：

- 练胆。一个人敢站上多大的舞台，面对多少观众，他的世界就有多大。要敢想、敢说、敢做、敢写。
- 练能。努力和勤奋并不是一个职业成功的根本，倘若你拼命工作，但方向错误，极有可能南辕北辙，是在“兢兢业业”“勤勤恳恳”地误导孩子！你的专业水平就是你的职业尊严，要共读、共写、共享、共研。
- 练情。一名教师如果只是一个知识讲解与传授的角色，那么他极有可能会被替代，而如果教师擅长情绪劳动，那么他就无可替代。

这个案例或许可以从某个视角看出搭建教师展示平台对教师成长的重大意义。它可以让教师有机会展示自己的教学成果、经验和才华，增强其自信心和成就感，提高教师的知名度和影响力，为其职业发展提供有力的帮助。

舞台有多大，格局就有多大。我在北京市十一学校看到那么多非常年轻的教师站在高高的讲台上，与来自全国的同人侃侃而谈，不得不信服，教师展示平台对其成长具有不可替代的价值。

所以，管理者应在学校搭建更多的平台：经验分享会，读书报告会，青年教师恳谈会，班主任素质研讨会，课堂教学基本功大赛，名师大讲堂，跟岗锻炼，主题论坛，主题沙龙，主题班会，优秀教学设计、优质课评比，教师工作室，人人述职活动……从校长开始，到中层干部、班主任、普通教师，大家轮流办讲座、讲经验。站到台上，成长就会发生。

2. 让每个人成为培训资源的提供者

我在河北指导一所小学时，负责德育工作的副校长提出了一个疑问：学校年轻班主任非常多，经验明显不足，而学校经费又有限，没办法请更多的名班主任来现场教学，怎么办？

在教师的培训中，“请进来”是最常见的方法之一。但这个方法也存在问题：一是管理者对培训的期望值过高，经常抱着“毕其功于一役”的心态，不惜重金请来名师，奢望通过一次培训就能使教师的教育观念发生根本改变；二是培训内容的适切性存在问题，管理者不了解校情、师情，导致课程大多围绕一般问题泛泛而谈，缺乏针对性，造成“无的放矢”。请来请去，看不到显著的效果，管理者往往就陷入了迷茫。

我跟那位副校长说：“要相信每名教师都是一座富矿。你们有那么多有经验的班主任，可以发挥他们的力量。”副校长无奈地说：“我们也组织过几次班主任经验介绍，讲得也不错，大家也很认同，但回到实际工作中，这些年轻人面对重重困难，仍然无所适从，似乎帮助不大。”

我告诉他，不能做一般性的分享，这类分享给年轻教师的帮助的确不大。可以把工作分为几步：首先，调研年轻班主任的痛点，越小、越具体越好；其次，请骨干班主任根据自己的特长，对这些问题进行认领；再次，指导认领了问题的班主任备课，要强调课程的实操性，剔除空洞的理论讲解；最后，政教处提前审核讲课内容，符合标准了，再组织小规模培训，培训中尽可能采取互动的方式。

在我提出建议后，学校梳理了整个培训任务的清单：

- 班主任每天完成的常规工作有哪些？
- 如何设计一个班（队）会？
- 怎样教学生做值日？
- 如何分配、有效管理班级事务？
- 如何教育学生保持良好的班级卫生环境？
- 怎么关注特殊学生？如何与他们进行有效沟通？
- 班委会怎么确立？怎样发挥其协助教师管理的作用？
- 怎样训练团队？
- 怎么实现有效的家校沟通？
- 如何有效管理班级秩序？
- 如何借力学校安排的各项活动？
- 如何营造有特色的班级文化氛围，让班级文化产生实效？

围绕这些很小的“点”，学校进行了任务的认领、分配，并根据轻重缓急确定了培训的次序和时间安排。经过一年的持续培训，年轻班主任发生了可喜的变化。

这个案例给了我们一定的启示：在破解教师成长过程中外部力量不足的问题时，需要深入挖掘学校内部的资源，让教师不再只是被动地接受训导。一方面让教师作为受益者，另一方面让其自身作为培训资源的提供者，是非常不错且可行的管理思路。就如李希贵校长曾经提出的，教师专业成长生态“必须造就互为供需的机制”。要想让教师成长进入良性循环，这或许是一种不错的选择。

开展好这项工作，可以从以下几个方面着手：

- 培养内部培训师：选拔学校内部具有丰富教学经验和专业知识的教师，组成内部培训师团队。给予他们培训和发展的机会，提升他们的培训能力。
- 举行教师经验分享会：组织教师之间的经验分享活动，让教师有机会互相交流和分享自己成功的教学经验、案例和方法。

- 设立主题工作坊：根据学校的需求和教师的特点，设立不同主题的工作坊，由具有相关经验的教师主持，深入探讨特定领域的教学问题。
- 开展教学观摩与研讨：安排教师之间的课堂教学观摩，进行研讨和反馈，促进教师之间的学习和共同成长。
- 建设在线资源库：利用学校的网络平台或在线学习系统，创建教师经验分享的平台，让教师可以上传和分享自己的教学资源、心得和案例。
- 实施师徒制或导师制：让经验丰富的教师指导新教师或需要帮助的教师，传授经验和技巧。
- 定期编印优秀案例：定期收集和整理教师优秀教学案例，编印成册，通过案例分享的方式，让其他教师从中学习和借鉴。
- 创设团队合作项目：组织教师团队参与教学改革或创新项目，通过合作实践，共同积累经验并将其转化为培训资源。

通过这些策略，管理者可以充分发掘学校教师的经验和特点，将其转化为有价值的培训力量，从而提升教师队伍的整体素质和教学水平。

3. 不要把教师成果束之高阁

相对而言，教师群体普遍具有“不善表达”的特性，我们习惯于把任劳任怨、埋头苦干作为一名优秀教育工作者的标准。

其实，就教师这个职业而言，具有自主性的课堂与教学行为不可避免地让教师产生了大量的与众不同的体验。这种体验，经过自身的思考加工，就可能成为别具一格的、富有普适意义的教学“真理”。当一名教师能够把自己的经历和体会说出来、写出来，他就收获了教研成果。

很多人之所以不敢谈论教研成果，就是把教研成果想象成了高高在上、高不可攀的东西。其实，教研成果不仅包括专著、科研课题结题报告、科研论文，还包括教育日志、教育叙事、教学案例、教学反思等，这些东西一般篇幅短小，理论性不强，外在形态生动活泼、灵活自由，完全可以是教师随手就能写出的东西。

管理者先要认识一点：教师对成果的追求不是“不务正业”。教师梳理、提炼成果的过程，就是自我提升的过程。试想，一个能把自己做的事情上升到成果层面来展现的人，他在实际工作中又怎么可能很糟糕呢?

各级教学成果奖的制度化评审已经深刻影响并推动了教育实践的变革，激发了广大教师潜心教学育人的积极性和创造性。学校的管理者要想建立一套关于教学成果的总结、提炼、宣传、推广机制，可以重点关注以下两个方面。

一是做好成果的梳理

要努力营造重视教师成果的文化氛围。在学校的使命、愿景和价值观中明确强调成果的重要性，让全体师生知晓并认同，并且通过校内会议、通告、校报等渠道，宣传成果的重要性，让教师了解成果对学校和个人发展的意义。鼓励每一名教师都有自己的优势领域和教学风格，让教师将成果梳理视为自身专业发展的一部分。具体而言，可以做好如下工作。

- 组织专项培训。组织相关的培训和研讨会，提升教师的成果梳理能力，同时提供必要的资源和技术支持，如数据分析工具、研究资金等。
- 建立评估体系。设立科学的评估体系，对教师的成果进行评估和反馈，帮助教师了解自己的优势和不足。
- 确立激励机制。通过奖励、表彰等方式，激励教师积极参与成果梳理工作。
- 提供专业支撑。建立相关制度，对特别优秀的高价值成果，可以引入专家，协助教师做好梳理、提升专业能力。

二是做好成果的宣传和推广

在功利思想的影响下，更多的管理者和教师都把眼光盯在成果的鉴定与评奖上，而对推广与应用不够关心，兴趣不大。这就使大量的优秀成果被束之高阁，造成学校资源的浪费。如何发挥出这些优秀成果的应用价值，使它们能更好地服务于教育教学实践，是学校应该着力探索的方向。

成果的真正价值，不只在于获得了什么奖项，它更大的价值是转化成教育教学的实际生产力，在教育教学实践中去应用、去检验、去改进，再反过来有效指导教育教学实践，实现理论与实践的完美结合。这样的教科研"成果"才是真正意义上的成果。

成果的推广方式有很多：

- 组织分享会、报告会。定期组织活动，让教师展示和分享自己的教学成果。
- 建立成果平台。搭建在线平台或校内资源库，将教学成果进行分类整理，方便其他教师查阅和学习。
- 做好宣传推广。利用校内宣传渠道，如校报、校内广播、宣传栏等，对优秀教学成果进行宣传推广，或以专著、论文、成果汇编、音像制品等形式进行推广。
- 举办专题现场会。举办专题现场会进行观摩，可邀请专家对教学成果进行评估和指导，提升成果的质量和推广价值。

在教学成果的推广过程中，教研组的力量是不容忽视的。抓住"教研组"，成果的推广才更容易真正落到实处。具体而言，管理者可围绕以下几点做好工作：

- 将教研计划与成果推广方案合二为一。
- 围绕成果开展集体学习。要就成果的基本内容、观点进行讨论，促进教师对成果的理解，形成正确的教育观念。

- 结合成果开展集体备课。将教学与成果推广有机结合，这样既充实了集体备课的内容，又有效地提高了集体备课的质量。
- 围绕成果推广主题上好教研课。在教研课中探索、讨论、修正，使推广的成果能够克服“水土不服”，扎根于教学实践，最终开花结果。

相关管理机制的建立可以促进教师潜心实践，不断总结、提炼，呈现自己独特的教育教学方案。如此，一批基础好、水平高的教学成果会自然涌现，教师团队也会步入正向循环的成长过程。

4. 给教师创设成长的“第三空间”

20世纪70年代，美国社会学家雷·奥尔登堡提出了“第三空间”的概念。他将居住的地方称为“第一空间”，将工作的地方称为“第二空间”，而“第三空间”则是居住和工作地点以外的非正式公共聚集场所，是游走于工作与生活之间的过渡空间。

教师的“第三空间”指的是教师在工作和生活之外，能够自主发展、自我提升的空间，它可以是时间上的、空间上的，也可以是精神上的。

结合当下的学校实际背景，教师的“第三空间”具有重要价值。首先，它有助于教师缓解工作压力，保持身心健康。在紧张的教学工作之余，教师可以有一个属于自己的空间来放松身心、调整状态。其次，“第三空间”可以为教师提供进一步发展专业的机会，通过学习新知识、参与研究等活动，教师能够不断提升自己的教学水平和专业素养；最后，“第三空间”还可以促进教师的个人成长和自我实现，让他们在教学中更有成就感和满足感。

不可否认，教师面临着教学与非教学任务繁重、工作压力大、自我生存空间逼仄等情况，因此，作为学校管理者，努力在学校创设教师的

“第三空间”尤为重要。可以参考以下建议，进行一些有益的探索。

一是打造非正式的学术交流空间

营造一个舒适、便利、开放的非正式学术交流空间，为教师营造一片滋养心灵的“绿洲”，促进他们的专业成长与交流合作。空间打造可抓住以下几个要点：

- 选择一个轻松、舒适的场所，如休息室、咖啡厅或庭院等，让教师能够放松心情，自由交流。
- 提供必要的设施，如桌椅、投影仪、网络等，方便教师进行展示和讨论。
- 打破学科界限，邀请不同学科的教师参与交流，促进跨学科的思想碰撞与交流合作。
- 定期组织一些主题活动，如研讨会、工作坊或讲座等，吸引教师参与。
- 营造开放、包容和尊重的氛围，让教师能安全、自由地表达自己的观点。
- 争取学校管理层的支持和认可，提供必要的资源和鼓励。
- 让教师有参与的自主权，根据他们的兴趣和需求来组织交流活动。

“第三空间”可与教师阅览室相结合来进行空间设计，如此，有助于教师放松心情、交流工作、调节情绪。很多学校都打造了这样的场所，静谧惬意的氛围使其成为师生课后的最佳去处，师生可以在课余时间尽情放松自我，在一盏茶、一刻钟的间隙里，交流心灵，彼此拥抱。开放式的阅读区和书吧创造出温馨的阅读空间，教师可沉浸在自己的阅读世界中，享受读书的乐趣，甚至发发呆，虚度一些时光，让情绪得以舒缓，让心灵得到疗愈。

二是鼓励建设民间化的精神家园

除了学校常规的教育教学管理，打造学习型团队还要特别注意引导各类教师“自组织”的建立和发展，为教师成长注入更多的精神动力。

教师自组织，是指教师自主发起、自愿参与、自我管理的组织形式。它的价值在于能够促进教师的专业发展、增强教师的自主性和创造力，提高教育教学质量。

教师自组织的形式有很多种，比如，教师工作室、教研小组、教师社团等，可以根据教师的兴趣、专业领域或教学需求来确定。教师可以通过自组织的方式，共同探讨教学问题、分享教学经验、开展教学研究等，从而不断提升自己的教学水平和专业能力。

自组织为教师提供了一个相互交流、相互支持的平台，通过自组织的活动，教师可以更好地发挥自己的优势和特长，找到价值感和归属感。自组织不强调学校行政管理的介入，因此方式更灵活、更自由，也更加契合教师的心理需求。以下是一些自组织形式：

- 教师工作室。与其他教师共同组建工作室，进行教学研究、资源共享和项目合作。
- 学术社团或组织。加入与教育相关的社团或组织，参与学术活动和交流。
- 个人兴趣小组。结合个人兴趣成立小组，如读书俱乐部、艺术创作组等，丰富生活的同时也能促进教师成长。
- 校际交流活动。与其他学校的教师进行交流，了解不同的教学经验和做法。

此外，教师还可以关注其他平台和活动，比如：校际交流活动，积极与其他学校的教师进行交流，了解不同的教学经验和做法；教育公众号或社交媒体，通过微信公众号平台，或参与教育相关的社交媒体群组等，与更多教育者交流和互动；研究项目或课题，参与学校或教育机构的研究项目，提升研究能力和专业水平；志愿者活动，参与和教育相关的志愿者活动，开阔视野，增强社会责任感。

深度思考

◎ 为教师成长搭建平台，你所在的学校做过哪些尝试？有什么经验教训？

◎ 你认同“每名教师都是一座富矿”的观点吗？如果认同，你为此做过哪些工作？

◎ 你是否为教师成果的推广提供过支持？目前学校教师的哪些成果可以进一步推广，从而成为学校的重要产品？

◎ 你认为“发现教师价值”的工作机制，会给学校营造怎样的文化生态？

四、改变教师的“行走方式”

作为一名长期在学校现场的教育人，说实话，从我的视角来看，不少学校的教师队伍存在较为严重的能量缺失情况。经过简单的交流与观察后，便能发现其中弥漫着一些灰暗的情绪色调，比如部分教师会有满腹牢骚、怨声载道的表现，也有些教师激情殆尽、抱着得过且过的心态。同时，存在这样一部分教师，他们把名利看得重于一切，做事急功近利；还有些教师显得愤世嫉俗，常觉得自己怀才不遇，进而严重怀疑人生，脾气也比较暴躁，容易将消极情绪带到日常教学中。

我做了一些深层次剖析，发现了一个令人尴尬的规律：教师的这种情绪状态，往往与学校的管理风格密切相关。以上现象严重的学校，大多崇尚控制型管理。校长最喜欢的是高压模式，眼里没有“活生生”的人，教师只需遵守规章制度，任何试图越雷池半步的思想和行为都会受到打压。教师在学校中想事、做事缺乏自主感、价值感，常常感到疑惑、迷茫，实际现状可想而知。

我认为，学校不能成为温暖教师心灵的地方，教师就不可能成为自觉传播美好的人。所有的管理都只有一个目的，即促成教师成为真实、积极向上的人，而不是把教师变成一台冷冰冰的“机器”。

作为管理者，该如何调整我们的管理思维，为团队注入积极的力量，从而让全体教师拥有健康而正确的“行走方式”呢？

1. 提升教师的“情绪工作力”

随着时代的发展，教师“情绪工作者”的角色越发重要。但也不难发现，受巨大工作压力、复杂人际关系、长期职业倦怠等因素影响，教师群体普遍存在焦虑、暴躁等情绪问题，甚至有心理健康方面的隐忧。教师缺乏管理和调节自己情绪的能力，缺乏对学生情绪的正确感知和回应，这不仅使教师自身陷入工作的困境，也让教师自己的职业生涯蒙上一层阴影。

造成这种情况的一个重要原因，是教师工作负担过重。但教师之“累”，往往不是教育教学工作本身造成的，而是来自过多的非教学工作。

曾有教师戏言：除了畜牧局，其他部门都给学校布置过任务。迫于压力，学校存在许多非教学工作，学校里经常会上演一些违反教育常识的“闹剧”。

校长也有难处，他们不可能百分百地拒绝一切干扰。但要相信，拒绝那些干扰教师正常教学的任务，拒绝那些扰乱正常教学秩序的行为，是一个有良知、有情怀、有责任感的校长应该做出的选择。在学校的管理过程中，我曾向教师郑重承诺，我就是“一堵墙”，会尽自己最大努力替他们去阻挡来自外界的干扰，对各种与教育本身无关的事务，能推则推，能减则减。当然，各种检查、评比、填表等工作，如果实在无法逃避，我通常会成立专门的临时“应对组”，用极少数人专门做这些事，而不会轻易将全体教师卷进来。我坚持认为，一个想方设法为教师减负的校长，才算得上是真心敬重每一名教师，才能真正为教师“情绪力”的提升添蓄能量。

给教师减负，可以采取以下具体做法：

- 克服管理中的“深井效应”，管理层协调好工作，保证教师工作有序开展。
- 全面系统谋划工作，将所有工作纳入整个体系之中，将工作具体安排到每个学科、每一周、每一名教师。尽可能减少“临时动议”。
- 管理者在处理上级文件时，需坚持三个准则：不允许自己还没读懂就转发，不允许不加说明文字就转发，不允许在错误的范围内转发。

- 不搞形式主义，改革要慎之又慎，要立足实际，不搞面子工程，要做真正让师生受益的事。
- 给教师更多自由的工作时间，提升会议品质，少举办一些形式主义的活动，少搞一些没有实质意义的培训。
- 提高对工作的整体安排和谋划的能力，尽可能杜绝教师节假日加班。
- 成立家长协调工作小组，由学校管理层人员负责。
- 实行电子备课，进行资源共享，调整和削减不必要的资料整理、“留痕”、“打卡”任务。

2. 建立基于“信任”和“发展”的评价机制

在学校，我见过不少“猫捉老鼠”游戏般的管理模式。管理者最擅长的是监督，挖空心思把教师看住，因此才出现了“一天四次打卡”“校长亲自坐镇签到处”等让人哭笑不得的管理怪象。

以这种主张实现无缝隙监控的管理者，很难想象他们能够让教师参与学校的制度建设与文化建设，让教师充分享有学校事务的知情权、质询权、监督权、反对权，也很难想象教师能够拥有主人翁意识。当管理者带着这样的思维方式去设计教师评价机制时，矛盾和问题必然会凸显出来。

这样的管理模式和评价模式，是建立在“不信任”的基础之上的，同时也忽略了评价的发展导向。因此，存在一些明显的问题。

过于主观，往往以偏概全。忽略教师劳动的复杂性，只进行单方面评价，或以机械的量化手段组织评价，结果难免出现片面性，引起教师不满。

追求形式，缺少实际影响。简单应付上级交办的年度考核等任务，重形式、走过场，表面上一团和气，实际无法发挥评价机制的积极作用。

只看眼前，忽略长期影响。只从教师短期教学业绩和效果、一时的工作与表现去进行评价，不考虑更多的复杂要素，不注重过程的呈现，缺乏全面性和长效机制，缺失对教师潜力的挖掘。

我曾目睹，原本有着鲜明个性的教师，为了追求现实的考核高分，在量化考核的“指引”和“控制”下，迫不得已改变了自己的风格，变得平庸。我也曾发现，在量化考核的大旗下，不少教师受功利因素影响，过度地追求分数提升，心态略显浮躁，价值取向出现一定偏差，身心健康状况受到影响，原本基于职业理想的事业追求在一定程度上被利益因素干扰，甚至导致学校教师团队的人际关系变得不够和谐。这些都成为一所学校走向失败的重要原因。

教师评价是教育评价中的重要组成部分，对教师工作价值的判断具有重要作用，左右着教师发展甚至教育发展的方向。公正、权威的教师评价是一根“指挥棒”，具有极强的导向、激励、鉴定等功能，健全的教师评价指标体系和评价标准可以为教师成长和发展指明方向。因此，管理者首先要清楚，教师评价的最大功能不是“排队”分出优劣，而是使之成为教师自觉追求专业成长的动力。

联合国教科文组织教师教育中心主任张民选曾提出，要从“对教师的评价”向“为教师的评价”转变，阐明了教师评价的“发展”功能定位。这就要求管理者重视教师的发展过程，发现教师间的差异，鼓励教师“对自己进行评价”。

建立教师评价机制，可考虑以下三个要素。

评价的思想基础：尊重和信任

如果教师工作缺少弹性空间，教师评价机制就会缺少创造性，教师也会丧失其应有的精神风貌，教育的育人属性也就难以实现。如果教师评价机制中渗透着尊重和信任教师的理念，致力为教师营造民主、愉悦的工作氛围，那么教师评价的导向和指挥棒作用就会引领广大教师回归内心的平静与理性，走向主动与坚定，重塑教师成长的新样态。要想建立尊重与信任，可抓住以下要点：

- 开放性沟通：与教师进行开放、诚实的沟通。鼓励他们分享自己的观点、经验，并认真倾听他们的意见。
- 发展性反馈：提供具体的、建设性的反馈，着重于教师的成长。在强调优点的同时提出改进的建议，帮助教师不断提升自己。
- 专业自主权：让教师在教学方法、课程设计等方面有一定的决策空间，相信他们的专业判断。
- 隐私和保密性：确保评价过程中的信息保密，保护教师的隐私，避免不必要的批评。
- 建立信任关系：通过日常的互动和支持，建立起与教师之间的信任关系，让他们感到被尊重和信任。

评价的内容选择：多元与多维

教师的工作范畴早已不限于“传道、授业、解惑”，对教师的评价应该遵循多元与多维的思路，考察教师的学习和工作态度、探究精神，以及是否具有创新意识和为学生服务的意识。

“多元”，指的是评价不仅要考虑教师的教学效果，还要包括教学方法、课程设计、学生参与度、专业发展等多个方面。多元化的评价内容可以更全面地了解教师的工作表现。

“多维”，则强调从不同的角度来评估教师。除了教学方面，还可以考虑教师的专业素养、团队合作能力、沟通技巧、创新意识等，以更丰富的信息，更准确地评估教师的综合能力。

例如，在评价教师时，不仅要看他们所教学生的成绩，还要关注他们的教学方法、与家长的沟通、对学生个体差异的关注等，这就是多元化。从教师的专业知识、教育理念、课堂管理等多个维度来评估，就是多维度的体现。多元化主要关注的是评价内容的多样性，多维度更侧重从多个不同的视角来进行评价。两者相结合可以使评价更加全面、客观。

评价的关键要点：个性与留白

关注教师的个性评价并为其个性发展提供支持，意味着要认识到每名教师都有自己独特的教学风格、专业兴趣和发展需求。教师评价应该考虑教师的个体差异，不仅是基于统一的标准来评判。了解教师的个性特点，有助于为教师提供个性化的反馈和建议，有助于教师发挥自己的优势，同时，关注教师的发展需求，提供相应的支持和培训，也可以促进教师的个性成长。

评价要留白的观点强调了在评价过程中要给教师一定的自主空间和灵活性，不能过分拘泥于具体的指标和标准，而应鼓励教师给自己确定评价标准，确定每一年的努力方向及超越自我的目标和任务，在一定范围内展现自己的创新和创造力。留白可以让教师有机会尝试新的教学方法和策略，发挥他们的专业判断力，同时也能够让他们适应不同的教学情境和学生需求。

注重评价中的“个性化”和适度“留白”，可以使教师评价更加人性化、更加灵活。这样的评价方式不仅能够提升教师的工作满意度，还可以激发他们的积极性和创新精神，从而更好地满足学生的学习需求。

建立基于信任和发展的教师评价机制是提升教育质量、促进教师专业成长的关键环节。这种机制不仅关注教师的教学成果，还重视教师的个人成长和专业发展，旨在营造一个积极、和谐的教育环境。

以下是一个基于信任和发展的教师评价机制的案例说明。

某小学在改革教师评价机制时，首先与教师进行深入的沟通和交流，了解他们的教学需求和专业发展愿望。在此基础上，学校制订了多元化的评价标准，涵盖教学质量、学生反馈、师德师风等方面，确保评价过程全面、客观。

在评价过程中，学校采用了360° 反馈机制，邀请学生、家长和兄弟单位共同参与评价，确保评价结果的公正性和可信度。同时，学校还为教师提供了充足的自评和反思空间，让他们能够更好地了解自己的教学表现，并制订改进计划。

此外，学校还注重评价结果的反馈和应用。评价结束后，学校会与教师进行一对一的面谈，帮助他们分析教学中的优点和不足，并提出具体的改进建议。同时，学校还会根据评价结果调整教师的工作任务和发展方向，以期为教师提供更多的专业成长机会。

通过以上案例可以看出，基于信任和发展的教师评价机制能够激发教师的积极性和创造力，促进他们的专业成长和发展。这种机制不仅关注教师的教学成果，还重视他们的个人需求和成长愿望，让教师在评价过程中感受到尊重和支持。同时，全面的评价标准和多样化的评价方式可以更准确地反映教师的教学水平和专业素养，从而为他们的专业发展提供有针对性的指导和帮助。

制订这样一套评价机制，可以遵循表3-9所示步骤予以操作。

表3-9　教师评价机制制订流程

步骤	项目	具体内容
1	明确目标	确定评价机制要达成的具体目标，如促进教师专业成长、提高教学质量等
2	设计指标	根据目标，制订全面、合理的评价指标体系，涵盖教学能力、师德师风、专业发展等方面
3	确定方法	选择合适的评价方法，如课堂观察、学生评价、同行评议、自我评价等
4	征求意见	广泛征求教师、学生、家长等各方的意见和建议，对评价机制进行完善
5	试行与调整	先试行，根据实践中出现的问题及时进行调整和优化
6	正式实施	充分准备后正式实施评价机制

3. 让每一名教师都能寻找到背后支持的人

我曾到过江西山区的一所农村中学去调研。学校规模很大，三千多名初中生全部住宿。因为离城区非常远，教师队伍极不稳定，每年都有四五十名新教师招录进来，并且大部分都担任班主任。陌生的工作环境、超长的工作时间、复杂的学生构成、简陋的生活条件等，无一例外都转化成了教师巨大的心理压力，教师团队出现了种种不适应。

当学校领导跟我沟通，如何能够迅速增强这批年轻人的工作能力，以适应学校的要求时，我说，短时间内奢望专业方面有质的变化是不可能的，但管理者至少要做到：从制度建设方面、从对外承诺方面、从实际行动方面，让每一名年轻教师清楚，当他面临棘手的工作难题时，第一时间应该找谁反映和求助，而不是一个人孤军奋战。如果能做到这一点，我相信学校的发展不会存在太大问题。

我反复强调“管理就是服务”，这意味着管理者的主要任务是为团队成员提供支持和帮助，以实现共同的目标。管理者不仅要负责规划、组织和指挥工作，还要关注成员的需求，为他们提供必要的资源和条件，帮助他们解决问题和克服困难。这种服务型的管理理念可以增强团队的凝聚力和提高工作效率。当管理者专注于为成员提供服务时，成员会感到被尊重和重视，更愿意积极投入工作，会更有归属感。

管理其实就是服务的外在表现，在好的管理下，每名教师都能寻找到背后支持他的那个人。这需要学校建立起相关的管理机制和管理文化。

- 完善管理职责。部门及相关成员工作职责清晰，涵盖学校方方面面，任何一项工作都能找到明确的对接人。
- 建立良好的沟通机制。通过会议、座谈、校长信箱等，保持管理者与教师的密切沟通，倾听教师需求，及时给予反馈和支持。
- 建立合作团队。鼓励教师之间形成合作团队，共同解决问题、分享经验，让教师知道他们不是孤立无援的。

- 给予自主权和资源。适当赋予教师一定的自主权，同时提供必要的资源和支持，让他们能够发挥自己的创造力。
- 营造积极的工作氛围。营造尊重、信任和支持的工作氛围，让教师愿意全身心地投入工作。
- 提供心理支持。关注教师的心理健康，提供心理咨询和支持，帮助他们应对工作压力和挑战。
- 建立导师制度。为新教师安排经验丰富的导师，提供指导和帮助，让他们在工作中有可靠的指引。

4. 利用好教师专业发展中的“生态取向”

教师的专业发展并不完全依赖于自我，教师所处的环境及环境中的文化的影响将会是无孔不入的，这种文化为教师工作提供了支持与身份认同。

现实中不难发现，不同的办公室文化，对教师的成长影响是至关重要的。如果教师之间愿意合作、分享经验和资源，互相尊重，互相包容，和谐相处，那么，身处于其中的任何一个人，都更容易获得前进的动力和能量。

怎么打造这样的“良好生态”呢?

一是提倡捆绑式评价，避免因过分强化竞争意识而削弱竞争力。如果一所学校只关注个体成绩，以粗暴的排名方式进行教师评价，大概率会产生以下消极影响：

- 教师之间更倾向于保守或竞争，合作减少。
- 给教师带来较大压力，影响工作满意度和身心健康。
- 信息封闭，共享意识下降。
- 破坏团队的和谐氛围，导致凝聚力丧失。
- 高压的竞争环境可能导致优秀教师选择离开。
- 教师更倾向于遵循传统方法，而不敢尝试新的教学理念和方法。

须知，任何一个团队中都会有“弱者”，而捆绑式评价所激发的团队荣誉感，或许不能让这些“弱者”变为最优秀的人，但一定能促使他们以为团队负责的心态，保证自己达到最佳状态。

二是组织集体性活动，以活动增强团队的凝聚力。通过共同参与活动，教师可以更好地了解彼此，建立深厚的友谊，有利于团队精神的培养。集体活动为教师提供了交流和合作的机会，他们可以在活动中分享经验、想法和资源，促进团队间的协作。有趣的团队活动也可以让教师放松心情，释放工作压力，提高工作满意度。

管理者可以系统设计，定期组织一些适合的团队活动，可参考的活动类型如下：

- 教学研讨活动。如主题讲座、教学观摩、案例分享等。
- 团建活动。如户外拓展、团队游戏、聚餐等，增进团队成员之间的了解和信任。
- 学习分享会。让教师分享自己的学习成果和经验。
- 公益活动。如参与社会公益，增强团队的社会责任感。
- 文体活动。如运动比赛、文艺表演等活动，丰富教师的业余生活。
- 外出学习考察活动。让教师到不同区域，看不同的教育样态，体验不同的风土人情。

三是提倡“家文化”建设，创造温馨和谐的工作环境。管理的本质就是经营人心，管理者要关注教师的幸福感，幸福感才是团队最大的生产力。

我看到不少校长苦心探索教学模式、教学策略等技术手段的变革，可结果并不理想，为什么呢？我想，在很大程度上是因为忽略了对人的关注，对人心的经营，因此难以触及教育和管理的本质。

学校的管理者如果能够让人文关怀到达教师内心深处，那么教师也就会将这种关怀传递给学生，这就是所谓的“以爱生爱”。教师的生存状况、生活质量与工作绩效一样，值得管理者高度关注。这种来自管理者的温度，将由教师传递给学生，传递给家长，传递给同事，传递给身边的每一个人，一所有人性温度的学校便会自然诞生。

有学校提出了“人文关怀”的10条举措，给大家参考：

1. 组织离退休教师开展健康检查、座谈会、茶话会，对长期住在外地的离退休教师经常进行电话问候或探望。

2. 在春节、教师节等重要节日，学校领导登门走访、慰问离退休教师、困难教师和优秀教师；在教师过生日时，在校内张贴祝福标语，举办生日茶话会，发送祝福短信，利用多媒体展示教师工作生活的精彩瞬间，向教师表示祝贺。

3. 为教师80岁以上的父母庆祝生日；选择适当时机慰问教师的父母，感谢他们为学校培养了一名好教师。

4. 教师家中有重要事情时，校长第一时间探望、慰问，并给予人力、物力方面的帮助。

5. 校长坚持每天在校门口迎接教师上班。

6. 哺乳期的女教职工每天可以有2小时的亲子时间，学校设置哺乳室，哺乳室也可以作为生理期女教师的临时休息室。

7. 举办文艺会演、书法展、演讲比赛、交谊舞大赛等，设立一定的物质奖励，丰富教师业余生活。

8. 保证每周抽出2个课时的时间让教师参加体育锻炼。

9. 提倡开小会、开短会，行政事务尽可能不影响教师教学活动。

10. 元旦期间，学校领导到教师办公室慰问，向每一名教师发放校长写的新年贺卡；举办新春联欢晚会，邀请教师家属一起观看演出。

5. 看见团队中“奔跑”的人和“默默无闻”的人

我经常跟校长们说，学校中不应该有“边缘人”“透明人”，从管理的角度来讲，一定要做到“一个都不能少”。作为管理者，要耳聪目明，不仅能看到那些走在队伍前列的优秀教师，也要看到一个庞大的团队中，那些紧随其后的默默无闻的人。

一般来说，看到优秀教师并不难，因为他们是团队中“处于奔跑状态”的人，是团队中的佼佼者，他们的积极态度和出色表现可以对整个团队产生积极影响。对于这些优秀的奔跑者，管理者可以采取以下措施来发挥他们的作用并给予更多关注：

- 提供更多挑战：给予他们更具挑战性的任务，激发他们的潜力。
- 给予认可与奖励：及时对他们的优秀表现给予认可和奖励，激励他们继续努力。
- 提供发展机会：给他们提供培训、晋升或参与重要项目的机会，帮助他们进一步成长。
- 建立导师制度：让他们成为其他团队成员的导师，分享经验。
- 鼓励创新：了解他们的个人需求和职业发展目标，支持他们的创新想法，并为其提供资源和平台。
- 倾听意见：定期与他们沟通，倾听他们的意见和建议。
- 建立榜样：将他们的成功故事分享给整个团队，激励其他成员。

仅关注优秀教师是不够的。每个人都有“被看见”“被需要”“被认可”的心理需求，因此，看见每一名普通教师，这不仅仅是一种管理意识，更应该通过管理的机制来促成其实现。

比如，可以建立“每日一谈”的机制，即每名领导班子成员，每天有意识地和一名普通教师做些简短交流，增加接触和沟通的机会。谈话的时间、地点相对随意，比如课间、午休或放学后。形式既可以是面对面交流，也可以是电话沟通、线上会议等。可以提前确定一个主题，如教学经验、学生管理、职业发展等，让谈话更有针对性。在谈话过程中，要营造轻松、信任的氛围，让教师能够畅所欲言。管理者要认真倾听教师的意见和想法，并做好记录，将谈话结果及时反馈给相关部门或人员，为教师提供必要的支持和帮助，解决他们的实际问题。管理者要定期对“每日一谈”的内容进行总结，发现共性问题，以期为学校的管理和发展提供参考。

再如，教师节或者年终的时候，给那些“不起眼”的普通教师量身定制一些特别的奖项，多设置一些单项奖，将普通教师平时不引人注意，甚至不为人知的工作细节、成长故事呈现在大家面前。让他们也有机会跟优秀教师一样，上台接受大家的鲜花和掌声，获得工作上的认可。

当然，定制的奖项，可以蕴含着一定的学校价值导向，比如：

- 教学进步奖：表彰在教学方法、学生成绩提升等方面有明显进步的教师。
- 学生最喜爱教师奖：由学生投票选出他们最喜欢的教师。
- 敬业精神奖：对工作认真负责、爱岗敬业的教师进行表彰。
- 特殊贡献奖：表彰在课外活动、社区服务等方面有突出贡献的教师。
- 关爱学生奖：表彰在关心学生身心健康等方面表现突出的教师。
- 教育新人奖：鼓励新加入教育行业的教师，肯定他们的努力。
- 教育志愿者奖：表彰积极参与教育公益活动的教师。

深度思考

- 为教师减负，你认为最大的障碍是什么？
- 你怎么理解在教师评价制度中要适当“留白”？
- 你是否认同“人文关怀”的10条举措？如果在你所在的学校实施，你将做出哪些改进？
- 你认为学校目前是否存在“边缘人”“透明人”，如何提升其存在感？

第四章　有序求变：课程教学系统打造

- 有序求变：课程教学系统打造
  - 教学质量的监督与保障
    - 画好图：勾勒基本框架
    - 探好路：打通构建路径
    - 攻好坚：抓住落地策略
  - 校本教研的迭代与改进
    - 内容设计：对症下药
    - 组织形式：丰富多元
    - 制度设计：真实有效
  - 课程体系的打造与管理
    - 核心领域：课程建设
    - 重点位置：体系构建
    - 重要追求：精准施策
  - 课堂教学的变革与提效
    - 画好“推进路线”
    - 发现“关键事件”
    - 抓住“痛点”

现场速记

现场一

我认识一位很有教育激情的校长朋友。他在某地考察了课堂改革的实践后，感触颇深，觉得学校如果想要真正实现内涵发展，必须借助这一轮课堂改革的契机，在课堂改革上做足文章，打造自己的课堂品牌。于是，在没有调研，没有整体课堂改革方案，没有具体计划的情况下，他开始在各类大会小会上唱响课堂改革的调子，并督促教学负责人把这项工作抓起来。结果因为思想不统一，步调不一致，缺乏具体的操作步骤与策略，情况变得一团糟，最终以失败而告终。

现场二

我到一所学校调研，恰好碰到这所学校作为全市的“校本教研”先进单位做展示，展示现场有来自全省各地的一百多名代表人员。其中的一场数学组的听评课活动由副校长亲自主持，数学组每个人都带着听课的意见（大部分是提前准备好写在本子上）到了现场，然后按照顺序一一进行点评。整个活动看似流畅自然，但几乎没有意见的碰撞，也没有现场的总结，更像淡而无味的“表演”。活动结束后，我跟观摩的人做了简单交流，大家也很困惑：教研到底该怎么搞？这样弄真的有效果吗？

反思感悟

学校的质量管理涉及哪些因素？如何得到有效保障？学校的课程哲学怎么确立？课程纲要如何撰写？课程图谱如何构建？常规的校本研修活动有哪些形式？如何为教学工作提供支撑？如果要进行课堂改革，需要做好哪些相应的准备工作？按照怎样的流程展开？如何呈现一所学校优秀的教学文化？

一、教学质量的监督与保障

没有校长不重视教学质量，因为大家都知道，教学质量是学校的生命线。一所学校教学质量一旦出现问题，后果可想而知。

但是该怎么管，怎么管才更有效，并不是一个容易回答的问题。在与校长接触的过程中，我发现不少人对此的认识很模糊，比如，对于教学质量是什么、教学质量体系的要素与结构是什么、教学质量与人有什么关系、学校的教学管理到底要做什么、衡量教学质量的维度有哪些等问题，真正交流起来，很多人都说不清楚。

于是，“口号很响，措施不足；全凭经验，不讲科学；粗放随意，缺乏体系”就成了相当一部分学校质量管理的真实写照。那种仅靠加班加点，延长学习时间，随意加大作业量，明着暗着与“双减”政策相抗衡，不惜牺牲学生身心健康的做法比比皆是。

管理是一门科学，教学质量管理同样如此。本章就和大家一起研究，学校到底该如何建立一套精准把控、有效施策的质量管理体系，让管理体系从传统型走向现代化，从经验型走向科学化，从粗放型走向精致化，最终提升学校教学质量。

1. 画好图——勾勒质量保障体系的基本框架

在思考学校质量管理问题时，管理者需要先有一个清晰的蓝图，或者说一个基本的框架结构，来理解和把握教学质量保障体系的各个要素以及它们之间的关系。

就像盖房子一样，我们先要有设计图纸，才能知道需要哪些材料。同样，对于学校质量管理，我们也需要先勾勒出质量保障体系的框架，明确其中的关键要素，比如，教学质量标准、管理的目标、评估的方法、反馈的机制等，以及它们之间的相互关系。

这样做的好处是：管理者可以更有针对性地制订管理策略和措施，确保各个要素之间相互配合，形成一个有机的整体，从而有效地保障教学质量。同时也可以通过画图的方式，让教师更直观地理解和沟通质量管理的问题。

质量保障体系的基本框架建构，可围绕四个方面展开。

定位准：教学质量监督的目标体系

在质量管理上，学校应该将监督目标放在三个着力点上：一是培养学生的目标系统，主要管理监督点是人才培养目标的定位和实施方案；二是培养学生的过程系统，主要管理监督点是学校课程设置、师资配备、课堂教学要求、教学方法和考核方式的改革等；三是培养学生的质量系统，主要管理监督点为课程学习合格率、优秀率，各项竞赛获奖率，实践创新表现，等等。

当一个管理者能够围绕这三个方面去深入思考、定位和设计学校的管理举措，就能够较为系统地推动教学质量的稳步提升。但在现实中，“头疼医头，脚疼医脚”的管理状况是多见的，学校要么不能回答要培养“什么人”的问题，要么对培养过程的管理过于虚化和粗糙，要么不能用真实的数据呈现课程实施的实际状况。这都让质量管理处在粗线条状态。

这些管理的目标如何落实到位？要秉持着“分解目标、层层落实、责任到人”的原则去推进，让目标可视化、可测量。具体的推进，可遵循如下步骤：

- 第一步：学校确定教学质量目标，并予以公示，同时写出对应策略和各责任人。
- 第二步：以年级、学科组、班级为单位，确定本年级、本学科、本班教学质量目标，并予以公示，同时写出对应的策略和各责任人。

▶第三步：每名任课教师写出自己所任教班级的教学成绩目标，并予以公示，同时写出对应策略和各责任人。

在以上步骤的基础上，将所有人纳入质量管理的范畴，拆分学校的整体目标。以一个学校阶段性教学质量目标的设定为例，如表4-1所示。

表4-1 阶段性教学质量目标

人员	思考重点	目标定位	主要策略
校长	想办什么样的学校？想培养什么样的人？想做什么样的校长？	我的学校在同区域学校办学质量综合评定中的理想定位______	
教学管理干部	怎样把校长的办学理念落地？提高教学质量有哪些路径设计？应做好哪些改革？应开发哪些教学工具？	我的学校在同区域学校教学质量评估中的理想定位______	
各年级负责人	学校教学管理的要求如何在我的年级落地？我如何及时监督各个班级、学科、教师的教学工作情况？如何调动学生的学习力？	我的年级在同区域教学统一测试中的理想定位____	
教研组组长	如何提升教研组的凝聚力？如何组织好教研活动？如何做好及时的教学效果评估与分析？	我的学科在同区域教学统一测试中的理想定位____	
班主任	如何打造一个优秀的班级？我将采取哪些具体举措提升班级成绩？	我的班级在学校平行班教学统一测试中的理想定位______	
教师	如何建立自己的课堂管理规范？如何激发学生的学习兴趣？如何提高课堂教学效率？如何提升不同类型学生的学习水平？	我在学校同学科教师统一测试中的理想定位______	
学生	我怎么做到认真上课、认真做作业？我怎么发挥在学习小组中的作用？我怎么提升薄弱学科？	我的总成绩在本班同学中的理想定位______	

在这个过程中，学校可提出三点要求：人人把目标写出来、贴出来；面对现状，人人向内寻因，向己寻策；人人都从可变的地方去改变，把改变思路说出来、写出来、贴出来。

一旦每名教师、每个学科、每个班级、每个年级都有了明确的质量目标，质量管理的工作就有了方向，有了抓手。目标系统会贯穿整个质量管理的全过程，并发挥决定性作用。

责任清：教学质量监督的组织体系

质量管理目标确定后，要明确各目标实施的第一责任人。这一点非常重要，我在不少学校看到过教师相互推诿的情况。当每一项工作都有了具体的负责人，相关人员会更加专注于完成自己的任务，提高工作效率。面对问题时，第一责任人能够更快地做出决策，避免延误。同时，这样的管理举措有利于管理者监督和评估工作的进展，及时发现问题并进行调整。

我们不妨对常态下学校质量管理相关人员的职责进行简要梳理。（见表4-2）

表4-2　学校质量管理相关人员职责

序　号	职务或部门	职　责
1	校长	对学校全面教学质量负总责。对事关质量管理的重大工作做出决策，指导并实施提高教学质量的方法
2	教务处	负责制订有关教学质量管理及监测的具体要求，是校长质量管理的参谋和助手
3	年级组组长	对整个年级的教学质量负责。落实学校质量管理的相关举措，发现、整改年级工作中存在的问题
4	教研组组长	对全校学科教学质量负责。贯彻和落实提高教学质量的要求，能解决学科教学的有关问题
5	备课组组长	对年级学科教学质量负责。贯彻和落实提高教学质量的要求，能解决本年级学科组与教学有关的问题

续表

序号	职务或部门	职责
6	教师	对授课班级教学质量负责，贯彻和落实相关提高教学质量的要求，并能指导学生共同解决学习中的问题
7	教学管理人员	及时收集、处理、统计各学科、各年级、各班级的学业成绩数据表，提供给相应群体

要在学校树立“人人都是质量的管理者”“人人都与质量有关”的观念。管理者在管理组织的过程中，有两个关键点不容忽视。

（1）教学管理重心下移。强化年级组教学管理职能。年级组组长是年级教育教学质量管理的第一责任人，是年级教育教学管理的主要执行人。

（2）教学管理关口前移。强化教研组教学研究功能。教研组组长是学科教学质量的第一责任人，是学科教学研究与管理的专家。

在质量管理中，要将教学管理的权力和责任下放到年级组组长，让年级组组长成为教育教学质量管理的关键人。要赋予年级组组长在教学管理、教师评估、学生管理等方面的具体权力和责任；要为年级组组长提供相关的培训，提高其管理能力和教学能力，并给予必要的资源支持；同时，要建立年级组组长与其他部门（如教务处、政教处等）之间的沟通机制，确保信息畅通。以此发挥年级组组长的自主性，鼓励年级组组长根据本年级的特点和需求，制订具体的教学管理计划和措施，彻底改变年级组组长只负责“上传下达”的职责定位。

同样，教研组组长也要成为学科教学质量和研究管理方面的关键角色。教研组建设要成为学校管理的重点之一。要加强对教研组组长的培养和激励，让其真正成为学校学科的“第一人”，承担起学科教学质量的主要责任，带领组员共同提高教学水平。

策略明：教学质量保障的方法体系

要能够把教学全过程纳入管理视野，做到“耳聪目明”，形成一套质量管理的具体方法。一般来说，这种操作策略的构建，可围绕以下维度进行：

- 教学信息的收集策略。通过日常的教学秩序检查，期初、期中、期末教学检查，教学动态及学生学习动态的常规收集渠道，及时了解和掌握教学变化和产生的问题。
- 教学督导的开展策略。对所有教学活动，各个教学环节、教学改革方案等进行经常性和随机督导，也可配合上级部门进行督导检查。
- 教学调控的实施策略。根据收集的信息，及时组织研讨，商量对策，提出解决问题的方法和手段。

这些维度的具体实施方法，在本书的后续内容中将结合实例进行具体介绍。

保障实：教学质量监督的制度体系

制度体系的建设，有助于明确教师和学生在教学过程中的职责和行为规范，为教学活动提供具体的指导和标准，确保教学目标的实现。完善的制度体系可以激励教师和学生不断进步，有效提升教学质量和个人能力，并通过制度的执行，促成教师、学生和家长对学校的信任。

基础性的教学质量保障制度，可包括如下部分：

- 教学研究制度。根据目的和要求，制订各教学组织的教学研究制度，并组织相关教学研讨活动。
- 听课、评课制度。明确听课要求及评课的目的，处理好听课、评课与提高自身教学能力的关系。
- 他人评教制度。组织行政人员、组长、同行、学生等进行不同层面的调研，对教师的教学进行评估。

▶教学常规制度。涉及教学计划、教案撰写、上课、作业布置与批阅等各教学环节的明确要求及教学档案管理等。

李希贵校长认为，能用结构解决的就不用制度，能用制度解决的就不靠开会。分析相关要素，做好顶层设计，建立质量保障体系，勾勒质量保障的路线图，能够有效预防“碎片化工作方式”对学校质量管理“千里之堤”的瓦解，从而能让学校的发展真正走上科学、有效的快车道。

当然，需要强调的是，没有一套“放之四海而皆准”的标准化的质量保障体系，各学校需要根据自己的发展实际，剖析自身的关键要素、结构，对体系进行校本化的设计和构建。

2. 探好路——打通质量保障体系的构建路径

怎样保障质量，这是一个技术性很强的管理话题。作为管理者，要善于设计路径、开拓路径，从而让质量提升变成一件实实在在的事。

路径一：质量检测体系——摸清家底

有人说，相关政策不允许考试。果真如此吗？我认为这是对考试的误解，真正需要避免的是：为排名而考，为淘汰而考，为控制而考。考试是学生检验自我学习效果和教师检验教学效果的最好方法，目的在于查漏补缺。没必要谈考试“色变”，在学校，管理者必须建立起必要的、系统的质量检测体系。说夸张点，任何简单排斥考试的教学管理举措都是违背规律的，甚至是愚蠢的。测试起着多方面的作用。

校长和教学管理部门。可利用考试发现教学管理上的不足，以便从全局上调整、修正、充实、完善原有的教学管理模式、方案和措施，为提高管理水平提供依据。

教师和班主任。可利用考试检测教学质量和教学方法的效果，检查教学内容是否适宜，发现教学和班级管理过程中存在的问题，分析研究教学工作、班级管理工作方面如何改进和提高。

学生。通过考试去了解自己的知识掌握程度和学习过程中存在的问题，进一步调整自己的学习态度、学习方法，更深刻、更准确、更系统地掌握所学的知识和技能。

在质量检测体系的构建中，应该抓住几个要点。

（1）建立质量检测机制。组织什么质量检测？如何组织检测？质量检测的周期、内容如何确定？这些都要经过缜密的安排，要克服盲目性和随意性。测试工作要坚持四个原则：先做计划，先做研讨，先定目标，先定规则。

（2）丰富质量检测类别。综测、小测、专测；班测、年级测、校测；课前测、课中测、课后测；月测、期中测、期末测；等等。要形成多元的测试方式。需要特别注意的是，每种质量检测的功能定位要有所不同，因为定位不同，预期的目标、命题的难易、质量检测结果的使用等，才会有所差别。教学管理部门应该针对不同学科、不同质量检测类型提出相应的具体要求。还应该注意的一点是，要特别加强随堂质量检测的研究和实施，因为反馈周期越短，修复教学漏洞的成本就越低，教学效果就越好。

（3）抓好质量检测组织。这是很多学校不够重视的。学校应抓住试题质量、组织标准、评分要求、结果使用等几个要素进行规范管理。我曾在某市骨干教师培训现场进行调研，结果显示，曾经独立进行过试卷命制的教师居然不足10%。这是学校教学管理中的一块短板，要特别予以重视。试卷命制要精准，要人人能够进行命题，可采取多种命题方式：

- 教研组统一要求，各自命制，随机抽取测试。
- 教研组统一要求，各自命制，组长组合试卷。
- 教研组统一要求，分模块命制，组合成卷。

▶教研组统一要求，交换年级命制。

管理者可制订试卷命制的流程：总体构思，确定目标要求；拟订计划，设计多项细目表；选择题型，具体编制试题；审查试题，组编试卷；检查、修改、试做、复核、调整；编制标准答案和评分标准。

为了达成上述效果，可建立教研制度，将试卷命题纳入教研内容体系；建立评价制度，对命题质量进行评定；也可采取署名制，命制人在试卷中署名，成为试卷质量的第一责任人；等等。以多种方式提高试卷命制能力，保证质量检测的有效性。

同样，要加强考试的管理，制订质量检测的流程，组织好考务会议，明确师生在质量检测工作中的行为标准等。

路径二：质量分析体系——细致精准

要杜绝一种现象：只考试，不分析；只分析，不改进！

对质量检测结果的有效分析具有多重价值：指导教学计划的修订，指导教学方法的改进，指导对学生的管理，指导考试命题工作，指导学校的题库建设。

（1）建立学校层面翔实的数据分析模型。根据学段特点、教学要求，提取质量检测得到的关键数据，一般来说，这包括与其他学校成绩的对比和分析，学校内班级、学科间成绩的对比与跟踪，学科内教师成绩数据的对比与跟踪，教师自身数据的跟踪，不同年级学生的相关数据的跟踪，等等。

教务处要根据学校要求，研制出相应的考试数据模型，并在每次考试后用最快的时间，为校长、各级领导、班主任、年级组组长、备课组组长、任课教师提供不同的数据量表，为各个层级的质量分析和教学改进提供依据。我举几个数据分析的模型供大家参考。（见表4-3至表4-7，图4-1）

表4-3 九年级学生学习质量分析

<table>
<tr><td colspan="2">学科</td><td colspan="2">语文</td><td colspan="2">数学</td><td colspan="2">英语</td><td colspan="2">物理</td><td colspan="2">化学</td><td colspan="2">生物学</td><td colspan="2">道德与法治</td><td colspan="2">历史</td><td colspan="2">地理</td><td colspan="2">总计</td></tr>
<tr><td rowspan="4">学生学习水平层次</td><td>A</td><td>_人</td><td>_%</td><td>_人</td><td>_%</td><td>_人</td><td>_%</td><td>_人</td><td>_%</td><td>_人</td><td>_%</td><td>_人</td><td>_%</td><td>_人</td><td>_%</td><td>_人</td><td>_%</td><td>_人</td><td>_%</td><td>_人</td><td>_%</td></tr>
<tr><td>B</td><td>_人</td><td>_%</td><td>_人</td><td>_%</td><td>_人</td><td>_%</td><td>_人</td><td>_%</td><td>_人</td><td>_%</td><td>_人</td><td>_%</td><td>_人</td><td>_%</td><td>_人</td><td>_%</td><td>_人</td><td>_%</td><td>_人</td><td>_%</td></tr>
<tr><td>C</td><td>_人</td><td>_%</td><td>_人</td><td>_%</td><td>_人</td><td>_%</td><td>_人</td><td>_%</td><td>_人</td><td>_%</td><td>_人</td><td>_%</td><td>_人</td><td>_%</td><td>_人</td><td>_%</td><td>_人</td><td>_%</td><td>_人</td><td>_%</td></tr>
<tr><td>D</td><td>_人</td><td>_%</td><td>_人</td><td>_%</td><td>_人</td><td>_%</td><td>_人</td><td>_%</td><td>_人</td><td>_%</td><td>_人</td><td>_%</td><td>_人</td><td>_%</td><td>_人</td><td>_%</td><td>_人</td><td>_%</td><td>_人</td><td>_%</td></tr>
<tr><td rowspan="3">学科成绩差异状况</td><td rowspan="2">学科</td><td colspan="6">成绩最好学科</td><td colspan="7">成绩中等学科</td><td colspan="7">成绩最差学科</td></tr>
<tr><td colspan="6"></td><td colspan="7"></td><td colspan="7"></td></tr>
<tr><td>原因</td><td colspan="6"></td><td colspan="7"></td><td colspan="7"></td></tr>
</table>

表4-4 九年级期中测试基础分分析

<table>
<tr><td rowspan="2">班级</td><td rowspan="2">班级人数</td><td rowspan="2">前 40%（含）人数</td><td rowspan="2">前 40%~70%（含）人数</td><td rowspan="2">前 70%~90% 人数</td><td rowspan="2">起始基础分（总分 / 总人数）</td><td rowspan="2">与上次基础分比较</td><td colspan="6">各学科起始基础分</td></tr>
<tr><td>语文</td><td>数学</td><td>英语</td><td>历史</td><td>物理</td><td>化学</td></tr>
<tr><td>一</td><td></td><td></td><td></td><td></td><td></td><td></td><td></td><td></td><td></td><td></td><td></td><td></td></tr>
<tr><td>二</td><td></td><td></td><td></td><td></td><td></td><td></td><td></td><td></td><td></td><td></td><td></td><td></td></tr>
<tr><td>三</td><td></td><td></td><td></td><td></td><td></td><td></td><td></td><td></td><td></td><td></td><td></td><td></td></tr>
<tr><td>……</td><td></td><td></td><td></td><td></td><td></td><td></td><td></td><td></td><td></td><td></td><td></td><td></td></tr>
</table>

表 4–5　九年级期中测试学科成绩分析

班级	实考人数	平均分	优秀人数	优秀率	及格人数	及格率	最高分	任课教师	名次
一									
二									
三									
……									

（2）建立教师教学质量自我分析思路。每名教师要对检测数据、基本情况、原因分析、改进策略等做好自我总结，与个人预设的质量目标相对应，为参与集体成绩分析做好准备，并以此为依据调整教学思路，改进教学策略。

表 4–6　教师教学质量分析

<table>
<tr><td colspan="6">教师姓名 ________ 任教学科 ________ 任教班级 ________
1. 本次测试相关数据</td></tr>
<tr><td>任教班级</td><td>起始基础分（班级）</td><td>起始基础分（任教学科）</td><td>平均分（排名）</td><td>优秀率（排名）</td><td>及格率（排名）</td></tr>
<tr><td></td><td></td><td></td><td></td><td></td><td></td></tr>
<tr><td></td><td></td><td></td><td></td><td></td><td></td></tr>
<tr><td></td><td></td><td></td><td></td><td></td><td></td></tr>
<tr><td></td><td></td><td></td><td></td><td></td><td></td></tr>
<tr><td colspan="6">2. 学生典型错误分析</td></tr>
<tr><td>题号</td><td>题型</td><td>错误率</td><td>哪类学生出了问题</td><td colspan="2">相关因素分析（备课、课堂教学、学生管理、作业管理、个别辅导等）</td></tr>
<tr><td></td><td></td><td></td><td></td><td></td><td></td></tr>
<tr><td></td><td></td><td></td><td></td><td></td><td></td></tr>
<tr><td></td><td></td><td></td><td></td><td></td><td></td></tr>
<tr><td colspan="6">3. 后续工作改进思路分析</td></tr>
</table>

（3）建立学生学业情况自我分析思路。自主学习不仅体现在主动探索、独立思考、自我管理，也体现在自我反思、自我评判、自我调整。测试之后，学生在教师的指导下完成自我分析至关重要。可采用表4-7进行。

表4-7　学生个人成绩对比跟踪

考试科目	语文	数学	英语	历史	物理	化学	总分	名次	名次进退
第一次月考									
期中考试									
第二次月考									
期末考试									

第一次月考成绩分析

一、自我总体评价

1. 成绩较为满意的学科及满意的具体原因

2. 考试成绩最不满意的学科，以及最不满意的原因（选择1~2科进行分析）

不满意学科__________，该学科满分__________，实际分数__________

①本学科试卷构成

本学科试卷选择题共____题，共____分；填空题共____题，共____分；综合分析题共____题，共____分

②本学科考试失分分布

本学科试卷选择题共错____题，共丢____分；填空题共错____题，共丢____分；综合分析题共错____题，共丢____分

③本学科考试失分题目对应的考试知识点统计（要求：抄试卷上的原题，查找课本，将试题对应的考点摘抄至题目的下方）

④错题错因分析（结合错题，认真分析错因，错因与错题一一对应）

错因可能有以下几类（审题不清楚，没有看清题目的要求，盲目答题；计算过程出错，计算能力差；做题步骤、答题语言不规范；字体不工整，字迹潦草；知识点掌握不牢固，基本概念定义不清楚；做题时间不够；等等）

⑤下一阶段的自我要求和改进措施

二、教师评价与期待

三、改进情况自我跟踪

图4-1　学生学业情况自我分析

（4）做好班级学业自我监督的整合工作。要以班级为单位，抓住每一次测试的机会，做好整体的质量提升工作，具体可采取下列措施：

▶组织班级质量分析会。
▶质量管理作为干部（组长）述职中的重要内容之一。
▶强化班干部岗位职责定位或适当扩容。
▶定期交流学习经验。
▶组织班级与班级之间的交流讨论会。

每次重要考试成绩出来后的下一周主题班会，应该定位为班级质量分析会。质量分析会可由学习委员主持，可参考以下基本流程：

▶会议开场

主持人介绍会议目的和流程。

▶成绩分析

学生代表展示期中测试成绩的统计数据，包括各科平均分、优秀率等。

分析班级整体成绩的优势和不足。

▶问题探讨

引导学生讨论在学习过程中遇到的问题和困难。

请教师和学生共同思考可能的解决方法。

▶学习方法分享

邀请成绩优秀的学生分享自己的学习方法和经验。

其他学生可以提问和交流。

▶教师建议

各科任课教师根据学生的讨论和分享，提出有针对性的学习建议和指导意见。

▶小组讨论

将学生分成小组，进行深入讨论。

鼓励小组代表分享讨论结果。

▶总结与展望

主持人总结会议要点和达成的共识。

班主任鼓励学生在今后的学习中积极实践会议中提出的改进措施。

以学生主持的方式开展质量分析会，可以提高学生的参与度和自主性，让学生学会利用统计学知识进行班级集体学业质量分析，学会自我学习诊断，形成自主学习策略。同时，培养学生的组织能力和表达能力，促进学生与教师之间的互动和交流。在实施过程中，可以根据实际情况进行适当调整和改进，以确保会议的效果和质量。

(5)组织好成绩分析会。成绩分析会非常重要，要想设计好、组织好，可以采用以下几种形式组织。

全校成绩分析会——教学副校长主导，驻级领导、年级组组长做分析。

年级成绩分析会——驻级领导、年级组组长主导，班主任做分析。

学科成绩分析会——分管学科领导、备课组组长主导，任课教师做分析。

班级成绩分析会——班主任主导，班级任课教师做分析。

成绩分析会的组织要点，可以概括为五点：提前下通知，带着准备来，发言看目标，杜绝发牢骚，讲清怎么办。

从我的观察来看，很多学校的成绩分析会只停留在简单地读读数据，排排名次上，并未发挥其应有的价值。作为教学管理者，要预设成绩分析会的目标，精心设计流程，组织相关内容，从而让分析会达到有效调整和改变教学的作用。表4-8是一份成绩分析会的组织案例。

表 4–8　成绩分析会

时　间		地　点		预计时长	1 小时
参与人员		主持人			
预期目标	1. 解决教学中存在的具体问题； 2. 明确下一阶段的工作重点； 3. 营造研究学习、形成行动策略、持续实践反馈的教学生态				
组织形式	年级组全体教师，集体交流分享				
主要程序	1. 活动前：确定核心问题，形成活动基本方案 2. 活动中： (1)数据分析。各科组长分析成绩,对照学科组预设目标,确认达标情况;以某个题型为例,分析年级整体学生得失分情况,据此进行反思与评估,提出教学改进建议,具体到行动层面（实施的工具、方式等）(20 分钟) (2) 基于问题解决的行动策略。教学管理人员解读组长分析的思路，强调基于数据的教学诊断，形成真实具体可操作的行动策略。重点“点题”，进一步分析，提出接下来要做的具体工作（15 分钟） (3) 示范。各备课组优秀解决方案展示（15 分钟） (4) 校长讲整体工作及要求（10 分钟） 3. 活动后：教务处进行资料汇总，并对各组计划的落实情况进行跟踪				
注意事项	人人谈，人人写；有目标，有对照；要具体，要可行。所有的分析都归结于一点：接下来，我将怎么做？杜绝“责怪性与推卸式”的甩锅行为				

路径三：过程监督体系——耳聪目明

要了解教学的真实情况，不能仅仅依赖考试，监督管理更应该发生在第一时间。管理者不能是“瞎子”和“聋子”，要时刻清楚教学的第一线在发生着什么。要以靠前指挥的思维，强化过程管理，采取一些必要的措施，拓宽教学质量信息采集渠道，做到耳聪目明。

(1) 班子成员看课制。实行班子所有成员（不限于教学管理干部），随机看课制度，成员提出要求、明确标准、定期巡查，及时发现问题并汇总到教务处。要将此项工作作为管理常规，扎实落实，可以设计简要的巡查表，让巡查结果可视化。教务处汇总信息后，对发现的问题及时

跟踪处理。（见表4-9）

表4-9 领导班子常规巡课记录

巡查时间：	巡查班级、教师：	
类 别：	巡查内容：	备注：
师生课前准备情况	教师上课（是 否）有教案	
	课前教师（是 否）准时到达所在班级	
	（是 否）按课表上课，按规范调课	
课堂教学规范情况	（有 无）提前下课、中途离开课堂现象	
	（是 否）能用普通话教学	
	（有 无）有体罚和变相体罚学生现象	
	课堂中（是 否）有使用手机的现象	
课堂教学组织管理	着装（是 否）符合要求	
	学生（是 否）有正确的坐写姿势	
	（是 否）有良好的课堂纪律	
安全排查	（是 否）有安全隐患，若有请写备注	
巡查人签字：	教务处签字：	

（2）学生问卷调查制。每学期组织一次，一般在期中测试之前进行。如果学校规模较大，可以采取随机抽取学生、匿名参与的方式组织。要设计好问卷调查表。（见表4-10）

表4–10　学生问卷调查

问卷内容	答　案	问卷内容	答　案
1. 你最喜欢学的课程是		13. 你认为上课信息量最大的教师是	
2. 你最不喜欢学的课程是		14. 你认为教学方法新颖的教师是	
3. 你认为最容易学的课程是		15. 你认为现代教学技术运用得最好的教师是	
4. 你认为学习最困难的课程是		16. 你认为讲课深入浅出、易懂的教师是	
5. 你学习提高最快的课程是		17. 你认为师生关系最和谐的教师是	
6. 你学习退步最大的课程是		18. 你认为教学效果最好的教师是	
7. 你认为课堂纪律最好的课是		19. 你认为对学生耐心细致的教师是	
8. 你认为课堂纪律最差的课是		20. 你认为对学生态度应付、急躁的教师是	
9. 你最喜欢的教师是		21. 你认为作风最民主的教师是	
10. 你最不喜欢的教师是		22. 你认为对学生一视同仁的教师是	
11. 你认为讲课最生动的教师是		23. 你认为课后热心辅导学生的教师是	
12. 你认为讲课最有条理的教师是		24. 你认为能以身作则的教师是	

学生问卷调查表要遵循几个基本原则：一是数据真实，二是正向评价，三是引导改进。在实际操作中，有些学校更多引导学生进行负面评价，譬如，教师是否拖堂、作业是否过多、课堂流程是否清晰、教师教学态度是否严谨等。结果评价呈现了负面的作用，教师失去尊严，严重的还出现弄虚作假、师生矛盾等问题。

因此，学生问卷应该遵循正面评价的原则，最重要的目标不在于给教师评分排名，而是引导教师自身成长。把负面评价指标变成正面评价指标，评价结果以等级呈现，不横向比较，不公开，私下反馈给教师。这样的评价是为了改进，而不是为了评判优劣，被考评的对象比较容易接受。

（3）学习委员（或学生代表）汇报制。充分发挥学习委员（或学生代表）的作用——每天记录课堂的真实情况，按时汇总、定期汇报。可以采取记录表的形式，以周为单位交至教务处，教务处由专人负责梳理相关信息，及时发现每个班级、每名教师课堂上存在的问题。也可以每学期举行一至两次学习委员汇报会，较为全面地反馈各班课堂准备、教师教学、作业完成、学生学习热情等方面的情况，以这些信息为教学调整提供判断依据。

以下是学习委员汇报会的基本安排模式，供大家参考：

▶开场致辞（5 分钟）

主持人对参会人员表示欢迎，并介绍座谈会的目的和议程。

▶自我介绍（5 分钟）

各班学习委员依次自我介绍，增进彼此了解。

▶现状汇报（30 分钟）

各班学习委员汇报本班各学科的教学情况，包括教学进度、教学质量、学生学习态度等。可以采用轮流发言或自由讨论的形式。

▶问题讨论（30 分钟）

针对汇报中提到的问题或其他相关问题进行讨论，共同探讨解决方案。

鼓励各班学习委员分享班级管理和学习的经验。

▶意见收集（15 分钟）

发放意见反馈表，收集各班学习委员对教学工作的意见和建议。

▶总结发言（5 分钟）

主持人对会议进行总结，对各班学习委员的积极参与表示感谢，并承诺会对收集到的意见和建议进行认真研究和处理。

（4）家长代表问询制。家长对教学工作也有自己的观察信息和相关意见、建议。家长代表问询制的建立可以让家长代表获取相关信息，以作为判断教学现状的一个路径。

家长问询工作需要做好充分准备，要明确目的，如果是集中问询，应做到提前通知，充分尊重家长。在正式进行问询前，有必要进行一定的培训，让家长明白问询工作的意图，确保真实、客观地反馈信息。另外，问询中得到的意见、建议，经过梳理之后，应该拿出相关的解决方案，并通过正式途径，给家长明确的反馈。

（5）家长定期评教制。通过定期评价，家长可以提供对教学质量、教师表现的反馈，帮助学校不断改进和提高教育质量。

在实施家长定期评教制时，有一些事项需要注意。首先，要确保评教的过程是公正的、客观的和保密的，以免家长有顾虑和偏见。其次，学校应及时回应家长的反馈，并采取积极的措施进行改进。要给予家长足够的时间和机会来提供评价，同时要提供适当的培训和指导，确保家长了解评教的目的和方法。最后，评教制应该被视为一个持续改进的过程，而不是一次性活动。

表4-11是家长评教表，可为设计家长评教相关工作提供参考。

表4-11　家长评教

项　目	评价等级	语　文	数　学	英　语	……
上课迟到、早退，接打手机	A.没有　B.很少　C.经常				
尊重学生的人格，公平对待每一个学生，关心帮助学习困难的学生	A.优秀　B.较好　C.稍差				
不关心爱护学生，会侮辱、体罚或变相体罚学生	A.没有　B.较少　C.经常				

续表

项　目	评价等级	语　文	数　学	英　语	……
上课不认真，有坐着上课的现象，上课会上网聊天或干其他的事	A. 没有　B. 较少　C. 经常				
不能一视同仁，存在挖苦、讽刺、歧视学生的言行	A. 没有　B. 较少　C. 经常				
有随意让学生停课的现象	A. 没有　B. 较少　C. 经常				
教师对学生进行的学习指导到位，对学生的帮助很大	A. 很少指导　B. 能进行指导，但效果一般　C. 经常指导，效果好				
学生在课堂上被提问的次数	A. 很少　B. 较少　C. 较多				
教师布置与批改作业的情况	A. 作业不布置，批改不够认真，不及时讲评　B. 有时布置作业，批改比较认真　C. 合理布置作业，批改认真，讲评及时				

（6）教学标准抽查制。建立抽查制度可以确保学校的各项教学常规得到一定的有效执行和管理。以下是一些操作建议：

- 明确抽查目标：确定抽查的重点领域和目标，例如，教学质量、学生作业、课堂教学、备课等。
- 制订抽查计划：确定抽查的时间间隔、频率和范围。可以定期进行抽查，也可以根据需要进行不定期的抽查。
- 确定抽查方式：可以采用课堂观察、文档检查、学生访谈等方式进行抽查。
- 建立抽查团队：由学校管理人员、教学督导或专家组成抽查团队，确保抽查的客观性和专业性。

▶记录和反馈：对抽查结果进行记录和分析，及时向教师反馈，指出优点和不足之处，并提出改进的建议。

▶跟进和改进：定期跟进教师的改进情况，确保问题得到解决，教学常规得到持续落实。

▶激励与表彰：对表现优秀的教师给予适当的激励和表彰，鼓励他们继续保持良好的教学常规。

抽查产生积极意义的关键在于“现场”，这是打破很多学校常规检查“虚假应付”痛点的关键，重点可从四个方面进行突破：听课后抽查教案，教室里抽查作业，办公室抽查日常工作状态，教研中抽查团体合作水平。

路径四：反馈修正体系——及时解决

很多学校在摸清底数、发现病症方面下了不少功夫，也的确找到了困扰质量提升的症结所在。但这些信息应如何反馈，却常常做得不到位。究其原因，一方面是风气不正，不愿去得罪人；另一方面是缺乏相关机制，找不到问题的责任主体。

在质量管理过程中，有些问题可能比较棘手或者涉及一些敏感的人、敏感的领域。只有勇于触碰这些真问题，才能找到解决问题的方法，推动组织的发展和进步。

管理者要有勇气承认问题的存在，不掩盖或逃避问题，并且有决心和能力去深入分析问题的本质和根源，摸索出一套解决各类问题的基本框架，以确保解决方案的可行性和可持续性。

（1）建立教师会议（培训）制度。必要的会议确实非常重要，它可以提供一个交流和沟通的平台，让教师、行政人员能够聚集在一起，分享信息，共同探讨学校面临的挑战和问题，提出解决方案，集体决策。要让纯事务性的会议向培训、学习会议转型，让每一次会议都有助于团队成员工作思维的优化、工作方法的提升。

为了确保会议的有效性，会议的组织和管理也很重要，要有明确的议程和高效的时间管理。第一章中已经就如何高效组织会议有过论述，这里仅从教学质量提升的角度，说一说可以建立的会议制度。(见表4-12)

表4-12　教学会议信息

会议类型	基本形态	会议流程	注意事项
一月一大会	指由教学副校长主持、教务处协助每月召开一次的教学工作例会，与会人员为教务处正副主任、年级主任、教研组组长、备课组组长	1. 总结本月教学情况； 2. 安排下个月教学工作； 3. 协调、处理教学计划实施过程中出现的问题； 4. 研讨教学管理的新方法、新思路	教务处做好会议准备工作，其他与会人员按议题要求，拟定好发言提纲。例会要求做到中心议题突出，会议时间短、效率高
两周一小会	指教研组比照学校教学工作例会，每两周召开一次的教研组教师会议（可与教研组常规教研时间合并）	1. 检查和测评教师教学工作，交流教学经验； 2. 探索教学及管理的有效方法； 3. 学习、研讨学校教学管理规章制度和上级有关文件； 4. 公布教学、教研等业务活动情况； 5. 部署下一阶段教学工作重点	各教研组可结合实际，围绕以上内容，自行确定每次例会的中心议题；会议由教研组组长主持并做好记录，教务处定期抽查、点评有关会议材料；全体教师认真参加会议，积极研讨；参会情况将作为考核教研组工作、教师教学工作的依据之一

教学工作的专项会议，在内容上要关注两点：学校的教学主张要掰开揉碎讲，学校的教学常规标准要条分缕析说。在持续不断的强化中，让这些事关教学品质的内容与要求深入人心，变成教师自觉的行为准则。

（2）建立班级教师协调（研讨）会制度。这一制度可以让任课教师之间有机会交流、分享教学经验和方法，共同探讨、解决教学中遇到的问题；可以让任课教师共同制订明确的班级建设目标和计划，确保班级教学方向一致；还可以增强教师之间的团队合作意识，让他们共同为提高班级成绩努力。

组织班级教师协调（研讨）会需要注意以下问题：

- 定期召开：定期召开协调（研讨）会，以便教师有足够的准备。
- 明确主题：每次会议要有明确的主题，避免泛泛而谈，确保会议高效进行。
- 尊重意见：营造开放的氛围，让教师能够自由表达意见和建议。
- 记录跟进：安排人员记录会议内容和决议，确保后续的跟进和执行。
- 解决问题：针对会议中提出的问题，要制订具体的解决方案，并明确责任人和时间节点。
- 鼓励参与：鼓励教师积极参与会议，共同为班级教学出谋划策。

班级任课教师协调（研讨）会制度可以更好地整合教师资源，提高班级教学质量；可以最大限度地树立团队意识，发挥成员间的彼此助力作用，杜绝各自为战。

很显然，班主任是此类活动的核心人物，发挥着举足轻重的作用。但要注意，班级协调工作并不应全部依赖于班主任的自发行动，而应纳入学校的管理举措。比如，在考试、重大活动等关键事件节点，管理者可以做出班级协调会议的安排，明确目标、时间、方式等要求。管理部门需担负起督促、检查、评估的功能职责。

（3）建立学科教研（备课）制度。常规的教研备课过程不仅是教师准备教学的过程，也是学校与教师之间沟通交流的重要平台。要在常规的教研备课过程中建立一种纠错机制，从而提升教学质量和管理的效率，可以增加如下活动环节：

- 反馈常规管理、常规抽查中发现的课堂管理、备课、教研、作业等相关问题。
- 针对问题，组织教师进行深入分析和讨论，共同寻找解决方案。
- 鼓励教师积极提出问题和建议，让他们知道自己会被重视。
- 将讨论出的解决方案应用到实际教学中，观察效果并进行评估。

- 根据实践结果，不断调整和改进教学方法和管理策略，使教研备课工作成为一个持续优化的过程。
- 针对存在的问题，提供相关的培训和学习机会，帮助教师提升教学能力和专业素养，从而减少错误的发生概率。

（4）建立班主任提问制度。针对学校的管理要求在执行过程中可能存在的理解不一致、执行不同步的问题，可以设计班主任提问制度，为教师的困惑找到出口，给教师的心灵提供慰藉，防止问题或疑惑长期得不到解决而带来的管理效率低下，甚至教师工作热情丧失等问题。

管理者在团队中既是领队，也是教练，应该努力做解决型领导，而不是解答型领导。要敢于直面教师工作中的各种不理解，并及时消除。

学校要做好价值引领，确保班主任清楚该制度的目的是促进沟通和解决问题，而不是质疑和挑战学校的权威；要能够营造一个开放、透明的氛围，让班主任能够自由地提出问题；要提供一种便捷的方式，让班主任能够提前提交问题，以便学校有足够的时间准备应答。对大家提出的问题，学校应及时给予回应和解释，避免问题积压。同时，要建立反馈机制，让班主任知道他们的问题得到了重视和解决。

班主任提问制度可以通过以下步骤建立：

- 成立专门的团队或委员会来负责组织和协调相关会议。
- 提前告知班主任提出问题的时间、地点和方式。
- 在会议上，按照预定的议程进行，让班主任有机会提出问题和表达意见。
- 学校管理层应认真倾听，并给予详细的解答和回应。
- 记录会议内容，包括问题、回应和决议等。
- 会后，跟进问题的解决情况，并及时向班主任反馈。

这样的制度可以增强班主任对学校政策制度的理解和支持，从而提高教学管理的效率和质量。

（5）建立教师汇报（述职）制度。这也是提升教学质量管理的常规举措。

首先，它可以让教师对自己的教学工作进行总结和反思，发现不足之处并及时改进。通过汇报或述职，教师可以回顾自己的教学方法、教学效果以及与学生的互动情况等，从而更好地调整教学策略。

其次，这样的制度可以促进教师之间的交流和学习。在汇报或述职的过程中，教师可以分享自己的教学经验和成果，互相借鉴和学习，共同提高教学水平。

再次，学校管理层也可以通过教师的汇报或述职，了解教师的工作情况，发现教师在教学中存在的问题，并及时给予其支持和帮助。同时，这也有助于学校对教师的工作进行评估和考核，为教师的晋升、奖励等提供依据。

最后，定期的汇报或述职制度还可以增强教师的责任感和工作积极性。教师需要对自己的教学工作进行总结和展示，这会促使他们更加认真地对待教学工作，不断提高自己的教学质量。

我在管理学校时，曾坚持全员参与的期末述职制度。给会议限定时间、评选最佳“讲述者”等举措，收到了良好的效果。学校规模小，可全员集中进行；学校规模大，则可适当分类、分组、分头进行。基本原则是“一个都不能少”。

在汇报（述职）时，管理者可以引导教师重点围绕四个方面展开：

▶对学校制度的理解。

▶对课堂改革的认知。

▶对教学实践的说明。

▶对问题的描述。

路径五：评价激励体系——内力驱动

有句话说得好：你想让学校朝哪个方向走，你的评价就要朝哪个方向去。

评价激励机制对提升学校的教育教学质量和激发教师的内驱动力非常重要，具有多方面的价值。在机制的构建过程中，可以注意如下要点。

（1）注重团队集体奖励。部分学校过分强调个人奖励，导致教师过于关注自己的业绩，而忽视了团队的整体目标和绩效，甚至为了保证自己的利益，不愿意分享经验和知识。这不但破坏了团队的合作氛围，而且阻碍了团队的成长和进步。

要提倡捆绑式的教师评价激励机制。实际上，当团队成员共同努力时，整体绩效往往会优于个人绩效的简单相加。通过奖励团队，可以激发团队的积极性，从而提高学校的整体教学质量；也可以鼓励教师相互学习、共同进步，提升整个团队的专业水平，增强教师对团队和学校的归属感。因此，要特别注重对团队的奖励，比如，奖励优秀教研组、优秀备课组，加大对班级组合的奖励等。

在具体的教学管理过程中，可以设置这样一些团队奖项：

- 最佳教学团队奖：表彰在教学方面表现出色的团队，如教学质量高、学生成绩提升明显等。
- 创新教学团队奖：鼓励团队在教学方法、课程设计等方面进行创新和改革。
- 团队合作奖：奖励那些在团队协作、沟通和合作方面表现优秀的团队。
- 教学成果奖：根据团队的教学成果，如科研项目、教材编写等进行评选。
- 学生满意度奖：基于学生对教学团队的评价和反馈，奖励学生满意度较高的团队。
- 专业发展团队奖：奖励在团队成员专业成长和发展方面取得突出成绩的团队。

▶教育教学改革先锋团队奖：授予那些在教育教学改革中率先尝试并取得一定成果的团队。

当然，注重团队奖励并非完全忽略个人绩效，要处理好个人奖励与团队奖励的关系，明确每个成员的具体责任和工作任务，让大家清楚地知道自己的贡献对团队目标的实现是不可或缺的。除了设置团队目标，还可以为每个成员设置个性化的绩效指标，这样可以更准确地评估个人的贡献。还要建立监督机制，比如，可以通过定期的团队会议、汇报等方式，监督每个成员的工作进展，及时发现并纠正“搭便车”行为。

（2）突出学校工作导向。学校如果想要强化教师管理中的某些要求，就应该在评价中设置相应的指标来进行衡量和引导。比如，如果学校希望强化教师的教学能力，那么评价指标可以包括教学方法、教学效果、学生评价等；如果学校看重教师的专业发展，评价指标可以是培训、学术研究成果等。这样做的好处是，通过明确的指标，学校可以更有针对性地指导教师的工作方向，激励他们在特定方面做出努力。同时，评价也可以更加客观和可量化，有助于学校进行科学的管理和决策。

在实际工作中，让管理者非常头疼的是，无论职称评定还是评先评优，上级主管部门都会有相应的评价指标。但这些评价指标，往往并不能完全与学校的工作要求一致，这导致评选结果和学校提倡的优秀表现出现分歧。要解决这个问题，不妨做点小的“变革”——学校可以设置初选过程，初选过程中除了包含上级规定的量化指标，还要将学校独有的工作要求加进去并占据一定比例，以此来进行初选。这样就给了在学校承担更多任务、做出更多贡献的教师更多的机会。

我们举个例子加以说明。在进行年终考核评优的过程中，某校在上级部门规定的评分项目之外，专门在初审环节加入了学校独有的评价指标。（见表4-13）

表4–13　年终考核评分（部分）

补充指标	分　值	评分标准	评　分
承担的学校工作项目	14	代表学校参加市区级讲课、交流活动或担任评委等，每次加1分。承担自选课、公共课教学每门加1分，如获得优秀课程奖励再加1分。在学校承担各种公开课任务、论坛活动、经验交流等每次加0.5分，可累加。编写校本教材并经学校印制加2分。社团负责人加1分。参与学校特定项目工作加1分。完成学校规定的听课节数加1分。各类成果材料入选一篇加1分（可以累加，14分封顶，以相关证书、笔记、文件、各部门证明为准。由教学服务部、课程服务部核准）	
承担工作量	6	班主任职务2分，副班主任1分，年级组组长2分，教研组组长、备课组组长1分，部门负责人2分，承担图书馆、实验室、印刷室、学籍管理等特殊工作1分（可以累加，6分封顶。由教学服务部、学生服务部核准）	
处罚单		如有教学事故处罚单，视情况扣10分、8分、6分（由办公室核准）	

显然，评分标准提供了清晰的导向。加上申报过程先由教师进行自评赋分，教师在自我审视各类赋分项目的过程中，学校倡导的工作要求也会逐步深入人心。

（3）建立领导诫勉谈话制度。对于教学存在明显问题的教师，究竟如何做好相关工作？学校不妨尝试诫勉谈话制度。这不仅能及时解决教师在教学工作中存在的问题，也能有效规范教师的教学行为，有助于维护学校的教学秩序和良好风气。

为了让这个制度能够有效落实，需要在确立制度的过程中遵循如下步骤：

- 明确目的和适用范围：明确确立制度的目的是改进教学工作，同时明确适用的教师范围。
- 问题界定：明确什么样的教学问题被认为是相对严重的，是需要对相关教师进行诫勉谈话的。

- 谈话程序：制订详细的谈话流程，包括谈话的触发条件、参与人员等。
- 谈话内容：确定谈话的重点内容，如问题的具体表现、原因分析、改进措施等。
- 后续跟踪：规定谈话后的跟踪机制，如设定改进期限、定期评估等。
- 结果应用：说明谈话结果对教师的影响，如与绩效评估、职称晋升等挂钩。
- 申诉机制：建立教师对谈话结果的申诉渠道，确保公平、公正。
- 制度宣传和培训：向全体教师宣传制度的内容和目的，进行相关培训。

在确立制度时，要充分征求教师的意见和建议，确保制度的合理性和可操作性。

需要注意，这项制度并不一定适用于所有教师。每个人的情况和问题都是独特的，有些教师可能需要更个性化的支持和解决方案。比如对于一些严重的问题，如涉及职业道德或法律问题时，可能需要采取更严肃的措施，如给予纪律处分或走法律程序。而对于一些轻微的问题，可能通过自我反思、同事交流就能得到解决。

关键是要根据具体情况进行判断和决策，确保制度的实施是合理、公正且有效的。要选择有经验、有专业能力、具备良好的沟通技巧和解决问题的能力的领导。在谈话前，领导要对教师的教学工作进行客观评估，要能提供具体的问题和改进建议，不能一味批评和指责。在谈话中，领导也要积极倾听教师的意见，了解其困难，表达对他们的关心和支持。

当我们把诫勉谈话的目的定位在防微杜渐，重在引导，鼓励教师主动寻求帮助和改进上，就能打造一个积极的教学环境，进而促进全体教师的专业成长。

（4）建立教学事故处罚办法。在教学管理中不能忽略“热炉效应”，其要素包括：事先就知道，碰了就烫，谁碰烫谁，碰得越狠烫得越厉害。

因此，建立一套严格的教学事故处罚办法是十分必要的。首先要界定“教学事故”的内涵，它一般包括几个要义：行为或事件——教学事故的核心，可能是教师的某个行为；违反规定或标准——必须是违反了学校或教育部门制订的相关规定、准则或标准，对教学产生负面影响——事故对教学过程、学生学习、学校声誉造成了不良影响；可避免性——教学事故通常被认为是可以通过合理的预防措施或注意事项来避免的；主观过错——事故的发生与教师的主观过错或失职有关。

当然，具体的定义可能会因学校或地区而异，但以上要素通常是构成教学事故的关键因素。

与前面谈到的诫勉谈话制度一样，教学事故处罚办法也应该关注一些要点问题，如清楚地界定什么行为或情况属于教学事故，例如，旷工、迟到早退、教学不认真等；根据事故的严重程度，设立不同的处罚等级，如警告、严重警告、记过等。要明确规定处罚的实施流程，包括举报、调查、核实、通知等环节，确保处罚的公正性和透明度。同时，建立申诉机制，被处罚的教师拥有对处罚结果提出异议的权利等。

我们以某所学校教学事故处罚办法的部分章节来加以说明。学校将教学事故分为一般事故、较大事故、重大事故三类，下面列出的是对“重大教学事故”的界定。

某学校重大教育教学事故界定

1. 课堂教学

（1）教师上课迟到、提前下课，或中途离开课堂超过20分钟；

（2）备课不认真，无授课计划或教案，导致课堂混乱或教学内容出现原则性错误；

（3）教学进度滞后、擅自删减课程基本要求所规定的教学内容或自行减少授课时数；

（4）在教育教学中散布违背党的方针政策、违背教师道德规范的言论，造成恶劣影响；

（5）在教学、组织、管理中工作不当或者不负责任，在教学过程中出现人身伤亡事故。

2. 考试

（1）监考人员严重不负责任，使考试无法正常进行，产生严重不良影响；

（2）教师、监考人员、阅卷人员协同考生作弊；

（3）监考人员迟到20分钟以上；

（4）在批卷、核分、填报学生成绩过程中，有弄虚作假行为。

3. 教学管理

（1）教学管理人员无故未及时下达教学任务、课程表等，造成工作脱节或秩序混乱，严重影响教学工作的正常进行；

（2）教师体罚或变相体罚学生、羞辱或讽刺学生，造成严重后果；

（3）学校组织大型教育教学活动，教师违反学校统一安排，造成伤亡事故或给学校声誉带来恶劣影响。

在建立处罚办法时，要确保规定的合理性和可操作性，同时也要注重与教师的沟通和交流，让他们理解处罚的目的是提高教学质量，而不是单纯的惩罚。

3. 攻好坚——抓住质量保障体系的落地策略

在确定了质量提升的目标和路径后，学校需要集中精力、资源和努力，全方位地实施这些措施，即实施“饱和攻击”。要确保所有相关人员都了解并积极参与质量提升的方法和策略。不仅要加大对这些方法和策略的执行力度，还要密切关注实施进展和效果，及时进行调整和改进。尽量减少其他因素对质量提升工作的干扰，确保焦点集中在关键工作上。

作为管理者，要发挥自己的智慧，拿出具体有效的管理措施，推进质量的提高。这里，我们推荐一些行之有效的行动策略。

落实学生学业质量档案跟踪制

对收集到的数据进行分析，了解学生学习情况的发展趋势，评估学生的学习进展和存在的问题，并根据学生的评估结果，为每个学生制订个性化的学习计划，包括有针对性的辅导、学习目标等，帮助学生提升学习成绩。

学生学习质量档案可以由班主任和学科教师分别负责管理。提供简易样本如下。（见表4-14、表4-15）

表4-14　学生学习质量档案（一）

____年级____班____学科学生学习质量档案　____学年第____学期									
学号	姓名	基础测试（均分）	单元测试				期中测试（均分）	期末测试（均分）	发展趋势
		分值/等级	一单元（均分）	二单元（均分）	三单元（均分）	四单元（均分）	分值/等级	分值/等级	（+）0（-）
1									
2									
……									

表4-15　学生学习质量档案（二）

____年级____班学生学习质量档案　____学年第____学期													
学号	姓名	语文				数学				……			
		单元测试	期中测试	期末测试	发展趋势	单元测试	期中测试	期末测试	发展趋势	单元测试	期中测试	期末测试	发展趋势
1													
2													
……													

落实“兵教兵”管理机制

学校层面可以研究出台“同伴学习”的教学管理要求，发挥学生的“同伴效应”，在课内外的互助氛围中，通过小组讨论、互助学习、游戏竞赛等多种参与性强和互动性强的方式，打造学生学习共同体。

推进这项工作，可以抓住几个要点：一是为教师提供关于同伴学习的培训，让他们了解其原则、方法和实践技巧，这是至关重要的一步，要能够让教师掌握相关的技术；二是出台同伴学习（或小组合作学习）管理办法，协助教师制订合理的分组策略，确定相关的评价激励机制；三是将合作学习、同伴学习的内容纳入教研体系，定期观察学生的同伴学习情况，收集学生和教师对同伴学习的反馈，持续研究、改进。

从实践来看，发挥同伴学习的效能，教师掌握相关操作技术是关键，比如，小组的组建技术，组长的培养技术，同伴学习中的对学、群学技术，小组的评价技术等。学校不妨出台一些统一的操作要求，供教师作为管理规范去执行。我以小组组建要求为例，加以说明。

首先，小组成员的性别、学业成绩、智力水平、个性特征、家庭背景等方面要有着合理的差异，要遵循“组内异质，组间同质”的原则，进行科学、合理的分组。

其次，以40人的班级规模构建4人合作学习小组的操作程序为例，全班可以组成10个学习小组。首先从全班挑选出10名学习成绩好、组织能力强、同学中威信较高的学生担任各组的组长；然后按学业成绩和能力水平，从高到低分别选择编排各组的副组长（1人）与组员（2人），并从组长到组员依次编号（A1、A2、B1、B2）；最后由班主任与各科教师统一协调，根据每组成员的性别、性格、成绩、智力等方面的比例结构进行组间平行微调，使同组的组员实力相当，组际的各科水平和综合水平基本平衡。

落实学科类主题比赛活动制

从管理角度来看，如何激活学科教学的良好局面，保持学生的学习活力，是管理者必须思考的一个问题。据我对学校的观察来看，相当多的学校在这方面的管理喜欢用“蛮力”，就是一味在课堂容量、训练力度上下功夫，虽然有一定效果，但往往事倍功半，做得不好还会导致学生产生厌学情绪。

设计和开展好学科类的主题比赛活动，既可活跃教学的局面，调动学生的学习积极性，又能促进学生对学科知识的深入理解和应用，可以实实在在地提升学科教学的质量。因此，教学管理部门可以将其作为一个专项工作，纳入整体工作计划。可以抓住以下要点进行设计和开展：

- 每月开展一次主题活动。学科教师根据学科内容分年级设计活动，每个学科一学年组织6~8次。
- 教研组组长（备课组组长）和年级组组长负责制。由教研组组长（备课组组长）负责主题设计，由年级组组长负责组织落实。
- 全员参与，层级设计。学生分成A、B、C三个层级，让所有学生都在主题活动中找到自信、巩固知识、提升综合素质。
- 力求形式多样，并形成班级、年级、学校三个层面的评价激励机制。
- 针对活动进行必要的指导和培训，可以组织辅导讲座、提供资料等，让活动效益最大化。

表4-16是小学一年级语文学科主题活动样本，供大家参考。

表4-16 小学一年级语文学科主题活动

时间	活动主题	活动目标	活动形式	备注
九月	儿歌诵读比赛	培养学生语感和韵律感，提高诵读能力	班级内分组比赛，评选出最佳诵读团队	每周利用课堂时间进行儿歌学习和练习
十月	拼音过关比赛	巩固学生拼音知识，提高拼音应用能力	笔试形式，测试学生拼音读写能力	拼音教学结束后进行
十一月	识字过关比赛	扩大识字量，提高识字准确性	笔试或口试形式，测试学生识字能力	结合课堂教学内容进行
十二月	看图说话比赛	培养学生观察力和表达能力，提高口语表达能力	学生根据图片进行描述，评选出最佳描述者	指导学生多角度观察，丰富描述内容
三月	绘本故事比赛	培养学生阅读兴趣，提高阅读理解能力	学生阅读绘本后进行故事复述或创作，评选出最佳故事	提供绘本资源，指导学生学会正确的阅读方法
四月	成语接龙比赛	扩大学生词汇量，提高学生成语应用能力	学生分组进行成语接龙比赛，评选出最佳团队	课前或课后进行，活跃课堂氛围
五月	课文背诵比赛	提高学生记忆力和课文理解能力	学生背诵指定课文，评选出最佳背诵者	结合教学进度进行，确保学生理解并背诵
六月	硬笔书法比赛	培养学生书法兴趣，提高书写能力	学生书写指定内容，评选出最佳书法作品	提供书法指导，鼓励学生练习

落实学困生管理制度

将学困生纳入管理范畴，并出台相关管理制度，不仅可以有助于这部分学生的成绩提升，更有助于学校整体良好学风的建设。

首先，要把学困生的具体类型作为教师专业成长的必要知识加以培

训学习，只有这样，学困生管理才能真正奏效。一般来说，学困生可以分为八类。（见表4-17）

表4-17 学困生分类转化对策

学困生分类	典型表现	转化对策
基础薄弱型	作业错误率高，基础知识没有掌握	强化基础训练，力争小步快跑
动力不足型	目标不清晰，学习情感动力不足	联系实际，培养学习兴趣
情绪波动型	心理调适能力不强	厘清脉络，调节情绪，专注学习本身
苦学无效型	学习效率低下，缺少方法	由易到难，明晰学理，增强自信
缺少思路型	知识零散，缺少解题基本方向和思路	方法引导，思维训练，知识体系强化
一做就错型	比较粗心，分析不准确、不到位	多做相似题型，融会贯通
粗心大意型	喜欢投机取巧，偷工减料，耍小聪明	规范习惯，强化训练，加强心理疏导
知识生疏型	缺少知识积累，信心缺失	多背多练，熟能生巧

其次，要对每个学困生的情况进行具体评估，了解学困生的学习状况、困难点和兴趣爱好。根据评估结果，为每个学困生制订具体、可衡量的学习目标。同时建立跟踪机制，针对学困生的困难点，提供个性化的辅导和学习支持。可以建立学困生基础档案。（见表4-18）

表4-18 学困生基本情况记录

姓　名		班　级	
家庭情况			
行为表现			
情况分析			
转化措施			
转化效果			

在以上工作的基础上，管理者可以定期评估学困生的学习进展，调整计划，为学生提供持续的支持和帮助；注意与家长保持密切联系，共同关注学生的学习情况；同时，可以设立相应的奖励制度，鼓励学困生进步和努力。

落实临界生管理制度

毋庸置疑，面对中高考，升学率无疑是各级部门对学校成绩考核的关键点。在整体成绩推进的基础上，抓住那些在分数线附近徘徊的临界生，做好相应的管理提升，是提高教学成绩的关键举措之一。

（1）准确判定临界生群体。要针对历年中高考分数线、学校历年成绩、某一届学生的整体状况、模拟测试数据等，确定临界生群体。

（2）做好临界生的个人规划。任课教师辅助班主任，共同做好临界生优劣势的分析，与学生一起商讨，确定努力方向和调整策略。（见表4-19）

表4-19　临界生个人规划

姓　名		班　级	
模拟测试名次		挑战名次	
目标高中		相对薄弱学科	
要对家长说的话：			
要对老师说的话：			
自我情况剖析			
我的优势			
我的劣势			
我的调整策略			

（3）把握对临界生的重点关注方向。第一个关注要点是情绪。教师和家长要关注学生的心理状态，及时进行疏导和鼓励，帮助他们保持良好的心态。对领悟能力较强、上进心较强的临界生，要强调“你能行”；对学习自主性相对较差、情感依赖型的临界生，要采取“鼓励 + 目标 + 引导”的方式开展工作。

第二个关注要点是薄弱学科，要做到有的放矢。要想办法补齐临界生的短板，引导其克服心理障碍，树立向薄弱学科倾斜的意识。相关学科教师要拿出切实可行的举措，有针对性地进行专项辅导。

第三个关注点是不良习惯，要做到三“管”齐下。要引导临界生管好自己的口——不懂就问，不留后患；管好自己的手——边听边记，边看边练，注意记要点、记难点、记疑点，注意练规范、练速度，避免出现一听就懂、一看就会、一做就错的情况；管好自己的脑——通过设问去发现问题，带着问题去解决问题。

落实班级管理导师制

可以在班主任管理模式的基础上，增设班级管理导师制。具体而言，就是由每个任课教师负责指导一定数量的学生，了解他们的学习情况和需求，提供更具针对性的指导和帮助。这样可以从不同学科的角度全面关注学生的发展，包括学习、思想、心理等方面。

一般来说，实施班级管理导师制，可以按照以下步骤进行操作：

- 确定导师名单：根据任课教师的学科背景和教学经验，确定每名教师负责指导的学生名单。（也可采取双向选择的方式）
- 明确职责：明确导师的职责和工作要求，包括定期与学生沟通、指导学习方法、关注学生思想动态等。
- 建立沟通机制：建立导师与班主任、学生之间的有效沟通机制，如定期召开会议等。
- 培训与支持：为任课教师提供相关的培训和支持，帮助他们更好地履行导师职责。
- 评价与反馈：建立评价机制，对导师的工作进行评估和反馈，及时发现问题并改正。

在实施过程中，要充分发挥班主任的统筹作用。班主任要注意协调好各位导师之间的工作，避免出现管理重复或遗漏的情况。也要避免出现导师只关注学生成绩，不关注学生生活和心理状态的情况，真正让导师成为学生“思想上的引导者，学业上的指导者，生活上的启导者，心理上的辅导者”。

落实学生错题本使用制

在学校层面推行错题本管理办法，让错题记录由教师和学生的自发行为，上升到学校教学管理要求的高度。实践证明，这是非常有效的提升教学质量的措施。具体而言，可做好如下工作。

（1）提供培训与指导。为教师提供培训，让他们了解如何有效地指导学生使用错题本，同时也可以为学生提供相关培训，要让师生真正掌握错题本使用的关键技术。比如，错题本的内容可以包括：①错误原型；

②分析原因；③标明解题的正确方法（最好有完整的分析过程）；④提出改进的措施。再如，错题本的整理可以概括为“四步法”：①将做错的题目抄录到错题本的原题栏中；②将正确答案记录在错题本的分析栏中，并将改正思路一并记录下来；③针对错题，进行原因分析和总结，并记录错题的发生时间与来源，方便日后查找与复习；④对错题进行不断的复习和巩固，经常翻阅和复习错题本中的错题，针对错题所反映出的薄弱知识点，有的放矢地进行查漏补缺，直到完全掌握相关知识点为止。

从教学的实践来看，很多教师和学生非常注重错题本的整理，但对如何用好错题本，仍缺乏深入的探索。可以指导学生在以下方面予以加强：

- 经常阅读，与错题多“见面”，养成随时翻阅错题本的习惯。
- 同学间交换“错题本”，互相借鉴、互相启发、共同提高。
- 完善“错题本”功能模块，如：标出“概念错误”“思路错误”“理解错误”“审题错误”等错误原因；标出“错误知识点”；写出答题的方法和技巧。
- 坚持携带并随时整理、翻阅“错题本”。
- 建立索引，便于查找。
- 由于简单失误造成的错题，如果确定已经掌握的，不用列入错题集。

（2）建立监督机制。要把错题本的使用纳入教学常规检查和学生综合评价体系，管理者可以通过定期检查或抽查的方式，确保学生和教师按照规定使用错题本。

（3）举办比赛活动。如“最佳错题本”评选等，激发学生的积极性。

（4）利用技术支持。如在线平台或App，方便学生和教师整理、分享错题。

通过以上方法，可以将错题本的使用从个体行为转化为学校整体的管理工作，从而提高学生的学习效果和教师的教学质量。

落实作业管理联动制

作业管理看似被高度重视，但囿于考试管理和教育评价等，难点、堵点甚多，在大多数学校仍未步入正轨。主要存在三个问题：作业管理缺乏效度——相关制度不健全，导致教师作业布置、批改相对随意，无法发挥作业应有的价值；作业设计缺乏引领——对作业设计的专业引领与培训不足，教师设计作业的能力偏弱；作业评价缺乏监督——对作业评价情况的监督、分析、反馈不足，导致作业评价环节比较刻板，缺乏温度，未能真正发挥改善教学的作用。学校可做好以下工作。

（1）建立一套高质量作业的标准。从学校层面，对高质量作业提出明确的标准，便于教研组和教师依据标准设计作业。表4-20是一个基础标准，各校可根据具体情况予以细化。

表4-20　高质量作业的标准

序号	指标	要求
1	定位准确	作业目标明确，与作业功能定位、教学内容要求、学生实际情况紧密相关
2	内容科学	用语精练，易于理解，要求明确，答案合理
3	难度适宜	不同难度的作业比例恰当
4	富于选择	提供一些供不同学习水平学生选择的作业
5	形式多样	不同类型作业分配合理，提供一些合作、实践等新型作业
6	时间合理	完成时间符合相关要求

（2）建立联动机制，控制作业总量。要坚持做到“组内同质，组间协调”。

“组内同质”，即同年级，同科目，统一布置作业。每次（一个课时、一天、一周）布置作业时由组长或负责人牵头，汇集其他教师的建议或意见。实行集体备课，经有经验教师审核后正式敲定作业标准与内容；然后由组长或负责人进行公布，杜绝教师布置作业的随意性与盲目性。

“组间协调”——小组所有成员首先要明确本科目学生一个课时、一天或一周完成作业所需时间。凡是符合时间要求的科目，都不再每天或每周进行重新协调、确认，多于或少于一定时间的科目，该科目教师需要在一定的空间（如微信群等）和时间（如提前一天）向不同组别的组长予以明示，以便其他科目的教师对本科目作业做适量的增减。需要说明的是，作业时间少于规定时间的情况，可以出现多次；超时的情况只能偶尔，如一周一次，绝不能常态化。

（3）定期举行作业设计与批阅专题研讨活动。将作业研究纳入教研体系，建立主题教研模式，根据不同学段学生的特征，设定作业设计的标准及批阅的数量、标准、形态等规则，提升教师作业设计与批阅的水平。

（4）定期组织优秀作业设计大赛、优秀作业展览。定期组织作业设计大赛，教师通过作业设计展示分享、交流心得，总结作业设计类型，创新作业设计思路。定期举行优秀作业展览，为学生提供自我展示的平台，满足学生个性化需求，激发学生学习积极性。

（5）举行优秀作业评改细节研讨活动。将学校常规作业检查转变为优秀作业评改细节研讨活动，以放大优点、榜样激励、优秀标准驱动的方式去帮助教师共同成长。活动可遵循下面的流程进行：

- 每一名教师将自己任课班级的作业带到活动地点，大家一起逐个翻阅并找出优秀作业评改细节。之后分组讨论、整合，每个小组提出三个新发现。
- 撰写优秀作业的教师分享自己通过这些优秀细节而产生的教育心得体会。
- 由活动记录员分类整理，形成需要下一个阶段大家共同追求的作业评改目标。

深度思考

◎ 你是否意识到质量管理是学校的一块“硬骨头”？就你所在的学校而言，影响质量提升的因素有哪些？

◎ 质量保障体系的建设包含哪些要素？你所在的学校在哪些方面相对薄弱？

◎ 教学管理人员在质量检测、分析、反馈等环节，是否有行之有效的策略，并注重对管理工具的研发？

◎ 如果让你来介绍学校质量管理的经验，有哪些闪光点可以对外呈现？

二、校本教研的迭代与改进

对相当一部分学校而言，校本教研大多是鸡肋般的存在，食之无味，弃之可惜。一方面，教研活动经常会遭到教师的怀疑：教研真的有用吗？另一方面，学校的管理者又会埋怨教师不够积极上进，对待教研比较消极。双方因此矛盾重重。

这个问题如何理解？我认为，主要责任不在教师身上。如果教研不能给教师提供价值，不能解决他们现实中的问题，不能帮助他们成长，那大家没热情、不积极，也属正常现象。

我们现实中的一些教研活动，不正是如此吗？比如，教研内容空洞，没有主题，缺少领头人，缺少专业高度，也没有建立良好的合作文化，缺乏研究的氛围，大多是自说自话，根本不能给教师的工作提供实际助力。教师参加教研就是为了应对“打卡”，无法感知到校本教研的价值，加上评价机制不足等，最终导致教师在参与活动过程中意愿很低，缺少内驱动力，呈现出消极应付、被动参与、牢骚满腹的状态。

面对这种不理想的状态，需要管理者“跳出庐山看庐山”，重新审视校本教研活动，进行系统化的思考，对教研内容、教研组织、教研评价、教研工具开发等进行全方位的升级迭代，打造校本教研的“新样态”，真正实现校本教研对教师发展的支撑价值，这是当下学校高质量发展的重要路径。

在最近几年指导学校的教研过程中，校本教研模块的内容备受学校的欢迎，实效性也较好。具体而言，这种迭代可以围绕三个视角展开。

1. 内容设计：强调“对症下药”，杜绝“对牛弹琴”

到底应该研究什么？搞清楚这个问题是校本教研实现其价值的基础。

但很遗憾，我发现虽然大多数学校都能做到组织健全，组织方式基本成型，但教研内容仍呈现笼统、零散，缺乏针对性和系统性的状态。教学管理干部常常也说不清到底什么样的研究方向是正确的。

怎么做好内容的设计与选择呢?

要明确教研内容的指向是解决问题。教研开展要遵循十五字原则：直面真问题，解决真困难，形成真经验。研究的问题要立足教学现场，要做到“对症下药”。

“对症下药”，也就意味着要准确地识别和分析学校在教育教学中存在的问题，找出问题的根源和关键因素。只有明确了问题的本质，才能确定有效的解决方案。

“立足教学现场”，是说校本研究要紧密结合实际教学情境和师生的真实需求。管理者要深入课堂、学校环境，观察和了解教学现场的具体情况，获取第一手的信息。

这样做的好处是，研究结果会更加具有实际可行性和可操作性，可以直接应用于教学实践，提升教学质量，还可以促进教师的专业成长。因此，一定要把“解决问题”作为校本教研内容设计的基本指向，要坚持问题导向型的教研模式。

对教师成长而言，提出一个问题，远比解决一个问题更重要、更有意义。提出问题意味着教师能够敏锐地观察到教育教学中的不足之处，或者发现一些值得探讨和研究的现象，这展示了教师的批判性思维和敏锐的洞察力。一个好的问题可以引导教师去探索新的教学方法、教育理念，甚至推动教育变革。而且，在提出问题的过程中，教师需要进行调研、分析和思考，这本身就是一种学习和成长的过程。

但在这方面，很多教师存在着不足。我曾在不同区域，引导教师现场梳理和说明在教学工作中遇到的问题，可惜大多教师梳理得较为模糊，说不透彻，提不出真正有价值的问题，这严重制约了教师的成长速度。

怎么提出问题呢？在指导学校开展研究活动的过程中，我组织教师、学科组、教务处三个层面的人员，梳理提炼教学中的现实问题，对每个问题进行描述和分析，然后把大家的问题进行汇总，找到最集中、最典型的部分作为学校校本教研的内容方向，这样处理，从实际的效果来看，还是相当不错的。表4-21是问题清单样表，供大家参考。

表4-21　教务处（学科组、教师）教学问题清单

序　号	问　题	描　述	原因分析
1			
2			
3			
4			
5			

这个过程极具价值。从问题到课题，实际上包含了选择和转化的过程。教师个体、教研组、学科组，一步步梳理问题，管理者做好筛选和鉴别工作，在充分认识问题本质的基础上，厘清各类教育现象与教育发展的关系，从而找到那些最有价值的问题，把它纳入学校或学科组研究的范围。

这些问题，要么来自教育的现场，要么来自学校的管理，它们最大的特点是都和大家的现实工作息息相关。其实，梳理的过程本身就是研究的过程。

从实践来看，我将教研内容大致归为四类。

第一类：研究“学”，解决课堂低效问题。这一类研究通常以“课例型研究”的方式展开。

可以说，课例研究是我们最常用的校本教研方式。它把完整的一堂课的教学活动作为实践和研究的对象，进而发现问题，寻求对策。

课例研究的主要策略有：说课（课前、课后，或研究型、比赛型），备课，上课，观课（听课、看课、记课、思课），议课，等等。

我想特别提醒一点：希望学校一定要把消灭“虚假学习”现象作为中小学阶段校本教研的重点。这是我多年来在研究学校教学工作中发现的一个非常严重的问题，在中小学课堂中，“虚假学习”现象是大量存在的。关于“虚假学习”有两种理解：一是“假”，是指学生根本没有真正进入学习状态，学生采用各种方式“骗”教师，进而逃避学习；二是“浅”，是一种以完成外在任务、避免惩罚为取向的学习行为，以机械记忆和反复操练为主，缺少深度思维加工，学习成果多以复制为主，难以迁移和深化。

虚假学习的常见情况包括自主学习时装模作样，合作学习时滥竽充数，回答问题时照本宣科，课堂练习时等待答案，完成作业时照搬照抄，等等。课堂上，这样的现象比比皆是。乍一看，学生貌似很认真，很听教师的指导，但如果深入观察就会发现，他们根本没有动脑筋，一切动作不过是装出来给教师和家长看的。

这样的行为很有迷惑性。特别是小学阶段，因为知识的难度不高，学生之间成绩差距不明显，教师和父母很容易被孩子的虚假学习现象蒙蔽。这种现象一般从小学三年级左右开始出现，一直持续到八年级左右。到了八年级，随着知识难度提高，装不下去了，于是露馅儿了。到这时候，我们再发现就晚了。

试想，当你的学校存在一个庞大的“虚假学习”群体时，你反复强调的提高教学质量还有真正的意义吗？

因此，作为学校的管理者，一定要引领教师去研究学习的科学，把消灭“虚假学习”现象作为研究重点，了解“虚假学习”的成因，教师课堂行为与“虚假学习”的关系，如何建立触发“学习真实发生”的基本机制，等等。从另一个视角来看，这个问题的本质就是如何实现“从教到学”的转变，真正打造以“学习”为中心的课堂。

第二类：研究“教”，解决教学中的专项问题。教师在教学中遇到的各种问题，也是校本教研的重点，解决这类问题最常用的方式是开展课题研究。

将教学中出现的问题演变成课题，进行专项的研究、突破，往往能取得很好的效果。不妨以我自己为例来做个说明。1999年，我是一名初中语文教研员，当时我所在的区域正在进行全域的教学改革实验，在这个背景下，我申报了省级课题“中学语文学法教学的实验与研究”，聚焦课堂改革。我带着我的团队积极探索，取得了较大的突破。直到现在，课题组当年撰写并发表的近二十篇关于学法教学的论文，还经常被其他学者引用，产生了一定的影响力。

我举自己的例子，其实是想说明一点，管理者要有意识地把学校教学的重大问题，比如课堂改革、班级建设、学校特色等，纳入研究的视野，将问题转化成课题，从而实现实质性的突破。作为学校的管理者，要有意识、有能力设计这样的教研内容体系。

这样做的目的，重在研究教学之“道”，也就是教学的核心规律。教学存在“大道”和“小术”之说，前者是教学的规律，后者是教学的方法。做教研，就是总结和发现实践中存在的问题，从学生学习规律、课程资源和教学方法等各方面的配置寻求解决之道。因此，在解决问题的过程中，管理者应切忌仅仅追求“小术”而忽略“大道”，简单来说，不仅是要取得方法上的突破，更要对教学的规律、学习的规律做深入的研究，让教师掌握更多关于教学的核心规律。

研究“教”，就是要回到本原上研究“教”的规律，这对教师的教学能力提升有着非常重要的现实意义。

在现实工作中，因为一些条件的限制，普通教师开展省市级立项课题研究往往会有一些困难。建议大家不妨在学校建立“小课题研究”的管理模式来化解这个难题。

小课题研究切入点小，研究周期短，方便易行，更贴近工作实际。一般来说，小课题研究要采取如下步骤：

- 发现教育教学中面临的问题。
- 积极摸索出解决问题的方法。
- 用找到的办法解决所遇问题。
- 把解决问题的经验梳理出来。
- 将梳理出来的经验进行推广。

从学校实践来看，这是行之有效的研究方法。可以由教务处发起教学问题的征集，最后形成小课题研究的清单，比如，“学会倾听”课堂学习习惯的研究，课堂提问的有效性研究，学生预习习惯的研究，预习作业检查方式的探讨，等等。这些点都很小，但恰恰是教师在工作中每天都面对的问题，谁也绕不开。

学校可以采取教师自由申领的方式，由2~3人组成课题组或者项目组，对这些问题逐一实践、破解，形成相对成熟的解决方案，然后向全体教师推广，效果是非常好的。我建议，学校不妨建立一套符合学校实际的小课题研究管理办法，做到每年一征集，每年一分享，每年一表彰。我想，这是突破教师教的问题的一个重要路径。

第三类：研究“成长”，解决教师的专业提升问题。一般来说，专业提升问题可以通过学习型研究解决。

“学习型研究”，通俗来说，就是根据教师成长的需要，设计学习专题，以培训、沙龙、研讨、读书等多种方式展开的研究。管理者在安排这种研究活动时要做到三点：分级分类，目标清晰，可测可评。要根据教师的不同发展阶段，设置不同的学习内容，要设置相应的学习效果达成度的测试评估，保证学习真正落实到位。

我们举个例子加以说明。某所学校青年教师很多，学校提出要加大青年教师的培训力度，但学什么呢？如果只是想到什么学什么，有什么就学什么，无计划、无条理，很容易效果不佳。这所学校经过反复调研，征求意见，最终确定了青年教师基本素养提升培训清单：

1. 青年教师基本师德师风标准。
2. 青年教师应了解的教育法律法规常识。
3. 青年教师基本礼仪规范和教师形象。
4. 课堂教学的基本主张和要求。
5. 青年教师备好一节课的基本要求。
6. 青年教师“备学生”的基本技术。
7. 青年教师设计教学目标和学习目标的策略。
8. 青年教师组织小组合作学习的基本技术。
9. 青年教师课堂反馈技术的使用。
10. 青年教师课堂评价手段的使用策略。
11. 青年教师如何写教学后记、教学反思。
12. 青年教师板书设计的基本常识。
13. 青年教师如何建立课堂的教学常规。
14. 学生课堂良好习惯的培养要求。
15. 青年教师“说课”的基本思路。
16. 青年教师“听课、评课”的基本思路。
17. 青年教师参与集体备课的基本思路。
18. 青年教师借助师父的力量提升自己的策略。
19. 青年教师如何写教育叙事和教育故事。
20. 青年教师的读书要求。

二十项学习内容，由学校提供资源，所有青年教师保证在两年的周期内全部学习到位，并进行相应的认定。这份清单未必完全科学，但至少做到了学习目标性强，因此教师个体的努力方向会大大优化、学校管理的有效性会大大提高。以此类推，针对学校的合格教师、骨干教师、卓越教师，学校又应该提供什么样的学习内容呢？在教研中，学习内容的设定越清晰，最终的实效性就越强。

第四类：研究“管理”，立足于解决教研低效问题。怎么开展教研更有效？应该避开哪些误区？建立怎样的关键制度？要想解决这些问题，就要把教研本身纳入研究的视野。学校可以组织一些研讨活动，充分发挥教师的智慧。活动组织过程中有两个关键点：一是根据教师自身需求确定研究的内容，管理者不能想当然地做决定；二是组织时间、形式要合理，可操作性要强，不能搞无意义的形式主义活动。

要把建立有效的校本教研体系作为研究重点。我曾经提出“四有四多六定五个一”的校本教研体系标准，供大家参考：

- 四有：有准备、有策划、有记录、有反馈。
- 四多：多维度、多形式、多组合、多层次。
- 六定：定时间、定主题、定内容、定中心发言人、定活动标准、定活动流程。
- 五个一：拟定一个计划、落实一名教师、设计一个方案、解决一个问题、形成一个成果。

这几点可以作为校本教研的基本规范、基本要求，让全体人员熟知和自觉遵循。

综上所述，在进行教研内容的选择之前，管理者应该确定两个前提。一是要洞察“一线发生了什么”，比如要研究学生的“学”，那就要做好几项工作：深入观察课堂，做好问卷统计，组织多种座谈会，加强测试分析，建立指导系统。如果不做好这些基础性工作，看不到一线最真实的情况，教研效果就会打折扣。二是要洞察活动“是否以师为本”，只需做好三个判断即可：内容是否与教师的教育实践相吻合，教师是否直接参与研究，活动是否以改进教师的行为为中心。做好三个判断，自然就有了清晰的答案。

要特别提醒大家的是，一定要杜绝“门面教研”“形象教研”。不要把教研活动作为学校的面子工程，只有真正做到以“现实问题”为导向、以“实战模拟”为方式、以“解决方案”为成果，才能真正发挥校本教研应有的功效，最大限度地降低教师对教研活动的排斥情绪。

2. 组织形式：强调“丰富多元”，杜绝“单一乏味”

大多数学校仍沿用传统的听评课的教研方式，没有形成丰富多元的教研形态。时间久了，教师会觉得没有新鲜感，缺乏创意，不感兴趣。因此，作为管理者，开发更加多元的教研组织方式，也是做好校本教研管理的重点。

校本教研的组织形式很多，比如：听课评课活动、主题教研活动、经验分享活动、读书分享活动、小课题研究活动、各类论坛活动、集体备课活动、专家讲座活动、成绩分析活动、师徒帮带活动、教学能力比赛、作品征集活动、理论学习活动、基本功比赛。

学校可以根据实际情况，创新活动的组织形式。我就几种常见的教研组织形式做个简要说明。

集体磨课

这是大家最常见、最熟悉的组织形式，它一般以学科组（教研组或备课组）为单位，大家围绕某一个教学内容，进行集体研究、确定方案、观摩教学、组内评议、修订方案、二次教学。这样一个持续实践、研究、再实践、再研究的过程，就被称为集体磨课。集体的智慧碰撞，互相启发，既能提升教师个体教学素养，又能形成教学合力。

集体磨课也要形成多元化的组织形式，要能够把更多的人带动进来、让更多人参与进来。以下是一些常见的组织形式。

一人同课多轮模式。同一名教师连续多次上同一节课，内容不变，但教学的设计、课堂的组织、教师的教学行为不断改进。一般至少要进行三轮：独立课、会诊课、反思课。

多人同课循环模式。备课组或教研组的教师上同一节课，第一名教师上课后集体研讨，厘清优点和不足；第二名教师在克服第一名教师存在的不足的基础上，上第二次课，然后以此类推，还可以有第三名、第四名教师……每次都有进步，每次都有变化，但每次也可能都有新的问题。在这样一个接力式的活动中，所有人得到持续提升。

同课异构模式。同一个章节，不同教师有不同构想，不同教法，拿出两个或几个不同的样本来，在比较中相互学习、扬长避短、共同提高。教师可以先分别独立备课、上课，再集体听课、评课。这种组织形式在很多地方经常被采用。

课堂观察

课堂观察是教师根据教学需要，先确定课堂观察的主题，然后教研组进行组织，落实观察对象、人员分工、信息记录方式等，通过对师生课堂教学、学习行为的观察，获取相关信息，课后对信息进行比较、分析，形成简洁的课堂观察报告，从而改进课堂教学方式。这种教研形式，主题越明确，观察点越清晰，效果就越好。

这种活动效果成败的关键就在于能不能根据观察要求建立校本化的课堂观察量表。观察量表就是一个标准、一个方向、一个指引，提倡什么样的课堂主张，打造什么样的课堂品牌，就应该对应形成什么样的量表。我在走访学校的过程中发现，很多学校虽然有课堂评价表，但过于粗糙，也很少彰显学校自身课堂主张，因此，课堂观察的效果就难以实现。

比如，某一所学校在组织开展小组合作学习改革的过程中，就针对性地编制了课堂观察量表，并以此为核心，常态化组织课堂观察活动，进而推进了课堂改革的不断深化。课堂观察量表见表4-22。

表4-22 课堂观察

观察维度	观察项目	选项（可多选）	备 注
课前有效准备	小组人数	A. 2人 B. 4人 C. 6人 D. 8人以上	
	教授技能	A. 符合 B. 一般 C. 不符合	
课堂有效教学	教学目标	A. 学术性目标 B. 社交技能目标	
	互动方式	A. 师生互动 B. 生生互动 C. 组间互动 D. 生组互动 E. 师组互动	
	组内同伴关系	A. 轻松活泼、互帮共进 B. 剑拔弩张、冷淡漠视	
	课堂教学方式竞争与合作“交叉并举”	A. 符合 B. 一般 C. 不符合	
	学生合作讨论的时间	A. 3分钟以内 B. 4~8分钟 C. 9~15分钟 D. 15分钟以上	
	学生的汇报积极性	A. 全部小组举手 B. 多数小组举手 C. 少数小组举手	
课堂有效教学	教师的反应情况	A. 耐心等待 B. 四处巡视 C. 监督指导 D. 写板书	
	教师的指导情况	A. 直接告诉学生解决方法 B. 引导启发学生思考 C. 置之不理 D. 停下来，全班讨论	
课后有效评价	教师评价内容侧重点	A. 围绕合作结果进行评价 B. 围绕合作技能进行评价 C. 围绕汇报表现进行评价 D. 简单评价 E. 无评价	
	评价主体多元化	A. 符合 B. 一般 C. 不符合	
	评价方式多角度	A. 符合 B. 一般 C. 不符合	
总 评			

虚拟上课（无生授课）

教师根据事先设计好的教案，在没有学生的情况下，面向听课者（教师、专家）上课。这种组织形式的优势在于不用兴师动众，省事便捷，利于组织。

虚拟上课大致可分为两类：

- 教学研究型。通过虚拟上课，研究教学环节，引导教师高效设计课堂教学方案，提高课堂教学的实施水平。
- 选拔评比型。在评比教学能手时，为了全面考核教师的教学能力，可以集中进行虚拟教学实践，这种教学实践还可以和教学答辩相结合。

无生授课这种方式虽然组织起来很便捷，但也存在弊端。有一次，我到一所学校观摩他们的无生授课，一名教师讲完后让我点评，我问他："这么多的教学内容，是不是应该拆分成两节课来上?"那名教师回答："如果真正上课就是两个课时，但这是教研活动，为了让我的课更有分量，更充实，所以我把两节课内容压缩到一起了。"无生授课很容易陷入理想状态的泥潭，一旦脱离了现实，也就失去了研究的价值。因此，虚拟授课的关键是一定要符合课堂实际，这点要作为观察和评判的标准。

案例研究

这种教研形式主要包括两种方式：一是案例分析，也就是向教师呈现常态教学中出现的不同案例，引导教师用新课程理念对其进行分析、解读，再通过教师间的交流、骨干教师的理性剖析，切实提高教师课堂教学的评判能力、认识能力和教学水平；二是观摩研讨，即组织教师观摩研究课，或安排教师观看录像课，可以是学校教师的课，也可以是一些名家名师的课，然后大家针对具体情况参与评课研讨。

做好案例研究的关键是案例的选择，案例要精心选择，要经典，要有代表性，要符合教师的工作实际。

论坛分享

论坛分享指的是通过沙龙、经验介绍会、个人成果发布会、述职会等方式，促成优秀教师教学经验的提炼、传播与相互借鉴的组织形式。

优秀的学校总是善于做好一件事，就是将优秀教师的个体知识、个体经验作为最宝贵的财富，去挖掘、提炼、宣传和推广，最终将其上升为组织的知识和组织的经验，使其发挥最大的价值。

论坛类活动能够为教师成长提供广阔的舞台。我做校长时，曾积极主张学校开展各类论坛活动。除了论坛自身的价值，这样的组织形式更有利于在学校形成“越分享越快乐”“越分享越成长”的分享文化，为学校创造积极的文化生态，这对团队的打造和整体提升意义重大。

组织论坛类活动应该抓住三个关键：主题明确，要求清晰，全员参与。

从以上列举的几种教研形式可以看出，教研组织最重要、最关键的是“接地气”，也就是要符合学校实际，符合教师实际，满足教学需求。不要一味地图好看，图高大上，而脱离了现实，这样得不偿失。

在接地气的基础上，学校管理者可以对教研形式进行更多创新。事实证明，教研形式的不断迭代，也可以促成教研实效的大幅提升。

3. 制度设计：强调“真实有效”，杜绝“空洞无用”

强化制度建设是教研活动“有规范”“有秩序”的保障。缺乏完备的制度，教研活动要么是无组织状态，毫无计划性和规范性；要么是“脚踩西瓜皮”，只能“滑到哪里算哪里”，很难保证活动的系统性和实效性。

这套制度可以包括很多内容，比如，分析学校的校情，找准学校发展的核心问题，这是教研开展的出发点；制订教学研究的发展计划，确定教研组解决的重点问题，形成研究内容的序列；建立全员参与的研究网络，形成与之配套的评价机制，用制度形成引领，保障所有人都自觉参与到教研中来。

但现实中，很多学校的制度形式化现象很严重——制度不是工作中实际使用的，而是用来应付检查而不得不走的过场，有些内容甚至是从网上抄袭而来的，漏洞百出，完全就是个摆设。

那么，校本教研的制度应该如何建立呢？我想给大家先提供一个整体性的参考意见。作为管理者，头脑中应该形成校本教研制度整体建设的基本框架，我把它概括为“一个组织，五类制度”。

“一个组织”是指“校本教研工作领导小组”。它并非可有可无，也不是形式主义，领导小组的成立可以使不同人员的职责更明确，责任区划分更清晰，进而可以保证工作有实质性的推进。

“五类制度”涵盖了校本教研工作的整个制度体系。

(1)计划类：比如《校本教研工作方案》《校本教研工作计划》《教研组、备课组工作计划》……

(2)职责类：《教研组长工作职责》《备课组长工作职责》……

(3)标准类：《校长、主任校本教研工作标准》《教研组教研工作标准》《备课组教研工作标准》《教师教研工作标准》……

(4)专项制度类：《学习制度》《反思制度》《听课制度》《科研制度》《购书制度》《随笔展示制度》……

(5)评价类：《优质课评选制度》《优秀教研组、备课组评选制度》《教研积极分子评选制度》……

不妨从这五个方面审视校本教研制度，发现不足和漏洞，及时完善。比如《校本教研工作计划》，这个计划是整个教研活动安排的统领性制度，越清晰越好，要能够让教师了解一个学期或一个学年的教研活动整体思路，通常可以包括教研目标、教研主题、教研内容与时间安排、人员分工、评估与调整等几个部分。再如《校本教研工作职责》，教研组应该做什么，教研组组长、备课组组长的具体工作要求是什么，都要在里面逐一明确。

建立基本的制度框架，有助于我们更加缜密地开展教研工作。教研制度建设要紧紧抓住五个要点。

确定教研模式与流程

清晰的教研模式与流程可以让教师更加清楚地了解教研工作的要求和具体操作步骤，提高教研工作的效率和质量，确保教研活动的规范性和科学性，也让通过研究得出的结论、结果更具可信度和实用价值。另外，清晰的教研模式和流程还能够为教师提供一个共同的工作框架和语言范式，促进教师之间的沟通和合作，形成良好的教学研究氛围。

我举几个例子，以表格形式加以说明。（见表4-23）

表4-23　教研基本模式与主要流程

序　号	教研形式	教研模式	主要流程
1	听评课活动	点题—说课—评课—总结	1. 主持人宣布教研主题； 2. 强调教研规则； 3. 讲课人说课； 4. 教师自由点评； 5. 讲课人谈收获与感受； 6. 主持人总结； 7. 说课教师一句话总结
2	主题教研活动	点题—分享—碰撞—升华	1. 主持人宣布教研主题； 2. 强调教研规则； 3. 中心发言人围绕主题发言； 4. 其他教师发言； 5. 围绕重要观点展开研讨； 6. 主持人总结； 7. 参与教师一句话总结
3	主题论坛活动	制订规则—演讲—点评—表彰	1. 主持人宣布论坛主题及规则； 2. 抽签，依次演讲； 3. 教师自由点评； 4. 全体投票； 5. 宣布优胜者进行表彰； 6. 主持人总结

续表

序　号	教研形式	教研模式	主要流程
4	集体备课活动	个人备课—集体研讨—修正教案—课后交流、反思	1. 确立课题； 2. 确定主备（讲）人，形成初案； 3. 其他人填写预备表； 4. 集体研讨，形成共案； 5. 个性化设计，形成个案； 6. 教学实践； 7. 课后交流、反思； 8. 资料保存

只要基本模式基本流程确定了，无论谁去组织，谁去主持，都可以有序准备、有序进行，确保了教研的有效开展，有利于形成工作的闭环管理。

也许有人会有疑问，一个日常的教研活动，需要这么严谨的流程设计、模式规范吗？这里我想强调两个点：

第一，仪式感也是教研的一部分。主持人非常规范地宣布教研主题、介绍教研规则，每个人极其认真地用一句话为教研活动做个总结等，都呈现一定的仪式感，这样的做法，能够极大地使教师增强对教研工作的重视和投入程度，感受到自己在教研中的重要性和价值。

第二，教研活动可以促进优秀团队文化的生成。在教研活动中，教师可以共同探讨教学问题、分享教学经验、互相学习和支持。这样的交流和合作过程，有助于促进团队成员之间相互信任、合作，形成共同愿景，形成一种积极向上、富有创新精神的团队文化。

明确教研标准与规则

我一直认为，真正优秀的学校是能够提供标准的。一所学校，能够建起一套清晰、可操作，又符合教育规律和发展方向的标准并不是非常容易的事情。

工作标准可以为全体教职员工提供明确的方向和目标，让他们知道自己需要达到什么样的要求，从而提高工作效率和质量。工作标准也可以作为评估和衡量工作成果的依据，让管理者更加客观地评价每一名教师的表现，进行公正的奖惩。另外，工作标准还能确保团队的协作和沟通更加顺畅，减少工作过程中的误解和冲突，也有助于营造一种专业、规范的工作氛围，提升一所学校的对外形象和声誉。

打个比方，这就像运动员在比赛中需要遵守一定的规则和标准一样，工作标准就是教师在工作中要遵守的“规则”，它能够帮助教师更好地发挥自己的能力，取得更好的成绩。因此，作为管理者，应该在制度建设的过程中，形成一套清晰的关于校本教研的工作标准与规则，并且让自己团队中的所有人熟知和遵守。

在学校教研组织中，我们经常强调“四清”的标准：时间清——什么时间，多长时间；地点清——在哪里组织教研活动，学校要尽可能创造条件，设置专门的教研场所；主题清——一次教研活动到底要解决什么问题，问题越清晰效果越好，一个学期或一段时间内，教研活动的核心主题是什么，也要明明白白；考核清——对个人、对教研组如何考核，对每次活动的得失优劣如何认定。

比如组织听评课活动，怎么建立标准呢？首先要明确听课评课教研活动中人员身份构成，假设我们设置了这些角色：执教者，主持人，记录员，计时员，听课教师，那么，接下来就要对每个角色的工作要求制订标准。

比如主持人，我曾经这样界定其工作标准：

- 负责本次听课、评课活动的组织串联工作，做好活动指引和专业引领，引导、推进活动进程，保证本次听评课活动的顺利进行。
- 主持人及所在班的班主任应协助做好听课准备工作，如时间和地点的安排，人员的通知，多媒体设备的准备等。
- 提前一天收取讲课教师的教案并于课前发放给各位听课教师。

- 听课结束后，按照教研公约要求，安排组织各听课教师进行评课，评课前明确记录员、计时员。评课过程中，能够主动引导大家开展“对话”，促使相关话题逐步走向深入。
- 评课结束后，要及时总结，生成本次活动的成果并清晰表达出来，使其成为全组成员的共识。
- 活动后整理好评课记录，上交教务处进行听评课汇总整理。

大家看，有了这样的标准，无论谁去担任主持人，是不是都很快就能上手？同样，执教教师、记录员、计时员、听课教师，都应该有清晰的工作标准。每个人身份不同，约束和要求就不一样，这样的标准非常具体、非常细致。这些标准不但能让每个人清楚地知道自己什么时候该做什么事、什么事该与谁对接、该准备什么资料等，而且随着这些标准的不断推进，它就会成为教师的自觉行动准则，慢慢地，就会演化成学校的教研文化。

为了更好地推进教研活动的开展，我建议学校制订一份教研公约，作为适用于不同教研场景下的共同的行为准则。这对教研活动的有效开展、促进效果非常明显。我在江苏做校长的时候，曾经带着教学管理干部、教研组组长一起，经过反复研讨，形成了一套教研公约，一共十条。提供给大家参考：

1. 按时参加活动，携带相关资料。
2. 与会人员由前往后依次入座。
3. 保持学习的态度参加活动，做好记录。
4. 每个人都发言且内容不重复。
5. 每人每次发言不超过三分钟。
6. 活动的参与人员轮流做主持人、记录人、计时员。
7. 每次发言结束，六秒钟鼓掌致意。
8. 提倡“欣赏 + 建议”的评课思维。
9. 提倡“描述 + 点评”的评课方式。

10. 活动结束前，每人发表一句感言。

这些条款看似简单，实则每一条背后都有其“良苦用心”。比如，第二条“与会人员由前往后依次入座”。很多学校都存在一个很无奈的现象：大家到了活动场地，习惯性地先坐后面，前面几排经常空荡荡的。管理者只得强拉硬拽地把后排的人拖到前面来，既浪费时间，又让整个气氛变得很奇怪。公约提到，先到者往前坐，而且哪个座位是第一号座位，哪个是第二号座位，都做好了约定，习惯成自然，做好了公约条款，管理者再也不会为这些事发愁。

再如第五条“每人每次发言不超过三分钟”。为什么这么要求？避免两个问题：一是发言人准备不充分，重点不突出，东拉西扯，让全场的人恨不得哈欠连天。这个条款要求发言人发言要聚焦，不要面面俱到，这既是对听众的尊重，也是对发言人总结能力的一种锻炼。二是避免某个发言人把别人的时间都抢了去。前面的人发言没完没了，最后的人只能草草发言，甚至没了发言的机会。每个人控制发言时间，有助于形成良好的活动风气。

当然，每人三分钟，说不完，还有想表达的怎么办？可以多轮次发言，但每次最多就是三分钟。一开始有些教师缺乏时间意识，说话啰里啰唆，还没切入正题就被计时员叫停了，但时间长了，大家的发言水平明显提升了。

又如，第六点“每次发言结束，六秒钟鼓掌致意”。这是形式主义吗？其实不是。从心理学角度来看，每个人都有被看见的需求，孩子如此，成年人也不例外，一名教师真诚地表达了自己的观点，我们都应该抱着欣赏的态度去认真听，这一点对发言人来说是很重要的。设立这一条，是与学校提出的欣赏文化、尊重文化相吻合的。那为什么是六秒钟？这是教学管理团队带着教师在实践中反复摸索得出的，六秒钟左右的长度是最舒服的，最自然也最热烈，但又不做作。

教研公约，本身就是基本标准，它的价值其实超越了教研活动本身，直接指向了学校优秀团队文化的打造。立足学校实际，确定一套教研标准，形成公约，共同遵守，对提高教研活动的品质和品位，有着积极的意义。

需要强调的是，在建立标准和规则的过程中，管理者要学会往后站一站，让各组组长们多参与、多主张。我想，这才是最佳的管理选择。

强化教研考核与奖励

没有评价就没有管理，很多学校的教研活动处在一种松散的状态，很大原因在于没有一套考核和奖励的机制，活动开展了，但好不好，行不行，成效大不大，无人问津，也没有科学的评价标准。这当然难以保证活动的高品质。

我建议各学校至少建立起两套教研活动的评价标准：一套指向教研组或备课组，一套指向教师个人。

首先是优秀教研组或备课组的评价标准。一套优秀教研组或备课组的评价标准，有助于教研组的发展与建设，也有利于教研组长推进工作。

这里需要注意的是，建立这样一套标准，不仅是为了评定优劣，这不是唯一的价值，或者说不是最重要的价值。评价标准最重要的价值是对整个教研组的建设发挥导向作用，让教研组成员清楚，优秀的教研组有哪些标准，大家努力的方向在哪里。

优秀教研组的考核，可以围绕七个维度展开：工作常规、理论学习、教学工作、教学研究、课外活动、教研活动出勤情况和本组教研活动积极分子的比例。这是一个大的框架，具体可再深入对每一个维度提出较明确的达成度考核要求，从而实现对教研组工作定性与定量相结合的评估。这里以表格的方式做简单呈现。（见表4-24）

表4–24 教研组工作考核

考核项目及权重	考核基本要求及分项评分	教研组组长自我考核（简述且打分）	附有关材料	教务处审核
工作常规（占10%）	1. 开学有计划（5分）； 2. 期末有总结（2分）； 3. 每次活动都有较详细的记录（3分）		1. 本学期工作计划； 2. 本学期工作总结； 3. 教研活动记录本	
理论学习（占20%）	1. 学习有关教育方针和政策、教育学及心理学基本理论、课程标准等（6分）； 2. 学习报刊上介绍的先进教学经验、教研成果等（6分）； 3. 学习专业知识（8分）		1. 中心发言人讲稿； 2. 集体讨论记录； 3. 组员参加专业知识的学习笔记	
教学工作（占30%）	1. 每个组员能制订学期教学计划（5分）； 2. 每个组员能制订本学期教学进度表（5分）； 3. 每个组员有本学期完整的备课笔记（5分）； 4. 每个组员能认真对待考查与考试，完成命题任务（5分）； 5. 每个组员按规定数量听课（5分）； 6. 组员积极上公开课（5分）		1. 组员教学工作计划； 2. 组员教学进度表； 3. 自命题试卷； 4. 组员记分册与考试质量分析表； 5. 组员听课笔记； 6. 组员公开课申报表、教案及评课记录	
教学研究（占20%）	1. 组员积极参加教学专题研究（10分）； 2. 组员积极撰写教育教学论文（10分）； 注：要综合评定其研究成果、发表范围、获奖级别和推广价值等		1. 专题研究课题和实施方案及有关研究资料积累本； 2. 发表或获奖的专题研究论文（或总结）、教育教学论文文本	
课外活动（占10%）	1. 组员组织课外活动总次数和形式种类数（6分）； 2. 本组的学科兴趣小组个数及每周活动情况（4分）		1. 课外活动报表及有关活动材料； 2. 课外兴趣小组活动的内容记录	

续表

考核项目及权重	考核基本要求及分项评分	教研组组长自我考核（简述且打分）	附有关材料	教务处审核
教研活动出勤情况（占10%）	不无故迟到、早退、缺席（以签到记录为依据）		1. 活动签到表； 2. 教务处检查记录	
本组教研活动积极分子比例（附加分）	1. 低于全体组员的1/4，记0分； 2. 在1/4与1/3之间的，记5分； 3. 在1/3与1/2之间的，记10分； 4. 在1/2与2/3之间的，记15分； 5. 全员，记20分		教务处相关统计记录	

从表4-24中可以看出，每一项考核项目都有翔实、具体的要求，各教研组可以对照标准自我评估，明确本组在学校教研组中到底有何优劣，从而找到前进的方向。

从考核的角度而言，首先，可以由教研组组长依据标准进行自我考核，不仅仅要打分，还要适当地做出自我分析，准确把握教研组的工作情况。考核最重要的不在于名次评比，而在于方向引导。

其次是指向教研积极分子的考核标准。“积极分子”的背后不是通常意义上的评优标准，而是能够达标学校的校本教研工作要求，就可以被评为教研积极分子。所以在设计教研积极分子评价标准时要遵循三个原则：一是起点适当，二是逐步提高，三是重在激励。特别是对一些校本教研工作不是非常成熟的学校，不要一上来把标准定得太高，要让绝大多数人能够做到，以鼓励为主。

教研积极分子也可以围绕七个维度进行评定，具体内容见表4-25。

表4-25 教研工作考核

考核项目	考核基本要求	自我考核	上交有关材料	组长考核
参加教研组活动，支持组长工作（20%）	能积极认真地完成教研组布置的各项工作，能服从组长的工作安排		工作完成情况汇报	
撰写教学论文或教学经验总结（10%）	每学期至少一篇，且至少达到校级三等奖以上		本学期教学论文或经验总结的文字材料	
参与组织学生课外活动（10%）	每学期至少独立组织一次或合作组织三次		课外活动报表，有关活动资料	
学习教育教学理论（10%）	有学习笔记，并有一定内容，其中自学笔记至少五篇		学习笔记或讲稿	
上公开课（20%）	每学年至少一次（级别不限），原则做到：有申报手续，有一定数量的听课人员，有评课记录		公开课申报表，公开课教案	
互相听课（20%）	每学期至少听10节课（评课意见且本学科教师的课至少听5节）		听课笔记	
教研活动出勤（10%）	没有无故缺席（请假除外），其中：（1）迟到15分钟以上为缺席；（2）迟到、早退5分钟以上为迟到、早退；（3）迟到、早退3次为一次缺席		考勤记录材料	
教务处意见				
本人对教务处组织活动的意见与建议				

为了提升评价标准的约束力，可以赋予教研积极分子这个称号一定的功能。比如，我们将这个功能定位在四点：一是记入本人的业务档案，

教务处要对每学期评定结果做好说明；二是作为评优的必备条件之一，没有教研积极分子称号则没有资格评优；三是纳入本人绩效工资评定；四是列入教研组工作的考核内容，每名教师个人评定的结果，直接影响整个教研组的评定结果。

这样，出于对自己的利益和对教研组利益的维护，大家都会对自我进行一定的约束。

总之，有了相应的工作要求和标准，就要有相应的反馈与评价。二者是推动教研活动规范化、精细化的重要手段。

开发管理工具

应该说，各行各业在现代化管理中都非常注重开发管理工具。这些工具有很重要的管理价值，如合适的管理工具可以简化一些重复性的工作，让管理者有更多时间去处理更重要的事情。很多管理工具可以收集、分析和呈现数据，有助于管理者做出更明智的决策。很好的、很科学的管理工具，可以帮助定义和标准化工作流程，确保各项任务按照规定的步骤进行，提高工作质量。管理工具还有一个价值就是跟踪和评估：通过工具，管理者可以更容易地跟踪项目进度、项目效果，及时发现问题并采取措施。

学校的校本教研工作也是一样，有时候大家做得很累、很烦琐，往往是因为没有开发出自己学校的校本教研管理工具。因此，管理者要有意识地在这方面下一些功夫，通过工具的规范化，让教研规范化。

我们先以“学校教研活动记录表”加以说明。（见表4-26）

表4–26 学校教研活动记录表

教研组名称		负责领导	
时间		地点	
主持人		记录人	
教研主题			
活动人员签名			
活动过程记录			
活动效果（形成的共识及下一步解决的问题要点）			

表格的最后一项“活动效果”有个说明：形成的共识及下一步解决的问题要点。这是很多学校的教研记录表里没有的，这强调了结果意识，即通过教研，大家达成了什么共识，取得了什么成果。无论什么形式的教研活动，最后主持人一定要带着大家梳理、总结活动。通过教研活动，教研组形成的共识应该成为全组人员接下来工作中共同遵循的行为标准，也要成为教研组组长督促大家工作的重点。

可当下的教研活动，通常是你说、我说、他说，极少有最后的归纳总结和提炼，活动一结束，所有东西就烟消云散了。教研记录表可以帮助提升教研活动的效果。这就是管理工具的作用。

设计一份教研活动记录表虽然不是多复杂的事，但要用好并不容易，这需要明晰的工作标准和工作流程。记录翔实的教研活动记录表可以作为档案资料保存，也可以作为优秀教研组、教研积极分子评选的依据。

在所有管理工具中，具有学校自身特色的课堂评价量表非常重要。前文提到，观察量表本身就是一个标准、一个方向、一个指引。我们提倡什么样的课堂主张，就应该对应形成什么样的量表。观察量表可以作为学校课堂改革的指南针。

当然，校本教研的管理工具还有很多。比如教学资源库，用来收集和整理各种教学资料，如教案、课件、视频等，供教师参考和使用；比如教学质量评估表、各类学生成绩分析工具等，用于评估教学效果和学生学习情况；比如在线教研论坛或教研社群，教师可以在其中交流教学经验、分享教学资源等。

独特的校本教研工具还可以体现学校的特色，提升学校在教育领域的竞争力。因此，这项工作，无论对教师、对学校都有着积极的意义，学校的管理者应该高度重视。

做好成果收集与凝练

学校管理者要特别注重校本教研的成果产出，以成果为导向规划和实施教研活动。竭尽全力完成的一个教研项目，无论是达到了较高品质，还是存在瑕疵，都要有意识地把所做、所思、所感物化，让成果显性化、可视化。

教研成果可视化就是指将教研活动中产生的各种信息、数据、知识等，通过直观、形象的方式呈现出来，让人们更容易理解和接受。可能是教研管理杂记，可能是一张总结表，甚至就是一次会议记录，这些都可以是成果。成果梳理最直接的价值就是为之后的工作提供借鉴，避免无谓的重复，少走弯路。

可以将研究数据用图表展示，将教学方法用视频演示，或者把研究报告制作成简洁明了的 PPT 等，以实现教研成果可视化。过程中可以借助一些工具和方法，比如图表制作软件、视频编辑软件等。当然，在进行可视化处理时，要注意简洁明了、重点突出，同时也要兼顾美观和吸引力。

不要把成果收集当作很复杂的事。我给很多学校提过建议，学校组织的公开课教研，应为参与活动的教师提供规范的教学设计。这样既可以提高教研的实效性，也可以在活动过程中自然形成和积累成果。不断积淀优秀的教学设计，并让它们持续性地发挥作用。但就是这样一个简单易行的做法，很多学校并未引起重视。

教研成果可视化有很多价值：

- 易于理解。理论和研究往往包含复杂的概念和数据，可视化的形式可以使得这些内容变得更加容易理解。
- 提高效率。可视化的形式可以帮助人们更快地理解信息，更清晰地展示成果，减少读者解读的时间。
- 方便分享。可视化后的内容直观易懂，便于快速传递与分享。
- 易于记忆。可视化的内容更容易被人们记住，这对于教育和学习来说非常重要。
- 触发新思维。可视化不仅可以呈现已有的数据和信息，也可以激发新的思考和创新，从而推动研究深入。
- 跨学科交流。不同专业的人可能对专业术语理解不一，可视化的教研成果能让不同专业的人更好地理解和交流。
- 可供借鉴。可视化的成果也可以供未来的研究参考使用。

我历来主张，学校要善于将教师的教研资料定期进行收集、整理、提炼和加工，编辑成教学案例集、教学故事集、优秀教学设计集、教研项目报告集、教育科研论文集、教学反思和经验总结集、教育研讨会或学术会议记录集、教研活动实录集、教师读书感悟集等，让这些成果可感知、可阅读、可传播。这应该成为学校的一项常规工作，每学期或每学年，定期完成。久而久之，这些资料将成为一所学校发展和传承的宝贵财富。

优秀的教师就是学校最宝贵的资源，他们有自己的教育科研成果，学校要高度重视这些成果的使用，千万别将教师的成果“束之高阁”，要善于将教师个体的经验转化为整个学校的财富，让其价值实现最大化。有很多学校在这方面做出了一些探索，比如举行报告会、学术交流会、新知发布会，进行宣传推广；为学校优秀教师举行教学思想研讨会，邀请专家、学者一起进行现场观摩；专著、论文、成果汇编等，可以利用计算机网络管理系统等进行推广；以学习指导为主的培训型资源推广，挖掘优秀教师、优秀班主任的经验作为校本培训资源。这些都有效地促进了教师优秀成果的转化。

管理者只要牢固树立成果意识，就会对校本教研的品质提出更高的目标；会更清楚地知道校本教研的目标是什么，希望通过教研活动取得什么样的成果；会根据目标更加精细化地制订具体的教研计划和步骤，确保每一个环节都有助于实现最终的成果；会建立起强烈的推广应用意识和相关的管理举措，将取得的成果在学校内部或更广泛的范围进行推广和应用，让更多的人受益。

而这些做法，无疑都有助于我们不断改进和完善教研工作，最终提高教研活动的质量和效益。

深度思考

◎ 你是否强烈地感受到校本教研应有的重要性和其在现实中的尴尬境地之间的矛盾，并有决心去加以改造？

◎ 你所在的学校影响校本教研质量的制约力量主要有哪些？

◎ 如果重新设计学校的校本教研体系，你认为自己的突破口在哪里？

◎ 学校是否进行了校本教研方面的一些探索？哪些制度、工具可以帮助其实现梳理、提升？

三、课程体系的打造与管理

先讲两个故事。

第一个故事是我在某所学校谈起学校课程建设的话题时，一个有着十几年教务处工作经验的主任，面对我问到的“学校课程方案”，居然一脸尴尬，左顾右盼，不知其为何物。

第二个故事也是发生在校园里。一所学校在迎检中展示办学成果，推出了全年级一千余人齐奏二胡的宏大场面，校长兴奋地介绍这是弘扬中华优秀传统文化的重大举措。而我当时想的是：学生完全没有选择的余地，那么，如果没有兴趣也必须被拉进来学习，是不是容易造成“滥‘胡’充数”呢？

应该说，“大教学，小课程”是当下相当一部分学校的真实现状。课程改革仍仅停留在课堂教学改革的层面，并未真正抵达研究“课程”的层面。除了以上极端的案例，课程开设杂乱无章，毫无逻辑，学校动不动组织一两个社团表演，来佐证学校课程改革丰富成果的现象更是比比皆是。

阿拉伯诗人纪伯伦说：“我们已经走得太远，以至于忘记了为什么而出发。”到底什么是课程？如何理解课程的价值？一所学校，该如何走好课程改革之路，才能更出色地培养学生的核心素养，形成学校特色？

这个章节，我们据此展开。

1. 把课程建设纳入学校工作的核心领域

通常来说，校长一般会把升学率、课堂教学、安全、教师管理等纳入学校管理的核心领域，学校更愿意在这些问题上花更多时间和精力。

这可以理解，因为这些问题直接关系到学校的表面发展秩序和生存能力。但如果从学校所承载的为学生发展奠基的本质价值而言，只将这些问题纳入核心领域显然是不够的，还要把课程建设纳入其中。要做到这一点，对一名校长而言，首先要形成基本的课程意识。

一要掌握课程的价值

清华附小在其办学行动纲领中有这样一段表达：

> 课程是学校最重要的产品，是学校一切工作最终的物化体现，是一所学校师生能力与水平最有力的证物，是学校的核心竞争力。

这句话简洁而深刻地说明了课程建设在学校工作中的重要性。具体而言，课程建设有着多重价值：有助于优化教学内容和方法，提升教学效果；为学生提供更全面、更系统的知识和技能；培养学生的创新精神；推动教师专业成长；增强学校竞争力；使教育更好地适应社会发展和行业需求；确保教学活动与教育目标一致；为教育改革提供基础和支撑；构建更加完善的学科体系；提高教育资源的合理配置和利用；等等。

在新的课程改革形势下，课程已经成为学校育人模式的核心，课程建设是学校走向内涵发展的关键和必由之路。如果一所学校在课程建设上乏善可陈，即使在其他方面有着令人艳羡的表现，仍然难以说学校实现高质量发展。

我走访过的学校，大部分呈现“脆弱的课程生态圈”现状：

- 不稳定的课程体系。课程设置频繁变动，缺乏稳定性和连贯性。
- 单一性。课程内容较为单一，无法满足学生多元化的需求。
- 缺乏协同。不同课程之间缺乏有机联系和协同作用。
- 资源不足。师资、教材、设备等方面的资源不足以支持高质量课程。
- 与社会脱节。课程无法跟上社会发展和需求的变化。
- 学生参与度低。学生在课程中的积极性和参与度不高。

▶评估机制不完善。对课程效果的评估不够科学和有效。

▶教师发展受限。教师在课程建设和改革中的专业发展受到限制。

▶缺乏创新。课程缺乏创新性，无法激发学生的兴趣和创造力。

▶对外部影响敏感。容易受到外部因素（如社会舆论等）的影响。

“脆弱”，表现为大多数学校并未对国家课程、地方课程和校本课程三级课程要素进行统整，并没有形成一个相互衔接的、能量流动顺畅的、自给自足的课程生态圈。结果就是，课程“拼盘”现象严重。课虽然开了不少，但很难达成预期的目的，或者根本缺乏对课程目标的预期，课程整体的育人价值并未体现。

造成这种现象是有客观原因的。有校长认为，既然国家从顶层设计强化了国家、地方、校本三级课程，那我就采取“分而落实”的举措，依此思路划分课程门类，将课程目标分开实施，只要逐一落实好了各级课程，课程目标不就实现了吗？

再如，学校课程规划的“上层建筑”不明确，学校缺乏顶层设计思维，在办学定位、办学理念、育人目标、办学方略等方面没有形成清晰的校本表达。其中，育人目标是课程建设的逻辑起点，育人目标的上位是教育理念和办学理念，如果校长对自己的学校要培养什么样的人、自己的学校要坚持怎样的教育价值观都没形成逻辑自洽的表达，那么，作为育人重要载体的课程自然无所适从。这就如同一个人没有明确的目的地，因此，开什么车、如何开车就已经变得没有意义了。

但最直接的原因，还是校长没有意识到课程建设的重要性，没能把这项工作纳入学校管理的核心领域。一般来说，一项工作是否在核心领域，可以从三个维度进行认定。我们不妨以下面的自测表（见表4-27）做个评估：

表4-27 课程建设自测

序号	判断维度	内容解读	自我评判
1	强调重要性	在各种场合，多次表示课程建设在学校工作中具有关键地位	A. 经常强调 B. 偶尔强调 C. 从未强调
2	作为核心任务	意味着学校需将大量资源和精力投入课程建设	A. 投入较多 B. 投入较少 C. 从未投入
3	全面关注	学校各方面工作都要围绕课程建设展开，有清晰的工作规划	A. 有规划且实施计划清晰 B. 有规划但实施计划模糊 C. 从未规划
结论			

或许自我评估的结果并不理想，但意识到问题所在，就有了出发的可能。

二要明确课程的概念

对于“课程”这一词语，我们既熟悉又陌生。熟悉的是学校日常的课程安排、教材发放、课堂教学等内容，陌生的是现在谈论比较多的学校课程、课程结构、课程资源等内容；熟悉的是我们原来谈论比较多的微观操作领域，陌生的则是课程的顶层设计、育人目标等概念。真要在课程建设上有所突破，作为管理者，先要从精准理解“课程”的概念开始。

课程到底是什么？这个概念说起来很简单，天天挂在嘴边，但如果深究起来，答案很可能是模糊的。

- 请绿化公司将学校种满花草树木，这与课程无关；但如果让学生从播种子和种幼苗开始栽植树木，这就是课程。
- 请广告公司把学校打扮得绚丽多彩，到处贴满名人画像和名言警句，这个与课程无关；但是把一堵白墙交给孩子，让孩子们自由设计、自由表现，这就是课程。

▶春天，刚刚绽开的一株玉兰花或者雨后天空出现的一道彩虹，都可能成为课程。

▶简单的武术训练或者跆拳道算不上真正的课程，如果在训练的过程中，给学生以文化礼仪的熏陶，使其意志品质、合作品质得到提升，也许就成了课程。

▶捧着课本朗读也许算不上课程，但如果这样的阅读是有方向的、有温度的，是与古人的悄然相遇，是对美好生活的憧憬，那么学生就会享受到课程的滋养。

从这些表达可以看出，对课程的理解实际上存在着不同的认知。

最典型的观点有两种：一种是“课程即教材”。课程就是学生要习得的知识，而知识的传授是以教材为依据的，所以，课程被理所当然地认为是上课所用的教材。这是一种以学科为中心的教育目的观的体现，其代表人物是夸美纽斯。

另一种是“课程即活动”。这种观点主张通过研究成人的活动，识别各种社会需要，将其转化成课程目标，再进一步把这些目标转化成学生的学习活动。这些活动就被称为课程，这个观点的代表人物是杜威。

而作为通识的认知，百度给出的表达是：课程是指学校学生所应学习的学科总和及其进程与安排。

可见，这个问题并没有标准答案。但随着教育的发展，更多的人对课程的理解逐步达成了一致：课程绝对不是教材那么简单，不能把课程和教材画等号。大家越来越意识到，时时处处有课程，一事一物皆教育。教育是随时随地发生的，而促成教育发生的地方，都会有课程的存在。美国教育家杜威认为，生活即教育，陶行知先生认为，教育要通过生活才能发出力量而成为真正的教育，中国教育科学研究院副院长陈如平老师则指出，课程是学生学校生活全部内容的总和。这些教育家有着相接近的“大课程观”。

我在江苏工作的时候发现，一年级的孩子入学后，因为面临教师、伙伴，学习内容、学校要求等一系列的变化，不可避免地出现了恐惧、不安的心理。为了帮助孩子解决这个问题，当时一年级组设计了一个课程，名字叫“我和北师大有个约会”。在一周的时间里，课程教师带领孩子参观学校，给学校“画像”，学生之间讲彼此的故事，自我介绍。师生、生生有了接触、相识的机会，这让一年级新生迅速消除了陌生感，拥有了安全感和秩序感。这个课程，来自孩子“渴望得到安全体验，渴望更好地融入集体”的实际需求。

这样的解决方案，正是基于对课程的正确认知。我认为“课程就是道路”，这个认知来自对教育的理解：人是教育的起点和终极目的。因此，课程的起点就是学生的需要，因为学生想发展、想成长、想丰富自己的生命，所以才有了课程。那么课程的终点呢？就是这种需求的达成。而从起点到终点之间的路径、方法、策略等，就是课程。

这样，我们就能很容易得到关于课程的两个结论，或者说我们开展课程建设工作的两个准则：一是课程的主体是学生，课程源自学生的需要；二是一切有意识的附着着教育意义的事件都是课程，一件事只要具备有目的、有计划、有行动、有结果这四个特征，就可以被称为课程。

三要熟知课程的常识

不少校长、教师缺乏关于课程的基本常识，比如对课程的概念、分类等信息掌握得不清晰，甚至出现把不同类别的课程混为一谈的情况。所以，谈学校的课程建设，我们必须对一些基本概念有所了解。我将课程的概念以列表的方式呈现（见表4-28），便于大家了解：

表 4-28 课程建设分类标准

序号	分类标准	具体分类
1	管理体制	国家课程、地方课程、校本课程
2	课程形态	学科课程、活动课程、实践课程、社团课程、环境课程
3	课程领域	人文社会课程、语言阅读课程、科学技术课程、艺术审美课程、体育健康课程、劳动实践课程
4	课程功能	基础性课程、拓展性课程、选择性课程、综合性课程
5	学习方式	必修课程、选修课程
6	表现形式	显性课程、隐性课程

我们强调把课程建设纳入学校管理的核心领域，就是要改变学校在课程建设中普遍存在的“遍地麦当劳，风味小吃少”问题，强调个性，强调特色，从而打破“千校一面”的窠臼。

2. 把体系构建摆在课程工作的重点位置

整体来看，大部分学校的课程体系基本处在松散、零碎，缺乏内在逻辑、内在体系的状态，比如，没有自己的课程图谱，没有课程研发的相关制度，缺乏课程管理的相关办法，甚至在学校的管理机构设置中，对课程的管理处于空白状态。这都大大制约着学校的发展。我认为，课程体系的建设正发展成为学校育人体系建设中最重要的杠杆，整体撬动着学校育人模式的变革，有利于学校办学特色的形成。

我认为，课程体系是指在一定的教育价值理念指导下，将课程的各个构成要素加以排列组合，使各个课程要素在动态过程中统一指向课程体系目标实现的系统。

这个定义中的关键就在于：课程到底有哪些构成要素？如果不把这些要素搞清楚，缺乏一个完整的认知，课程体系建设工作必然是盲人摸象，即使研发了一些课程，也很难实现培养目标，更不能保障和提高教育质量。

一所学校课程体系的构建通常包含“七大要素”。

一是背景分析。学校课程历史、生源、师资状况、区域位置、社会期待、办学愿景等，是课程体系构建的前提。有些校长急于求成，想快速形成学校的“课程图谱”，以可视化呈现学校的课程体系成果，心情可以理解，但做法并不恰当。如果课程体系的构建不与学校的课程发展、人员力量、区域文化等内容结合起来，则往往会干瘪呆板、缺乏生命力。

二是课程哲学。即课程建设的内在逻辑。在学校的价值主张中，课程到底是什么？就像我前面讲到的，我所主张的课程就是“道路”，这就是课程的哲学。课程哲学会成为课程建设中最重要的指导思想。有些学校提出，课程是一次机会，是一种经历，是一份经验；课程不仅在课堂，也在课外；开创一种课程就是开创学校未来；等等。学校就是要形成这样鲜明的表达。

三是课程结构。课程结构是指不同类别课程的组合方式。课程体系就像一棵大树，每一门具体课程长在哪根枝条上，彼此的关系是什么，要有清晰的逻辑，这就是我们常说的学校的课程图谱。这个图谱，就是对一所学校整体课程建设逻辑的形象化呈现。谈学校的课程建设，把这张图摆出来就可以了，对着它，可以讲理念、可以讲设计、可以讲文化、可以讲实施策略、可以讲预期的成果。

四是课程研发。有一些学校专门设立了课程研发部，负责全校课程研发的规划、组织和协调。课程不是随意的而是严肃的，课程设置要符合学校课程建设的整理逻辑脉络；课程不是生成的而是预设的，要按照课程计划逐步实施，是对课程图谱的不断完善；课程的品质不在于数量而在于质量，只有注重研发、加强研发，才能为学生提供优质课程。

五是课程实施。有四大要素影响课程实施：一是时间，二是空间，三是学生，四是教师。组织实施课程，先要把这四个要素理清楚。比如，从空间角度来看，很多学校的教室都挂了两块牌子，一块是日常课程教室的牌子，另一块是自选课程教室的牌子，这解决了空间问题。有的学校直接注明了某间教室上课的时间，学生、教师的姓名，这就把课程实施中的几个要素进行了清晰的说明。学校要能够围绕这四个要素，做好课程的实施。

六是课程管理。设立专门负责课程管理的部门，主要职能包括学校课程规划的审议、学校课程建设的指导、教研组绩效的考核、学校课程质量的评估、教师专业发展的评估等。

七是成果预期。一门课程，最终会取得什么样的成果和成效，要有预期设定。

我们以清华附小“1+X 课程”的建构与实施为例，如图4-2所示。“1+X”课程以课程的目标为引领，以课程的内容、实施、评价为核心，保障课程顺利开展的要素，一是课程的管理，二是课程的资源。一幅简单的结构图，表明了清华附小对课程体系构建的整体思考和表达。

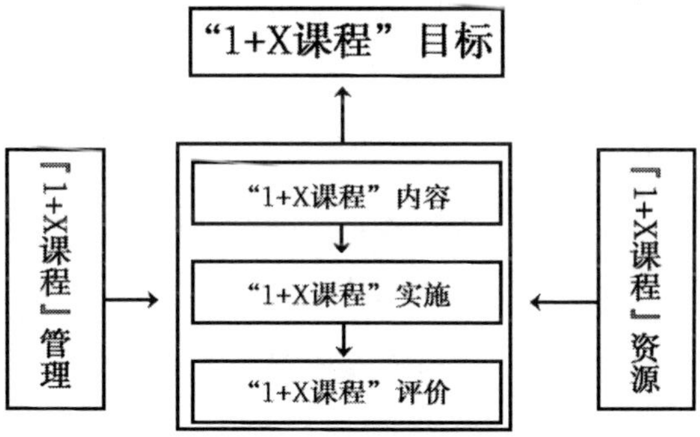

图4-2　清华附小“1+X课程”的建构与实施

那么，管理者如何在自己的学校构建课程体系呢？我主张大家做好以下“五个步骤”。

第一步：厘清学校的培养目标

教育的本质是要培养人，学校管理者首先应该能够回答“要培养什么样的人”，这是学校所有工作的起点和终点，课程建设同样如此。如果说不出自己学校要培养的学生具备什么样的素养，什么样的特质，连育人目标都没有清晰的表述，课程建设只能是无源之水、无本之木。

尽管《义务教育课程方案（2022年版）》（以下简称“新课程方案”）提出了“有理想、有本领、有担当”的义务教育阶段时代新人培养要求，明确了义务教育阶段的培养目标，但在实际操作中，每所学校都要寻求办学理念导向下的属于自己的培养目标，并且要有自己独有的表达。在诠释培养目标的同时，要尽可能清晰、直观地描述与这个目标相匹配的学生形象特质。

我们仍以清华附小的“1+X 课程”为例。学校提出的办学理念是“为聪慧与高尚的人生奠基”，那么什么样才算得上“聪慧与高尚”呢？清华附小将其具化为“健康、阳光、乐学”三个培养学生的关键价值取向。“为聪慧与高尚的人生奠基”，就是在这三个价值取向上下功夫。学校又进一步将“健康、阳光、乐学”拓展为“十个一”的目标，即“一流好人格，一身好体魄，一生好习惯，一个好兴趣，一种好思维，一手好汉字，一副好口才，一篇好文章，一项好才艺，一门好外语”。这个表述清晰具体，清华附小要培养什么样的学生，一目了然。此外，学校又进一步界定，“十个一”目标是开放性的，并非培养的终点，其后用了一个省略号，表达它的延展性。

我们再看北京市海淀区中关村第一小学的课程体系结构示意图（如图4-3）。学校的核心素养价值选择是“做最好的我”，德育体系的三个维度是“品德成人，学习成才，做事成功”这十二个字就成为学校课程设置的起点和终点。

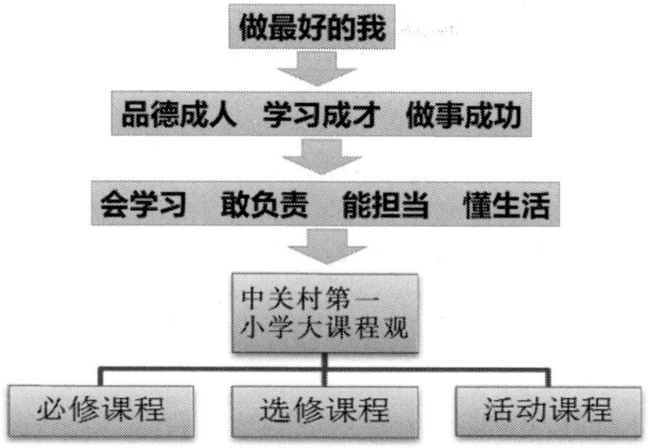

图4-3 中关村一小课程体系结构示意图

由此可见，一个清晰的、富有逻辑的、具备可操作性的学校培养目标是课程体系建设的基础。这里要注意一个问题，很多人在谈到课程问题时，常常把培养目标和课程目标混淆，二者并不相同。培养目标是对学生某个阶段发展方向的表述，它是课程目标的前提，没有培养目标也就没有课程目标。课程目标要以培养目标为依据，是培养目标的具体化。比如，课程方案提出的“有理想、有本领、有担当”，就需要语文、数学、科学、艺术等各门课程的具体目标来支撑。这点不能弄混。

第二步：提炼课程的哲学表达

课程建设所能达到的高度，很大程度上取决于学校坚持的课程哲学。这是当下很多校长思考的空白区。

课程哲学，就是指课程建设的内在逻辑。比如，位于佛山市南海区的金沙中学开发了“和雅课程”，其课程哲学可以表述为以下四点：

1. 求同存异，各显神通。
2. 打造适合每一名学生的课程。
3. 让每一种课程展现适合学生共性与个性发展需求的价值。
4. 促使每一名学生和谐而富有个性地全面发展。

这种清晰的哲学表达就深刻阐释了学校对课程价值的理解，它决定了学校的教育目标、教育内容、操作方式以及课程的评价标准。

学校教育哲学强调在发挥学校共同体集体智慧的基础上开展顶层设计，提炼学校的办学理念、发展定位和育人目标，形成学校共同体的教育信仰。只有根据自己的课程哲学设计的课程，才是学校的特色课程，才能指向学校的内涵发展和学生作为“全人”的发展。

中小学管理者梳理课程哲学一般可遵循如下流程：

- 明确教育目标：确定学校希望培养学生的核心素养和能力。
- 调查研究：了解学校的历史、文化、师生特点等。
- 分析现状：评估当前课程的优势和不足。
- 团队讨论：组织教师、管理者等进行深入讨论。
- 提炼关键理念：提炼核心的课程理念。
- 明确原则：确定课程设计和实施的原则。
- 制订具体策略：制订实现课程哲学的具体策略。
- 宣传推广：向师生、家长等宣传课程哲学。
- 评估改进：根据实践结果进行调整和完善。

提炼学校课程哲学的过程是聚焦、扬弃的过程，更是研究、建构的过程。提炼学校课程哲学必须直面学校实际，在教师和学生正在做的课程工作中，在已有的课程哲学理念中，在学校的课程历史和传统中寻求专属学校的个性化表达。

具体而言，可从以下路径寻找突破。

可以源于已有的课程哲学理念。南京师范大学附属小学“三原色”课程哲学就源自“爱的教育”课程，将其表述为：是基于童心，关注儿童立场，向着孩子的未来出发的课程；是行于爱心，用教师全部的爱托起孩子明天的希望的课程；是立足当下，关注细节，从“我”做起，从“小事情”做起，多方面丰富学生学习经历的课程。

可以源于师生处理课程和教学的方式。南京市中央路小学课程哲学将课程哲学定位为三句话：课程即情绪，课程即引领，课程即主体性自我实践。

可以源于时代发展和时代精神。常州市北环中学“地平线课程”哲学源于21世纪特征，其课程哲学为：成就“正德启智，负责向善”的课程；培育梦想，培养为追求梦想坚持不懈的品质，能与时俱进、善于思想、敢于竞争的课程；关注基础学力的提高，注重信息素养的获得的课程；注重创造性思维与开放性思维的培养，强调价值观教育的课程；尊重学生的经验和发展学生个性的课程。

可以源于学校课程历史课程传统。广州市真光中学“宽银幕课程”源于学校的“真光文化”，其课程哲学为：是一种爱的教育，是一种行的教育，是一种创造的教育，是一种具有岭南风格的素质教育，是一种博雅教育。

第三步：构建课程的内容结构

所谓构建课程内容结构，就是根据学校提出的培养目标，提炼富有逻辑的课程设置图表，用直观的图谱形式呈现，以此构建课程内容结构，有个通俗形象的说法——描绘学校的课程图谱。

关于课程图谱的概念，有一种提法是被广泛认可的，即课程图谱不只是着眼于现在，更重要的是着眼于学生将来的可持续发展，从学生、学科、学校、社会发展四个角度分析社会与学生的需求，能架构起有利于学生志趣聚焦、适应现代科技发展需要的学校课程体系。

课程不能想当然地凭空设置，必须对学校的课程历史、生源、师资状况、区域位置、社会期待、办学愿景等做出优劣分析。比如，佛山市海丰县海城镇彭湃红军小学做课程内容设计之前，对课程建设的优势、劣势、机遇、挑战等几个要素进行了SWOT分析［一种态势分析方法，通过对被分析对象的优势（Strengths）、劣势（Weekness）、机会（Opportunities）和威胁（Threats）进行全面评估与分析，得出结论，为课程内容构建奠定了基础，具体内容见表4-29。

表4-29 课程建设分析

分析项	优势（S）	劣势（W）	机遇（O）	挑战（T）
课程资源	地方红色资源丰富	课程体系尚未构建，课程开发还处于摸索阶段，与办学理念、培养目标的一致性有待进一步加强	挂牌红军小学，为学校的课程建设提供了丰富的资源	如何在课程实施中提升学生的核心素养
课程管理	学校管理层人员年轻化，执行力强	课程意识不够强，学校课程建设与管理的功能有待提高	“提质强校”项目的推进，为学校课程建设带来机遇	“双减”背景下，对课程管理提出了更高的要求
教师资源	年轻教师较多，较易接受新理念、新事物	教师的课程意识还不够强，课程的开发能力有待提高	新进教师带来新的教育教学理念	在课程的实施和管理中如何评价和引导教师，以提升他们在课程建设中的幸福感
学生情况	善于沟通，热情，有团队精神	文化基础较为薄弱，学习习惯较差	基于核心素养的教学与学业水平评价，以及学校丰富的课程资源给学生的全面发展带来了机遇	学业负担与个性发展之间的矛盾；传统价值观与教育新理念之间的冲突
信息化水平	学校已实现无线网络全覆盖，教室全部安装一体机	教职员工的信息化水平有待提高	全国中小学教师信息技术应用能力提升工程2.0的实施	课程网络平台的日益普及，对学校的课程平台建设提出了更多、更高的要求

另外，我们要特别关注课程体系的四个特性。

（1）课程目标的“均衡性”。指学校课程体系中课程类型、数量和内容能够保持一种恰当、合理的分布方式，不能随意偏废，更不能想当然设置。新课程方案规定了各科目安排及占九年总课时的比例，是一种均衡的状态。比如，语文的总课时数占比达到20%~22%，数学的课时比例为13%~15%，外语为6%~8%。此外，体育与健康占总课时的比例为10%~11%，科学为8%~10%，艺术为9%~11%，道德与法治为6%~8%。

管理者在设置课程内容时，要充分考虑不同类别内容的“均衡性”。比如清华附小将课程内容分为“语言与阅读、数学与科技、品德与健康、艺术与审美”，北京翠微小学则分为“人文社会、身心健康、科学技术、阅读表达、艺术审美、家政生活”，北京大学附属小学分为“人文素养、科学素养、社会交往、健康艺术、国际理解”，等等。在此基础上，学校要考虑结合课程内容特色，有效地保证课程的育人指向。我们仍以清华附小的一张课程表为例（见表4-30），加以说明。

表4-30　清华附小课程安排

时　间	星期一	星期二	星期三	星期四	星期五
小课时 入校—7:50	晨练微课堂、阅读微课堂				
小课时 7:50—8:00	经典诵读				
大课时 8:00—9:00	语言与阅读（语文）	语言与阅读（语文）	语言与阅读（语文）	语言与阅读（语文）	语言与阅读（主题阅读）
基础课时 9:10—9:45	数学与科技（数学）	数学与科技（数学）	语言与阅读（英语）	数学与科技（数学）	语言与阅读（英语）
基础课时 9:50—10:40	升旗仪式课	健身大课间			
基础课时 10:45—11:20	语言与阅读（语文）	品德与健康（体育）	数学与科技（数学）	语言与阅读（语文）	语言与阅读（语文）
基础课时 11:25—12:00	品德与健康（体育）	语言与阅读（语文）	数学与科技（综合实践）	艺术与审美（校本竹笛）	品德与健康（体育/轮滑）
午间活动 12:00—13:30	营养与健康、午休、吟诵习字				

续表

时　间	星期一	星期二	星期三	星期四	星期五
大课时 13:30—14:30	语言与阅读 （英语阅读/视听）	数学与科技 （科学）	主题整合课程	数学与科技 （数学阅读/小课题研究）	创新与实践
大课间 14:30—15:10	健身大课间				
大课时 15:10—16:10	艺术与审美 （书法）	艺术与审美 （音乐）	数学与科技 （清华少儿数学）	艺术与审美 （美术）	

我想特别强调的是，要想保证课程内容的均衡性，作为管理者，首先就要有勇气让自己的校园远离“阴阳课表”。即使学校存在着升学压力大、师资结构性缺编、软硬件条件不足等情况，这些情况也不能成为用一套虚假课表上课、应付检查的理由。

（2）课程实施的“有效性”。指学校课程的设置与学校基础条件、师资力量、学生来源等综合情况相匹配。

课程的设置必须考虑学校的实际情况。作为管理者，应该能够回答三个问题：学校应该提供哪些课程内容？学校能够提供哪些课程内容？学校实际提供了哪些课程内容？在“应该提供”和“能够提供”中寻找交叉点，才能设置学校最实实在在的课程。否则，强行开一些不具备开设条件的课程，根本达不到实际的效果，课程就可能沦为花架子。

在走访学校时，我发现很多校长认为“课程是个筐，什么都可以装”。我问他们：“你为什么将这个项目、活动、节日变成课程呢？”他们通常会回答：“通过课程的形式，使之规范化、合理化和科学化，能增加学校课程的数量”。我接着问：“这样的课程与学校已经开设的课程相比，有什么区别？有着怎样的独特育人功能？有着怎样的课程目标？能培养学生怎样的素养？”很多校长就答不上来了。

课程必须关注对学生核心素养的培养。如果一门课程对学生核心素养的培养意义不大，那么其开设的意义也就不大。学生的时间和精力是有限的，精力过于分散，并不利于他们真正的成长。

北京师范大学中国教育创新研究院曾在一份报告中分析道：21世纪核心素养包括文化理解与传承、审辩思维、创新、沟通、合作共五个方面。学校在课程构建过程中，要尽可能想清楚：核心学科是哪些？21世纪核心素养如何培养？课程能否形成一个技能序列，尽可能体现学段的特点、学生的特点、教育的特点、学校的特点？倘若能够实现，这样的学校课程一定最有生命力，是最受学生欢迎，最受教师认可的。

（3）课程功能的“层次性”。指课程分类和层级清晰、明确，而非“眉毛胡子一把抓”。

前面我们讲过，按照功能划分，课程一般分为四个层级：基础性课程、拓展性课程、选择性课程、综合性课程。在进行课程内容构建时，要准确定位和把握这几个层级，这样才能使整个课程内容构建繁而不乱。

我们举两个例子加以说明。北京大学附属小学生命发展课程的基本架构图分为三个层级：基础类课程、拓展类课程、研究类课程。基础类课程面向全体，夯实基础；拓展类课程面向群体，开阔视野；研究类课程面向个体，丰富个性。整个课程涵盖了人文素养、学科素养、国际理解、社会交往、健康艺术五大类，每一类都分为三个层级，层次非常清晰。

再如，北京市上地实验小学“灵善课程”，其结构分为学科基础课程、活动拓展课程、社团选择课程三个维度，形成了富有层次感的课程功能定位。

怎样建立清晰的功能层次？有一个简单的方式，就是推进“五大课程”体系建设。“五大课程”，即学科课程、活动课程、综合实践课程、社团课程、环境课程（也称潜在课程、隐蔽课程或文化课程）。五个层面分别做好设计实施，课程功能的层次性自然就有了良好体现。

（4）课程内容的“可选性”。学校课程要适应社会需求的多样化和学生全面而有个性的发展，构建重基础、多样化、有层次、综合性的课程结构。

我一直强调，学校要尽可能创造条件，为学生提供丰富多元、可供选择的课程，增强选择性就是给学生的未来创造更多可能。一个人的潜能和天赋并不容易被发现，当我们提供了更多可能，学生从中发现兴趣点的概率就会大大增加。相反，如果只能遇到几门单调的课程，即使学生存在某方面的天赋，也会因为缺乏机会发现而消失。因此，选择一种课程就是选择一种未来，这个说法很有道理。

李希贵校长曾在北京市十一学校提出打造课程内容建设的“小康生活”。我在江苏一所学校做管理时，坚持课程的丰富性，孩子们非常喜欢。我每学期都要开展课程说明会，每门课的教师向学生推介自己的课程，学生再根据兴趣去选择。这为学生自主学习、个性发展创造了积极条件，也算初步让学生体验到了“小康生活”。

坚持做到以上四点，一所学校提炼的课程图谱才可能更加科学、合理。

第四步：编制学校的课程纲要

课程纲要是一所学校课程建设工作在未来一定时期内所达到的目标以及实现目标的必要途径。

我们可以自问：我的学校有课程纲要吗？据我所知，很多学校不仅没有，甚至不知课程纲要为何物。因此，学校的课程体系建设就像“脚踩西瓜皮”，只能“滑到哪里是哪里”，茫然无序，毫无规划。

课程纲要的价值可以打个比方来说明。如果一个人整天在房间里，他不会知道这幢房子是怎样的。课程纲要能够帮助教师从房间里走，让教师把整个课程的框架、逻辑搞清楚，对课程有整体把控。

课程纲要就是学校课程建设的计划书。它以提纲的形式呈现一门课程的目标、内容、实施和评价这四个基本要素。这四个基本要素回答的问题分别是：学校要把学生带到哪里去？课程基本的素材或活动是什么？学校怎样带他们去？怎样知道他们已经到了目的地？

学校如果不编写课程纲要，不能对实施对象、开发人、课时安排、课程背景、课程目标、课程实施、评价等相关要素进行设定，那么课程实施的效果就很难把控。因此，这项工作应该在每门课程开发伊始就要落实。

一门学科的课程纲要，通常可以以下面的格式呈现：

- 课程名称：课程所属的系列、门类及主题。
- 授课教师。
- 基本信息：适用年级、学期，课时量设置。
- 课程目标：体现总体培养目标，结合课程内容的价值定位，围绕“三维度”设立具体目标要求。
- 课程内容与活动安排。
- 课程实施建议。
- 考核评价说明。

第五步：建立多元的评价体系

广东一所非常普通的农村小学校长在给我介绍课程建设的时候，我很惊喜，他们开始注重设计各类课程评价方案、评价标准，有跟踪，有评价。校长给我展示了很多他们自己研发的评价工具。说实话，对一所农村小学而言，这很难得。大多数学校可能更满足于课程实施时的热闹，但是到底效果如何，是否达成了课程目标，极少有人真正关注。

课程评价过程实质上是一个评定课程与教学计划有多大程度上实现了教育目标的过程。

举个例子。苏州高新区镇湖实验小学开设了一门极具特色的苏绣特色课程，为了保证课程的效果，学校设计了教师、学生、社区人员共同参与的课程评价机制，主要采取三种评价方式。

一是对课程纲要的评价。主要是评价教材，学校编写的第二套“苏绣文化”校本教材《绣中奇葩》，获得苏州市优秀校本教材评选一等奖、省校本教材优秀成果二等奖。

二是对实施过程的评价。学校通过问卷调查的形式让学生客观评价苏绣课程的学习，结果表明，通过校本课程的实施，100% 的学生都参观过苏绣艺术馆、走访过苏绣一条街，并深入了苏绣作坊、苏绣工作室，对绣娘进行了调查。67.1% 的学生认为自己在课堂上积极参与发言，认真听了教师介绍苏绣相关知识。

三是对学习结果的评价。学校积极组织学生参与各种竞赛、展示活动，给学生提供展现才艺的舞台。世博会期间，镇湖实验小学学生的 5 幅刺绣作品获得了“世博会最佳设计奖”，并连续五年荣获苏州市“花季杯”传统手工艺作品展（比赛）特等奖。学生孙语晴作为苏州青少年文化大使赴新加坡进行苏绣文化的交流。

这样的评价方式，很好地呈现了这门课程对课程目标的实现情况。

管理大师彼得·德鲁克认为，没有度量，就没有管理。课程实施绝不能“雾里看花”，不能跟着感觉走，到底是好是坏，是否实现了预期的课程目标，需要真实地评价认定。从管理的角度来看，可以遵循以下工作思路进行课程评价：

- 学校正式设立的课程，一轮教学任务结束后，由所在教研组对其进行评价。审核通过后，向课程管理部门提交达标课程评估申请书。
- 课程管理部门组成评估工作小组，对教研组提交的评估申请进行复评，将复评审议结果和复评意见填写在达标课程评估申请书上，并填制达标课程评估表，于规定时间内上交到教务处。逾期不报者，视为自动弃权。

▶由教学工作委员会对所有达标课程进行考核和最终认定。

需要特别注意的是，一定要突破单纯以考试的形式来评定课程实施情况的弊端。有些课程无法用简单的分数衡量，也有些课程不具备用考试评价的条件。管理者要探索体验式活动、课程成果报告会，或者作品集、策划书等多元化评价方式。

3. 把精准施策作为课程建设的重要追求

怎么做好学校的课程体系建设工作，我认为，校长的课程领导力是最关键的要素。作为校长，有没有课程意识，有没有课程建构能力，直接决定着一所学校课程建设的整体水平高低。

因此，校长要能够自主自觉行动，充分认识自己这一特殊角色的关键价值，在纷繁复杂的工作中抓住关键，从而打开课程建设的局面。在掌握前面谈到的课程体系建构的必要程序之后，还应该抓住制约课程建设的要素予以突破。

建立课程管理的组织

一项工作是否处于学校管理的核心领域，一个基本的判断标准就是其有无承担相关责任的部门或个人。

从实践来看，负责课程管理的部门，有的学校叫课程中心，有的叫课程服务部，有的学校没有单独设立这类部门，而是在教务处设置相关工作范畴或者由相关人员负责。不管叫什么名字，部门责任要清晰，要能够担负起课程管理的职能。课程管理部门的主要工作内容应至少包括以下几点：

▶公布新学年学校课程计划。

▶完成教师课程的申报研发。

▶督促评价课程的实施情况。
▶组织课程建设的研讨交流。
▶定期组织教师外出学习。
▶邀请专家进行课程的指导。

成立相关部门是非常重要的，这个部门有着三重角色：作战部门，直接参与课程的研发与建设；指挥部门，要建立一套行之有效的机制，监督课程实施效果；参谋部门，要为学校的整体课程设置、学校发展提意见、建议。

课程管理部门是学校课程体系构建中的核心力量，对于学校课程设置的背景、课程哲学的表达、课程内容的选择、课程的日常管理及评估、特色课程的打造思路，要能够说得清楚，做得明白，要能为学校课程体系的建设提供第一手资料和进一步优化的建议。因此，在新的课程改革形势下，这个部门是不可或缺的。

课程管理部门的设置可以有效预防课程建设中最常见的三个“误区”：避免“拍脑袋”工程、避免课程散乱无序、避免课程质量低劣。

实现课程的有效融合

课程方案特别强调课程的融合：

加强课程内容与学生经验、社会生活的联系，强化学科内知识整合，统筹设计综合课程和跨学科主题学习。加强综合课程建设，完善综合课程科目设置，注重培养学生在真实情境中综合运用知识解决问题的能力。开展跨学科主题教学，强化课程协同育人功能。

这种课程融合的价值，就在于打破单一学科分类教学的弊端，在更丰富的情境中培养学生解决实际问题的能力。我们必须清楚，当学科教学各自为战、并将刷题作为最重要的学习方式时，带来的结果很可能是：学生只能掌握孤立、零散的知识，擅长背诵与考试，却无法应对更加复杂的实际生活问题。

所以，要在课程融合上下功夫，如学科内融合、学科间融合、课内外融合、校内外融合等。

我欣喜地看到，有不少学校主动求变，打破了传统的整齐划一的课堂组成模式。原来我们一节课45分钟（或40分钟），一天6节课、8节课。这种整齐划一、相对机械呆板的设计方式，很难满足课程融合带来的新局面。所以，许多学校突破固化的思维，采取长短课、连排课、大课小上（模块教学）、小课大上、主题整合课、兴趣选修、社团活动等模式，使学校课程实施更加灵活，创造力更强。这些尝试值得肯定。

清华附小将名目繁多的课程系统化，将所有课程整合为四大类：品德与健康，数学与科技，语言与阅读，艺术与审美。具体的整合方式归为两类：一类是内部整合，一类是科际整合。比如语文学科，主要采取以单元主题和文体特点为脉络的整合方式。学科间的整合，又分为品生品社（德育命题）、综合实践（教学方式）、信息技术（技术支撑）、幸福课程（合作体验）、科学（研究方法）。两种整合方式思路清晰、可操作性强，最终的结果就是：课程形态变得更加系统，课程目标更加突出对学生综合能力的培养。

北京市海淀区七一小学四年级“花”的主题整合课，它就做到了五科整合：语文、品德、科学、音乐、美术。这些学科的培养目标在一个主题的统领下展开，非常丰富，也非常有趣，一定比单独的课程更受学生欢迎，也更容易培养学生的核心素养、综合素养。（见表4-31）

表4-31 北京七一小学四年级“花”的主题整合课

课时	学科	课题	主要内容
第一课	科学 美术	花的基本结构 （室外课）	通过观察、解剖、绘画等认识自然状态下花的构造
第二课	语文	“花”单元导读	整体把握“花”单元框架
第三课	语文	《种一片太阳花》	写花、赞花（花之魂，花之品质）
第四课	语文	《花之咏》	
第五课	音乐	《刺梨花》	吟花唱花，再度创作
第六课	语文	古诗颂“花”	诵读赏析有关“花”的古诗
第七课	品德	赠花	展示花文化、体会花之魂

这些都是非常有益的课程整合探索。课程整合是课程发展的方向，更是育人的方向。

提高校本课程开发水平

在跟学校交流中，校长非常关心怎么能够迅速开发出既有学校特色、又有一定影响力的校本课程，包括内容选择、体例编排、具体实施和管理等。应该说，这还是值得称道的。

当然，我也不止一次见到“投机取巧”的做法。有些校长自己没能力或者没耐心去研发，于是采取“拿来主义”，把别人公开的资料改头换面进行翻印，变成了自己的校本教材。我们姑且抛开这种行为是否违法不谈，就学校工作而言，如果某门课程既没有针对学生实际，又缺乏教师参与，即使再精致，其实际运用的效果也需要画上一个大大的问号。这种做法并不可取。

真正优秀的管理者总是能保证管理方向符合教育规律，哪怕速度慢一些，也依然能够不断前进。

我们首先来认识一下校本课程开发的基本含义。

校本课程开发是指学校为了达到教育目的或解决学校的教育问题，依据学校自身的性质、特点、条件以及可以利用和开发的资源，由学校教育人员与校外团体或个人合作开展的课程开发活动。

国家课程的开发与校本课程的开发有着极大的差异，有学者曾对二者进行比较。（见表4-32）

表4-32　国家课程与校本课程对比

项　目	国家课程	校本课程
课程目标	以开发全国共同的、统一的课程方案为目标	以开发符合学生、学校或地方等特殊需要的课程方案为目标
参与人员	专家、学者的职权，只有专家、学者有权参与	所有与课程有关联的人都可以参与
课程观	课程是书本的课程文件，是计划好的课程方案	课程即教育情景与教师互动的过程
学生观	学生无个别差异，是被动学习个体	学生不但有个体的差异，也有主动建构的能力，课程根据学生的需要进行调整
教师观	教师仅是课程的执行者，职责是依照设计者的方案忠实地呈现	教师是课程的研究者、开发者和实施者，教师有主动诠释课程、开发课程的权力

从上述对比中，可以看出校本课程的概念本质体现在以下三个方面：

- 在课程权力方面，学校拥有课程自主权。
- 在课程开发主体方面，教师是课程开发的主体。
- 在课程开发场所方面，具体学校是课程开发的场所。

有些校长很疑惑：为什么已经有了完备的国家课程体系，我们仍然要提倡校本课程的研发呢？我们花费再多力量打造的校本课程，难道还能比国家课程的水平更高？

中国地域宽广，基于各种现实背景，学校的发展水平也千差万别。

国家课程的目标、内容、策略遵循一致性原则，它立足于全国整体教育的共性，很难顾及具体的差异。因此，校本课程可以有效弥补国家课程开发的不足。校本课程注重地方性和个性，更接地气，更符合学校教育和学生成长的实际情况。

具体而言，如何开发校本课程呢？我们用一个表对其流程加以说明。（见表4-33）

表4-33　校本课程开发流程

操作流程	工作内容	操作要点
组织建立	成立课程委员会及相应工作小组，确定参与成员及工作程序，进行校本课程的开发准备	成员应具有代表性，必须有学生及家长代表、社区人员代表等，并且要体现学校教师主体的特点
现状分析	进行需求评估、问题反思、资源调查	对学生的发展需求、家长的期望、社会和社区的要求以及学校发展规划等因素做出有说服力的判断；要弄清校本课程开发的条件和限制，比如教师的数量、知识经验和能力，教辅人员的情况，课程计划的弹性空间，社区潜在资源，学校教师、教育督导、学生和家长的反应等；要清楚现实和理想之间的差距，提出改进的措施
目标拟定	确定教育哲学思想，确定课程建设的目标定位	校本课程开发既要促进学生的个性发展，也要促进教师的专业发展；既要关注整个教育系统的哲学或价值观基础，又要明确学生在学习结束时应该获得的能力与态度
方案编制	确定工具与方法、选择课程材料与组织形式，撰写完整的课程方案	内容包括课程开发总目标、课程结构与课程门类、课程实施与评价的设想、保障措施。教师在课程实施之前或过程中，撰写课程纲要和要用的材料
解释与实施	强化教育哲学思想和特色意识、营造氛围、统筹教育资源	按确定的工作计划实施课程，及时解决课程实施过程中出现的新问题：可以借鉴校本课程开发的支持系统，借鉴校外专家、地区开发中心、教育督导部门、课程开发小组的经验

续表

操作流程	工作内容	操作要点
评价与改进	设计监督和交流系统，准备评价方案，追踪实施效果，收集反馈意见，修订课程与课程开发方案	做到学生学业评价和课程本身评价相结合，课程形成性评价和终结性评价相结合，评估课程实施与预定目标之间的达成情况，评估所获得的信息是否可以成为下一轮校本课程开发的决策基础

课程体系建设身处学校管理的核心区域，但这并非说明，管理者可以盲目行动，而是仍需遵循规律做事。不少校长在向我求助的过程中，总希望有捷径可走，用最省时省力的方式，甚至不费一枪一弹，就能打赢“课程体系建设”之仗，一下子就让整个体系完善和成熟起来，迅速形成学校的课程品牌，这种想法并不可取。我甚至无数次嘱咐我们的校长，要谨慎处理课程体系的“建设速度”，因为课程体系构建是一项浩大而持久的工程，需要不断完善、不断调整，甚至说，这是一项开放的工作，永远没有完成一说。“一劳永逸”与教育规律背道而驰。

此外，要谨慎对待“特色课程”。真正的特色可以是“你无我有”，但我们面对的环境、背景、基础、资源是相似的，在国家对课程设置的严格要求下，想独树一帜，搞出一套别人没有的东西，大概率不符合现实。因此，要想做出特色，应该抓住另一种追求，那就是“你有我优”——大家都在开设的课程，我做得更好。一所学校与众不同的特质，主要应该体现在那些常规性的、每天都在做的事务上。

课程体系建设同样如此。遵循系统思维，进行整体构建，从育人目标到课程目标，从内容体系到课程表达，从课程研发到课程管理，只有进行了全方位、系统的打造，课程建设才会成为学校真正的增长极，影响和带动学校整体的发展。

学校课程建设，是为了遇见更好的世界。期待我们的校长能够有所建树！

深度思考

◎ 你认为什么是课程？如果让你下个定义，你准备如何表达？

◎ 你是否理解了课程图谱的真正含义？你心目中的学校课程图谱具备怎样的特点？

◎ 从课程管理的角度分析，你所在的学校存在哪些优势，又有哪些不足？

◎ 你是否注重了校本课程的研发，建立了相应的研发机制并有了初步成果？

四、课堂教学的变革与提效

校长最迫切得到的往往是课堂的“改头换面”，让那种低效的陈旧课堂销声匿迹。这种心情是可以理解的，学校要质量、要成绩，课堂必须高效。但我经常劝校长，在这个问题上，一味地“急”，并不一定能达成预期结果。课堂改革，原本就是一个极其重要但又极其难以解决的问题。

我们只需想一点即可：2001年，我们的第8次课程改革轰轰烈烈启动，到现在二十多年了，当时提出来的“自主、合作、探究”的教学思想，在当下全国千千万万的课堂中又实现了多少呢？我没有权威的统计数据，但就我深度了解过的上百所学校而言，情况并不乐观，“自主、合作、探究”大多只是停留在各级“公开课”时拙劣的表演上。回到真实的课堂，这些理念要么凤毛麟角，要么仍旧停留在简单做样子、走过场层面，基本是“换汤不换药”。

何以至此？不要把原因仅仅归结于教师自身的动力不足、能力不足，更应该从管理者角度思考问题。我曾在一次校长培训班上做现场问卷调查，请校长们就表4-34中的问题做出自我评价。

表4-34 学校课堂教学问卷调查

序号	问题	我的答案	我的思考
1	我的学校课堂教学的传统优势是什么？		
2	我的学校课堂教学的突出问题在哪里？		
3	我的学校课堂教学改进的目标是什么？		
4	我的学校课堂教学的核心主张是什么？		
5	我的学校达成这种目标和主张的思想和模式是什么？		

续表

序　号	问　题	我的答案	我的思考
6	我的学校达成这种目标和主张的模式需要哪些条件？如何提供和满足这些条件？		
7	如何安排我的学校课堂改革的推进步骤？		

现场答案是非常不理想的。校长强调更多的是一定要改，但改什么、怎样改，依照怎样的方案和步骤去推行改革，大多是模糊的。

当管理者对一项工作的顶层设计思路不清时，这项工作的开展效果便可想而知。

1. 画好课堂改革的"推进路线"

为了保证教学质量，提高教学效率，在学校推动课堂改革，以适应新的教育教学形势的需求，是所有管理者绕不过去的一条路。

总体来看，学校在这样一个"重大事件"或"核心事件"的处理上，往往存在着过于粗线条的问题：有些学校外出取经，看到了某些成功的课堂改革经验，于是让全员模仿；有的学校更加直接，组织一场培训，发起课堂改革总动员。这种管理的激情是值得称道的，但实效呢？"轰轰烈烈"的背后，往往是暗流涌动，困难重重，过不了多久，课堂改革就"偃旗息鼓"了。

这是很多学校的真实写照。

于是，我们开始抱怨：取来的不是"真经"，教师不够"给力"，应试的大环境有太多"障碍"。总之，把失败归咎于各种无奈。这几乎是我和管理者谈到类似问题时，大家不约而同的说法。

问题的根源真在于此吗？

失败的课堂改革大多是匆匆启动的，说严重点，往往是校长一时"心血来潮"而做出的临时动议。对于这样一个牵扯学校全局发展的重大事件来说，这明显缺乏前期的准备工作，包括思想的动员、整体的规划、步骤的分解、人员的分工、预期的成果、风险的评估等，管理者没有形成清晰的思路，参与其中的教师自然感到迷茫。

真正好的项目，一定要让实施全过程“可视化”——参与者虽在行进之中，但对目的地在哪里，接下来的路朝向何方，需要花费多长时间，能遇到什么风景，都有一个清晰的预判。这样的项目让人有可控感，让人愿意主动行动起来。

因此，一旦决定启动课堂改革，要就去发掘其发展规律，探索办法，开发工具，避免低水平重复、低效益循环的工作，走上科学管理、体系管理的路径。具体而言，要形成课堂改革工作的“指南针 + 路线图 + 时间表 + 责任区”工作模式：

- 指南针。明确的课堂改革方向。界定课堂改革的重点，形成课堂改革的预期目标。所有参与的人要能够说清目标，并以目标为依据时刻做出自我对照、自我评判。
- 路线图。明确的课堂改革思路。明确为达成课堂改革目标，应准备采取哪些具体策略和方法，课堂改革理念如何提升，设置哪些活动予以持续推进，匹配怎样的教研机制，课堂改革成果如何认定，评价机制如何建立等问题。
- 时间表。明确的时间进程。明确改革分几个阶段进行，各个阶段的重点是什么，彼此之间有何关联，各阶段所要达成的目标如何与整体项目目标相呼应等问题。
- 责任区。明确的责任界定。明确课堂改革工作如何分工，不同人员各自的职责有哪些，对工作完成情况如何评估，不同责任主体之间如何互相衔接和配合等问题。

这样，每一名参与者都能够清晰地了解自己在整个项目中的位置和作用，从而更加积极地投入课堂改革的实践。这样的改革，不再是一种盲目的、随意的、低效的行动，不再是“摸着石头过河”，而是一种有目标、有计划、有步骤、有责任的管理行为，它的成功概率无疑会大大提高。

在实践中，我将一所学校推行课堂改革的工作过程进行梳理，形成了课堂改革的“三阶段十步法”，供各位校长参考。（见表4-35）

表4-35 课堂改革工作过程

项 目	发展阶段	工作内容
课堂改革推进项目	发起阶段	发起课堂改革动议 研讨课堂弊端 确定课堂改革方向
	实施阶段	制订课堂改革方案 修订评价量表 开展课堂实践 寻求教研支撑 形成课堂主张
	总结阶段	总结课堂改革成败 打造课堂品牌

第一步：发起课堂改革的动议

学校需要组建一个由学校领导和教师代表组成的工作小组，这个小组将负责动议的策划、组织和实施。工作小组应该通过问卷调查、座谈会等方式，收集教师、学生和家长对当前课堂教学的意见和建议，明确课堂改革的需求和目标。然后工作小组将拟定好的动议报告，提交给学校领导层进行审查和决策。审议通过后，管理者向全体教师介绍动议产生的背景、实际的意义及后续工作的基本思路，组织教师进行相关的培训，做好相应的准备工作。

第二步：研讨课堂的弊端

成立教学专业小组，小组成员可以是学科重点组长或教师。以“现有课堂教学弊端”为关注点，通过多种途径收集数据，如课堂观察、学生调查、教师反馈、作业分析等，反映课堂的实际运作情况，以及存在的问题。对收集到的数据进行深入分析，识别课堂中的问题和弊端。这些问题应该是具体的、可衡量的，并且要与后续课堂改革的方向相关联。在整个过程中，管理者需保持开放和包容的心态，鼓励教师、学生和其他人员积极参与讨论，共同寻找课堂改革的方向。同时，要注重数据的客观性和真实性，确保分析结果的可信度。

第三步：确定课堂改革的方向

对收集到的教学问题进行分类和分析，确定哪些问题是普遍存在的。识别问题的根源，例如教师教学方法、学生学习方式、教学资源、教育环境等。同时调查学生和教师的需求，了解他们对课堂教学的期望和改进意见。据此确定学校课堂改革的方向，可以以如下句式进行阐述：我们的课堂改革旨在解决当前课堂教学中存在的……具体问题或弊端，通过……的改革措施或策略，实现……的预期教育目标或效果。我们将重点关注……领域，如教学内容的优化、教学方法的创新、学生参与度的提升等。在整个改革过程中，我们将保持与师生的密切沟通，确保改革能够真正满足他们的需求和期望。

第四步：制订课堂改革的方案

方案要明确课堂改革的目标和愿景，对课堂改革预期达到的长期效果进行描述；要制订详细的课堂改革计划，包括课堂改革的时间表、阶段性目标和具体实施策略等，注意计划应具有可操作性和灵活性，能够根据实际情况进行调整和优化；要针对方案的内容，进行详细的培训和说明，并通过教师讨论、答疑等方式，增强全体教师对方案的认同感。在形成课堂改革方案时，要充分考虑学校、教师、学生和家长等各方的利益和需求，确保方案的可行性和可接受性。课堂改革过程中要保持开放的心态和积极的态度，勇于尝试和创新，同时也要注重风险控制和安全管理。

第五步：修订评价的量表

课堂评价量表能深刻折射学校课堂改革的具体方向和要求，为教师提供课堂自我评判和相互评判的依据，它是教学的“指挥棒”和学校教研的重要工具，能够引导教师始终明确课堂改革的要求，发现自身的优势和不足，为调整教学策略提供依据。量表的制订和修改必须基于学校的课堂改革重点和方案，确保评价方向与课堂改革方向的一致性，设计应简洁明了，易于操作和理解。教师在学校统一量表的基础上，可根据课堂改革进程，逐步研发分学科、分学段的课堂改革量表，增强其实用性。

第六步：开展课堂的实践

在前期工作的基础上，管理者要持续推进按照课堂改革方向、方案和评价量表标准进行的课堂实践活动，要根据具体的时间段，制订详细的活动计划，包括活动的时间表、参与人员、地点和资源需求等。还要多层次、多维度组织相关的培训和学习活动，确保教师理解课堂改革的方向、方案和评价量表的具体要求，可以为教师提供必要的指导和支持，帮助教师熟悉新的教学方法和评价工具。需要时，管理者可根据教师的专长和兴趣，将他们分成不同的小组，每个小组负责不同的课堂实践任务，要明确每个小组的职责和目标，确保每个小组都能够按照课堂改革方案和评价量表的标准进行课堂实践。在活动过程中，管理者需要定期监督和检查活动的进展情况，提供必要的指导和支持，同时利用评价量表等工具对课堂实践活动进行评估，收集教师和学生的反馈意见，找出存在的问题和不足，提出改进措施和建议，还要及时整理和归档活动资料，为今后的课堂实践活动提供参考和借鉴。

第七步：寻求教研的支撑

课堂改革项目应该是学校持续关注的教研重点，每次教研工作都应围绕课堂改革的目标和预期结果展开，确保所有参与者对教研的目的有清晰的认识。管理者可以组建一个多元化的教研团队，聚集不同学科背景、不同教学经验的教师，以及可能的教育专家，共同仔细研究和分析课堂改革的内容和目标，确保教研工作能够与课堂改革的需求相匹配，同时，根据教研目标制订详细的教研计划，包括时间安排、活动形式、讨论主题等，及时梳理教研的成果。

第八步：形成课堂的主张

经过反复的课堂实践、教研推动，学校的课堂改革方向要逐步深入人心。在这个基础上，管理者以教研组为单位，针对学科的特点，在学校整体课堂价值导向的基础上，梳理出学科教学主张（如语文学科主张10条，数学学科主张10条），以使课堂改革方向在学科层面更进一步。比如，魏书生老师写过课堂教学主张10条，以下为部分摘录。每条内容极为简单，但背后折射出深刻的教学思想：

1. 每堂课都要备课。
2. 每堂课至少有三类不同的教学目的，以供学生选择。
3. 教师讲课时间别超过 20 分钟。
4. 如果是讲新课，学生发言不少于 10 人次。
5. 学生动手练的时间不少于 10 分钟。
6. 处理偶发事件不超过 20 秒。
7. 请学生做课堂教学总结，每堂课请一两名学生谈一两条看法。
8. 至少留三类不同层次的作业。
9. 下课后的课间 10 分钟，不离开学生。
10. 在教案上写一句话，这节课成功在何处。

这个过程要求全员参与，群策群力。教务处可以负责汇总并对结果进行公开张贴。在此基础上，管理者可以做好几件事：组织培训和分享，让教师深入学习和讨论这些主张，理解其背后的理念和实践方法；鼓励教师在日常教学中应用这些教学主张；建立反馈机制，改进和完善教学主张，使其更加贴近实际教学需求；基于这些教学主张，可以制订相应的教学指南；设定明确的评估和监测机制，定期检查这些教学主张在实际教学中的应用情况；适时将这些教学主张分享给其他学校或地区，扩大其影响范围。

第九步：总结课堂改革的成败

课堂改革推进中，定期总结不可或缺。具体时长可以根据实际情况进行安排，但不宜过长或过短，以免影响总结的准确性和有效性。总结包括但不限于以下几种。

（1）书面报告：编写一份详细的书面报告，列举课堂改革的目标、实施过程、取得的成果以及遇到的问题。这种形式可以更加系统地梳理和总结课堂改革的经验教训。

（2）口头汇报：组织一次口头汇报会议，邀请所有参与课堂改革的人员进行发言，分享各自的经验和感受。这种形式有助于管理者更加直观地了解各方的意见和建议。

（3）电子档案：建立一个电子档案，将课堂改革过程中的所有文件、数据、图片等资料进行整理归档，方便日后的查阅和参考。

一次总结活动，大致可包含以下步骤：

- 数据收集：收集课堂改革过程中的所有数据和信息，包括实施计划、执行情况、学生反馈等。
- 数据分析：对收集的数据进行分析和整理，找出课堂改革过程中的优点和不足。
- 编写总结报告：根据数据分析的结果，编写一份总结报告，明确列出课堂改革的成效、问题和改进建议。
- 反馈与讨论：将总结报告分发给所有参与课堂改革的人员进行反馈和讨论，收集他们的意见和建议。
- 修订与完善：根据反馈和讨论的结果，对总结报告进行修订和完善，确保报告的准确性和实用性。

第十步：树立课堂的品牌

课堂改革的最终指向之一应该是学校独有的课堂品牌的形成，课堂品牌不仅可以提升学校的教育品质和社会声誉，还能激发学生的学习热情，促进教师的专业发展。打造课堂品牌可遵循如下思路：学校需要明确自己的教育理念和特色，确定课堂品牌的定位和目标；根据品牌定位，制订详细的品牌规划，包括课堂内容、教学方法、评价体系等方面；通过定期的培训和教研活动，提升教师的教学水平和品牌意识，使他们能够更好地参与到品牌打造中来；建立科学的评价体系，对课堂品牌进行定期评估和改进，确保品牌质量的持续提升；通过各种渠道和平台，积极宣传推广学校的课堂品牌，提高品牌知名度和影响力。

以上几个步骤可以简单勾勒出一所学校进行课堂改革的基本路线图。当然，这几个步骤并非简单的线性发展，很多时候，它们彼此间交叉进行、循环往复，甚至颠倒次序，呈现出更加丰富多变的形态，在螺旋式上升的过程中，朝着预期目标不断前进。但不管如何，围绕这些基本路线图，循序渐进，扎实推进，在特殊时刻，对其中的重点环节实行“饱和攻击”，不松懈，不放弃，这样才能使课堂改革这块“硬骨头”在必要环节、关键要素、结构系统方面实现持续迭代，从学校愿景、师生需求出发，最终实现对理想课堂的专业抵达。

2. 发现课堂改革的“关键事件”

事物发展过程中，常常会有“关键事件”出现，也就是在这个过程或发展中具有决定性作用，起到重要引导或推动作用的事件。这些事件对事物的发展往往会产生重大影响，成为某项工作重要的转折点。

抓住关键事件发力具有重要意义，主要体现在以下几个方面：

▶把握机遇。抓住关键事件可以及时把握事物发展的机遇，推动事物向有利的方向发展。

- 应对挑战。关键事件往往伴随着挑战和困难，抓住关键事件发力有助于应对这些挑战，减少不利影响。
- 提高效率。关键事件通常对事物的发展具有重要影响，抓住关键事件发力可以集中力量解决主要问题，提高工作效率。
- 推动创新。关键事件往往带来新的机遇和挑战，抓住这些事件发力有助于推动创新，实现突破，推动发展。

课堂改革是一项长期而艰巨的工作，任何一所学校都很难轻而易举地取得突破。同样，在这个过程中，也有一些关键节点、关键事件发挥着重要的作用。管理者要善于识别和分析这些节点与事件，抓住时机，采取有效的措施推动课堂改革向更好的方向发展。

在若干次亲身实操和指导其他学校进行课堂改革的历程中，我总结出课堂改革工作推进过程中的六个“关键事件”，与各位校长分享。

第一个关键事件：形成一份课堂改革方案

无方案不行动。许多学校推行课堂改革，却拿不出一份像样的改革方案，所有人都如同摸黑前行，既看不清目的地，也看不清脚下的路，其效果可想而知。

因此，我把设计一份既有高度，又契合学校发展实际的课堂改革方案作为课堂改革推进过程中的第一个关键事件。这份方案是课堂改革工作的顶层设计，可以为整个课堂改革勾勒出清晰的发展路线图，增强课堂改革进程的有效性。

起草课堂改革方案是一项复杂且需要细致考虑的任务。以下是关于如何设计课堂改革方案的基本框架和一些关键内容的说明，并附带一个案例供大家参考。

课堂改革方案一般需包含以下内容：

▶教育理念。明确学校推行课堂改革的总体理念，例如以学生为中心、注重实践与创新、促进学生全面发展等。

▶教学目标。重新设定教学目标，确保它们与新的教育理念相符合，并能有效提升学生的核心素养和综合能力。

▶课程结构。调整课程结构，包括必修课、选修课、跨学科课程等，以满足学生的多样化需求和发展方向。

▶教学方法。探索和实践新的教学方法，如项目式学习、翻转课堂、协作学习等，以激发学生的积极性和创造力。

▶评价体系。改革传统的以考试成绩为主的评价方式，引入多元评价机制，如过程性评价、表现性评价等，全面评价学生的能力和发展。

▶资源保障。确保课堂改革所需的师资、设施、教材等资源得到合理配置和有效利用。

▶实施步骤。制订详细的实施步骤和时间表，确保课堂改革的顺利进行。

▶监督与反馈。建立监督机制，定期评估课堂改革的成效，并根据反馈进行调整和优化。

下面是一所学校打造“活力课堂”的方案，供大家参考：

某学校课堂教学改革实施方案

一、课堂改革主题

活力课堂，绽放精彩。

二、指导思想

以先进的教育教学理念为引领，以促进学生全面发展和提升教学质量为核心目标，推动课堂教学的深入变革，营造充满活力、富有成效的教学氛围，为学生的未来发展奠定坚实基础。

三、教育理念

1. 强调“学为主体、教为主导”，尊重学生的主体地位，充分发挥教师的引导、启发和促进作用。

2. 注重培养学生的自主学习、合作学习和探究学习能力，激发学生的学习潜能和创造力。

3. 倡导多元智能发展观，关注学生的个性差异和特长发展，因材施教，为每个学生提供适合其发展的教育环境。

四、教学目标

1. 培养学生积极主动的学习态度和习惯，提高学生的学习兴趣和动力。

2. 让学生扎实掌握知识，提升对知识的理解深度和运用能力，形成系统的知识体系。

3. 提升学生的综合素养，包括思维能力、创新能力、沟通能力、合作能力等。

4. 培养学生的社会责任感、团队精神和良好的品德修养。

五、教学方法

1. 情境创设法

- 教师精心设计各种与教学内容相关的情境，如生活场景、历史事件、科学实验等，让学生身临其境，激发学生的学习兴趣和好奇心。
- 通过情境引导学生提出问题、分析问题和解决问题，培养学生的思维能力和解决实际问题的能力。

2. 任务驱动法

- 教师根据教学目标和学生实际情况，设计具有挑战性和趣味性的学习任务，让学生在完成任务的过程中学习并掌握知识。
- 任务可以是个人任务或小组任务，鼓励学生通过自主学习、合作学习和探究学习等方式完成任务，培养学生的自主学习能力和团队合作精神。

3. 探究式教学法

- 教师引导学生对某个问题或现象进行深入探究，鼓励学生提出假设、收集证据、分析数据、得出结论。
- 在探究过程中，教师要给予学生充分的自主探索空间，同时提供必要的指导和帮助，培养学生的科学思维和创新能力。

六、评价体系

1. 形成性评价与终结性评价相结合

- 形成性评价主要包括课堂表现、作业完成情况、学习过程中的进步等方面，及时反馈学生的学习状态和问题，以便教师调整教学策略。
- 终结性评价主要包括期末考试、学业水平测试等，全面考查学生对知识的掌握程度和综合运用能力。

2. 对学生的学习过程、学习成果、思维发展等进行全面评价

- 关注学生在课堂上的参与度、合作能力、思维活跃度等学习过程表现，给予及时的肯定和鼓励。
- 评价学生的作业、作品、实验报告等学习成果，了解学生对知识的掌握和运用情况。
- 通过课堂提问、小组讨论、思维拓展训练等方式，观察学生的思维发展情况，及时给予引导和培养。

3. 鼓励学生自我评价和相互评价

- 引导学生对自己的学习过程和成果进行反思和评价，培养学生的自我认知和自我管理能力。
- 组织学生进行相互评价，让学生从不同角度看待自己和他人的学习表现，促进学生之间的交流和合作，同时培养学生的批判性思维和人际交往能力。

七、实施步骤

1. 理念学习阶段

- 组织全体教师参加课堂改革理念培训，邀请专家、学者举办讲座和指导，让教师深刻理解课堂改革的重要意义和内涵。
- 教师通过阅读教育教学书籍、期刊文章等方式，自主学习课堂改革相关理论和实践经验，拓宽视野，提升专业素养。
- 开展教师之间的交流和研讨活动，分享课堂改革理念学习心得和体会，共同探讨课堂改革的实施策略和方法。

2. 教学设计优化阶段

- 教师根据课堂改革理念和要求，对原有教学设计进行全面反思和优化，突出学生的主体地位，注重教学方法的创新和多样化。

- 以学科教研组为单位，组织教师开展集体备课活动，共同研讨教学设计，分享教学资源，提高教学设计的质量和水平。
- 邀请专家对教师的教学设计进行指导和评估，提出改进意见和建议，帮助教师不断完善教学设计。

3. 课堂实践阶段

- 选择部分班级和学科作为课堂改革试点，教师按照优化后的教学设计进行课堂教学实践，探索适合本校实际的课堂改革模式和方法。
- 定期组织课堂改革公开课、观摩课等活动，让教师相互学习、借鉴经验，共同提高课堂教学质量。
- 及时收集学生和家长对课堂改革的反馈意见，了解学生的学习感受和需求，不断调整和优化课堂改革方案。

4. 总结反思阶段

- 定期组织教师对课堂改革实施情况进行总结和反思，分析课堂改革取得的成效和存在的问题，提出改进措施和建议。
- 开展课堂改革经验交流活动，让课堂改革成效显著的教师分享成功经验和做法，带动全体教师共同进步。
- 将课堂改革实践中的优秀教学设计、教学案例、教学反思等整理成册，形成学校课堂改革成果集，为今后的课堂改革工作提供参考和借鉴。

八、监督与反馈

1. 成立课堂改革监督小组

- 由学校领导、学科骨干教师等组成课堂改革监督小组，定期巡查课堂，观察教师的教学行为和学生的学习状态。
- 对课堂改革实施情况进行全面监督和评估，及时发现问题并提出整改意见和建议，确保课堂改革工作顺利推进。

2. 组织教师交流活动

- 定期组织教师开展课堂改革经验交流活动，分享课堂改革实践中的成功经验和遇到的问题，共同探讨解决问题的方法和策略。
- 通过网络平台、微信群等方式，建立教师交流群，方便教师随时交流课堂改革经验和心得，及时解决遇到的问题。

3. 根据反馈及时调整课堂改革策略和措施

- 认真对待学生、家长和教师提出的反馈意见和建议，对合理的意见和建议及时采纳并将其融入课堂改革方案中。
- 根据课堂改革实施过程中的实际情况和问题，及时调整课堂改革策略和措施，确保课堂改革工作符合学校实际和学生需求。

九、注意事项

1. 课堂改革要循序渐进，不可操之过急，避免给教师和学生带来过大的压力和负担。
2. 关注教师的适应过程，提供必要的支持和培训，帮助教师尽快掌握课堂改革理念和方法，提高课堂改革实施能力。
3. 重视学生的反馈，及时调整教学策略以满足学生需求，让学生真正成为课堂改革的受益者。
4. 与其他学校开展交流合作，借鉴先进经验，不断完善本校的课堂改革方案和实践。

这个案例展示了如何设计一个全面而详细的课堂改革方案，并考虑了多个方面，以确保改革的成功实施。当然，每所学校的情况不同，具体的改革方案需要根据实际情况进行调整和优化。

第二个关键事件：更换一张评价量表

英国经济学家凯恩斯认为，任何一项改革在实施中遇到的真正困难，不是发展新的观念，而在于从旧有观念世界中剔除不适宜的成分。

这句话在学校课堂改革中同样适用。到学校参加听课活动时，我经常会看到学校设计的或者是上级教育行政部门统一编制的课堂评价量表，对照学校提出的课堂改革主张，很明显就能看出，二者之间匹配度极低。评价表中的条条款款，与学校课堂改革的要求常常毫不相关，甚至有相背离的情况。如果教师就拿着这样一张陈旧的量表，对照教师的真实课堂赋分、评价。那么，我们想要的课堂会出现吗？

因此，我建议管理者，把已经用了多年的学校课堂评价量表拿出来，逐条地进行审核，本着批判性反思的原则，剔除那些不符合课程改革新理念的标准或者有争议的标准，以正确地引导教师的教学。无论我们改革的重点是什么，由“教”转向“学”已经成为基本的常识，因此，剔除或淡化评价教师的内容，强化或凸显评价学生的内容，应该成为一种主流的方向。我们以表4-36为例。

表4-36　课堂评价量表修订对照

可剔除部分	可强化部分
教学过程完整 教师语言流畅，普通话好 教师教态自然、大方 教学过程完整、顺畅 教学时间把握得当 善于使用多媒体 评价及时、有效、生动 ……	目标的达成情况 思考、批注、笔记、习惯等独立学习过程是否良好 合作学习过程：角色分工是否准确，学习的深度有没有达成，学生发言是否聚焦 情感价值观：师生关系、生生关系和谐度，上课的氛围、个性的凸显 ……

课堂评价表就是“风向标”，能为教师提供明确的改革方向和标准，帮助他们理解改革的具体要求，促使教师将改革主张落实到具体的教学实践中。同时，教师能够时刻对号入座，依据量表对自己的教学进行评估，发现不足并进行改进。管理者也可以以此对教师的课堂进行相应的评判，判断其是否达到课堂改革的预期目标。

当然，学校对课堂改革的定位不同，“改”的方向千差万别，那么课堂评价表也就有了各种样貌。学校要根据自己的需要进行设计，只有这样，其评估、引导、督促等功能才能真正发挥出来。

比如，一所学校在大力推行小组合作学习，那么就可以有针对性地设置评价量表，示例见表4-37。

表4–37 课堂评价

观察维度	观察项目	选项（可多选）	备 注
课前有效准备	小组人数设置	A. 2人 B. 4人 C. 6人 D. 8人以上	
	小组人员分工	A. 非常明确 B. 一般 C. 不明确	
	明确教授合作技能	A. 符合 B. 一般 C. 不符合	
课堂有效教学	教学目标	A. 涵盖学术性目标和社交技能目标 B. 有学术性目标，无社交技能目标 C. 有社交技能目标，无学术性目标 D. 无目标	
	互动方式	A. 师生互动 B. 生生互动 C. 组组互动 D. 生组互动 E. 师组互动	
	组内同伴关系	A. 轻松活泼、互帮共进 B. 偶尔合作，效果一般 C. 冷淡漠视、关系对立	
	课堂竞争与合作并存	A. 符合 B. 一般 C. 不符合	
	学生合作讨论的时间	A.3分钟以内 B.4~8分钟 C.9~15分钟 D.15分钟以上	
	学生的汇报积极性	A. 全部小组举手 B. 多数小组举手 C. 少数小组举手	
	教师的反应情况	A. 耐心等待 B. 四处巡视 C. 监督指导 D. 写板书	
	教师的指导情况	A. 直接告诉学生解决方法 B. 引导启发学生思考 C. 置之不理 D. 停下来，全班讨论	
课后有效评价	教师评价内容侧重点	A. 围绕合作结果进行评价 B. 围绕合作技能进行评价 C. 围绕汇报表现进行评价 D. 简单评价 E. 无评价	
	评价主体多元化	A. 符合 B. 一般 C. 不符合	
	评价方式多角度	A. 符合 B. 一般 C. 不符合	

如果学校的课堂改革重点在于凸显“以学为中心”，把学生课堂的状态作为关注的重点方向，则可设计完全不同的观察量表。（见表4–38）

表4–38 课堂观察

观察维度	课堂观察点	课堂记录
学习习惯	课前准备做得怎样	
	是否主动探究，积极思考	
	对教师的言行是否有所思考和感受	
	是否愿意与同学积极交换学习心得	
	是否及时记录重点内容	
学习态度	学习兴趣是否浓厚	
	学习情绪是否高昂	
	学习中，能否大胆质疑和自己不同的观点，提出不同意见	
	参与教学活动是否积极、认真	
	是否积极举手回答问题	
学习能力	听课时，注意力是否集中	
	在学习中能否自觉从各种给出的学习资源中自主选择、重组信息，能否发现规律，形成自己的见解并有效表达自己的观点	
	学习中，能否应用已经掌握的知识与技能，分析、解决新问题	
	能否时刻反思自己的学习行为，调整学习策略	
	能否在学习过程中对自己做出中肯的评价	
	能否有意识地与他人合作、交流，并在合作过程中关注他人的意见和感受	
总　评		

量表在哪里，课堂就指向哪里。不难设想，我们让教师天天带着一份怎样的量表去观察课堂、评议课堂，他也就会带着怎样的标准去备课、上课。久而久之，我们提倡的教学改革理念便会深入人心。

第三个关键事件：迭代一套教研机制

我们在前文“校本研修迭代与改进”的内容中，已经详细阐述了校本研修如何从内容、形式、评价等方面进行重新定位。我这里想强调的是，如果想大张旗鼓地推行课堂改革，校本教研必须形成强有力的支撑力量，用专业的生活方式，为课堂改革的顺利推进提供动力。

这个支撑力量不应完全来自教师团队的自发行动，而应该有相应的管理部门做好设计，有意识地提供支持。具体来说，相关部门可以做好以下工作。

- 深入研究和分析学校提出的课堂改革思路，明确改革的目标、内容、方法和预期效果。这有助于确保所有相关人员对课堂改革有清晰、统一的理解。
- 为教师提供与课堂改革相关的专业培训，帮助他们掌握新的教学方法和策略。培训可以包括理论讲解、案例分析、实践操作等多种形式。
- 定期对课堂改革的实施情况进行监督和评估，确保改革按照计划进行，并及时发现和解决实施过程中出现的问题。
- 积极收集教师、学生和家长对课堂改革的反馈意见，将这些意见整理分析后提供给学校决策层，为改革的持续改进提供参考。
- 组织教师分享课堂改革的经验和心得，鼓励教师之间进行交流和讨论，形成积极的教研氛围，推动课堂改革不断深化。
- 协助制订课堂改革的评估标准，明确改革是否达到预期效果。这可以为学校决策层提供决策依据，也可以为教师改进教学提供指导。

总之，要以学校出台的课堂改革方案为轴心，设计系列教研活动，做到聚焦主题，为课堂改革做好服务。这就是前面讲到的，教研内容要“对症下药”。

第四个关键事件：树立一群课堂改革榜样

在课堂改革过程中，积极寻找、发现、树立教师榜样，有着积极的价值。榜样能够为其他人提供一个具体、可效仿的目标，激发他们努力向上的动力。通过榜样，人们可以明确课堂改革的方向和目标，避免在改革过程中迷失方向。看到别人成功的例子，既可以使整个团队增强改革的信心，相信自己也能够取得成功，也可以促进教师之间的交流与合作，共同推进课堂改革。

因此，在设计课堂改革方案的时候，就应该把走在课堂改革前沿的人作为关键人物考虑进去。在课堂改革过程中，不妨评选以下的人为榜样：

- 改革先锋：那些勇于尝试、敢于创新，并取得一定成果的教师。
- 教学效果显著的教师：那些能够明显提高学生学习效果、促进学生全面发展的教师。
- 学生喜爱且尊重的教师：具备良好的教育教学能力，能够赢得学生的信任和喜爱的教师。
- 持续学习与成长的教师：那些不断学习新知识、新技能，努力提升自己的教师。

评选出榜样后，要通过多种方式发挥其积极作用。比如，通过会议、宣传栏、网络平台等多种渠道，宣传榜样的先进事迹和成功经验，让更多的人了解并学习；组织榜样教师与其他教师的交流活动，让榜样教师分享自己的改革经验和心得，激发其他人的改革热情；为榜样教师提供必要的资源和支持，如培训、资金、设备等，帮助他们更好地发挥自己的作用；对榜样教师给予适当的奖励和荣誉，如颁发奖项、授予荣誉称号、成立名师工作室等，以激励他们继续发挥榜样作用。

第五个关键事件：收集一批课堂改革成果

及时收集课堂改革成果，也是促成课堂改革顺利进行的关键事件。这些成果不仅可以帮助我们评估课堂改革的效果，还可以为未来的课堂改革提供宝贵的经验和借鉴。例如，可以定期编辑《教学案例集》《教学故事集》《优秀教学设计集》《教研项目报告集》《教学反思和经验总结集》《教育研讨会或学术会议记录》《教研活动实录集》等。

在成果收集的具体操作过程中，应注意以下问题：

- 明确收集目的和内容：根据课堂改革的具体目标、期望的成果类型以及收集的方式等，收集和遴选相关成果。
- 制订详细的收集计划：包括确定收集的时间节点、责任人、收集方式等。
- 多样化的收集方式：如问卷调查、访谈、观察、文档分析等，更加全面地了解教师的课堂改革成果，提高教师的参与度和积极性。
- 建立成果分享平台：可以是在线社区、内部网站或者定期的研讨会等，让教师可以互相学习和交流。
- 鼓励教师参与评价：采用教师互评、学生评价等多种评价方式，提高评价的客观性和准确性。
- 及时反馈和跟进：对收集到的课堂改革成果进行及时分析和反馈，对课堂改革过程中出现的问题进行及时跟进和处理。
- 建立激励机制：如设立课堂改革成果奖、提供培训机会等。
- 持续更新和改进：收集和分析教师的课堂改革成果应该是一个持续的过程，以便及时发现问题并进行改进。

第六个关键事件：打造一项课堂改革品牌

课堂改革伊始，学校就应该有强烈的品牌意识，对课堂改革的终极成果做出预设。品牌是课堂改革的重要成果之一，它能够提升学校的社会影响力，吸引更多人的关注和支持。

许多课堂改革实验校涌现出了相当多的课堂教学品牌，比如：北京实验学校（海淀）的“魅力课堂”，聊城东昌中学的“大三六”学改系统，上海世博家园实验小学的“学习共同体”课堂，宝鸡高新第三小学的“新发现式学习”，郑州陈中实验学校的“习育课堂”，铜陵铜都双语学校的“五环大课堂”，南京市莫愁湖小学的“让学习看得见”展学课堂，重庆市璧山区凤凰小学的“童创课堂”，深圳市龙华区实验学校的“观试论问”问题解决式课堂。

在谈起这个问题时，很多校长都觉得我在“痴人说梦”，认为自己如此普通的学校，如何能跟“品牌”二字挂上钩？其实，只要进行了“真课堂改革”，形成了“真经验”，都有机会打造出“真品牌”。很多课堂改革名校，原本不也是默默无闻吗？

江西省万载中学的初中部，规模不大，极其普通，其校长提出了建设“灵动课堂”的课堂改革主张。为此，学校进行了缜密的顶层设计和扎实的实践研究，同时借助外界智慧的加持，对“灵动课堂”的内涵、特点、操作要领、评价方式等展开了持续的探索与实验，并取得了较大突破。在这个过程中，不仅学生呈现出思维灵活、爱学习、会学习的特征，教师团队也获得了长足的进步。我亲自参与并见证了这个课堂改革的过程，也深深感受到，一所学校如果真正走上课堂教学品牌的建设之路，将会给学校发展注入无穷的动力。

当然，将课堂改革成果转化为课堂教学品牌是一个涉及多方面的过程，以下是一些建议。

（1）明确课堂改革成果。要清晰地了解课堂改革的具体成果，包括教学方法的创新、学生学习方式的改变、教学资源的优化等方面，要明确课堂改革成果有助于后续的品牌定位和推广。

（2）品牌定位。根据课堂改革成果，确定课堂教学品牌的核心价值。例如，如果课堂改革成果强调学生的主动学习和实践能力的提升，那么品牌可以定位为“实践创新课堂”。

（3）制订品牌策略。在品牌定位的基础上，制订具体的品牌策略，这包括品牌名称、标志设计、教学理念、教学方法等方面。确保品牌策略与课堂改革成果紧密相连，能够准确传达品牌的核心价值。

（4）推广与宣传。通过各种渠道推广和宣传课堂教学品牌。可以利用学校官网、社交媒体、教育论坛等平台，发布品牌信息、教学案例、学生成果等，提高品牌知名度和影响力。

（5）持续改进。课堂教学品牌的建设是一个持续的过程。要定期收集学生和教师的反馈意见，了解品牌的实际效果，并根据反馈进行改进。同时，关注教育领域的最新动态，不断更新和完善品牌策略。

（6）寻求合作与支持。与相关行业和机构建立合作关系，共同推广课堂教学品牌。例如，可以与教育科技公司、教育机构、教育媒体等合作，共同研发教学资源、开展教师培训等活动，提升品牌的专业性和影响力。

（7）培养学生成为品牌传播者。让学生在课堂上充分体验课堂改革成果，让他们成为品牌传播的积极参与者。学生的口碑传播可以扩大品牌的影响力。

通过以上步骤，可以将课堂改革成果转化为具有独特价值和影响力的课堂教学品牌，提升课堂教学质量，促进教育创新与发展。当然，要确保品牌与实际改革成果相符合，避免出现"名不副实"的情况，更不能急功近利、弄虚作假。这是教育者应该自觉摒弃的行为。

综上所述，以上六个关键事件对于课堂改革的推进具有重要意义。抓住这些关键事件，深入研究、充分调研、明确目标、制订措施、确保实施效果，有助于课堂改革顺利推进并取得成功。

3. 抓住课堂改革的"痛点"

在课堂改革的过程中，管理者与教师常常会被触及痛点，如果不能正视和关注这些痛点，化解痛点带来的麻烦，那么身处课堂改革中的人往往会出于心理安全的考虑，不由自主地选择停止前进或退回原地。

比如，有学校提出了"由教到学""以学为中心"的课堂改革主张，但一放手让学生自学、合作，麻烦就来了，教学时间根本不够用，45分钟内常常完不成预设的教学任务。出于对成绩下滑的恐惧，很多教师认为这样的做法行不通，太理想，很快重返"满堂灌"的老路。

这就是课堂改革过程中的痛点。面对痛点，能否正确归因是关键，如果简单把完不成教学任务的原因归结为方法不当，课堂改革出现停滞就是必然的。如果我们深入观察课堂，就能找到问题所在：

学生尚未真正养成自主学习、合作学习的习惯；因为自学不到位导致无效展示浪费了课堂时间；教师课堂流程分配不合理，不该把全班集体展示的内容也拿来展示；本应让学生独学、对学、群学的内容，教师不放心又重新讲解一遍……

正是这些原因导致了课堂时间不够。作为管理者，如果能够敏锐地捕捉到这些痛点，厘清真实的原因，找到解决的策略，就能保证课堂改革的推行“少走弯路”。

因此，管理者是否有能力发现痛点，并带着团队描述痛点、研究痛点、解决痛点，就成为课堂改革成败的关键所在。因为这个过程正是经验诞生的过程，它能够构成教师行动研究的完整链条，痛点被解决之后，则会变成课堂改革的生长点和幸福点，支撑教师走向更远的地方。

作为管理者，不能回避关键问题，绕开痛点，而应该将其作为改革整体推进的突破口，围绕痛点，形成直面问题、解决问题的思维方式。只有这样，我们提倡的“以学为中心”的课堂才会逐步浮现。

下面就课堂改革的四个常见“痛点”问题略加说明。

痛点一：忽略了课堂教学的“精准内容”

几年前，我曾在一所学校的语文组做过一个实验。我让几名教师围绕一篇课外小说设计教学方案，结果发现，几名教师的教学设计都很完整、周密，教学方式丰富、精彩，课堂驾驭能力也表现得游刃有余，但关于这篇文本到底应该教会学生什么，让学生掌握哪些知识，训练哪些能力，提升哪些素养这几个方面，几个人的想法大不相同。这还不是根本问题所在。再深究一步，对学生而言，小说的教学要求是什么，课程标准是如何界定的，大家的认识很模糊。

课堂改革以来，人们把注意力过多地倾注于“自主、合作、探究”等教学方式的研究上，并将这些内容列为重要的课堂评价指标。教师把时间、精力更多地用在“怎么教”上，而对“教什么”明显缺乏缜密的思考。大家没有从思想上解决对课堂改革本质的认识，只在“招式”上做表面文章。

“教什么”是对教学内容的理性思考，是在上课前首先要解决的问题，“怎么教”则侧重方式方法，由教学内容所决定。“教什么”是“道”，是方向；“怎么教”是“术”，是方法。教什么永远比怎么教更重要。打个比方，如果说“教什么”是我们要去的地方，那么“怎么教”就是到达这个地方所采用的交通方式。如果连要去的地方都没搞清，那么不管骑自行车、开车还是坐飞机，我们能到达目的地吗？答案当然是否定的。

《义务教育语文课程标准（2022年版）》提出“教—学—评”一体化的问题，而清晰的目标就是实现“教—学—评”一体化的前提和灵魂。保证学段、学期、单元、课时的一致性，从而形成清晰的目标链，是让教学走在正确轨道上的前提。就教材的内容而言，它们的教学价值是什么？对具体的学生来说，教师应该选择怎样的教学内容？这些，是远比教学方式更重要的问题，是教师在选择教学方式之前必须弄明白的事情。

要想真正做到“内容精准”，可以从四个“选择”做起。

（1）教学重点的选择：从“知识”到“人”。教学重点放在知识的传授上还是放在人的发展上，教学价值选择会有极大不同。可惜的是，我们很多时候在真正的课堂上忽略了“人”，只把传授知识当作了唯一的教学目的，教学重点显然出现了偏差。北京师范大学的张志勇教授曾指出，单纯地围绕着应试教育而进行的知识教育存在严重缺陷：

- 不重视人的德行成长，脱离生活、脱离社会。
- 忽视体育和美育。
- 排斥对人的创新教育与实践能力教育。

总而言之，追求分数的知识教育本身无法真正承载起改变人命运的神圣使命。在课堂改革过程中，一定要警惕把知识等同于书本知识，把知识的来源“窄化”为教材、教辅、作业，把学习理解为刷题，等等。这些做法不能为学生的未来服务，更称不上是“以学为中心”。

（2）教材价值的选择：从“教教材”到“用教材教”。不少教师认为，教材是专家编制的课程“产品”，具有绝对的权威性，作为教师，只有服从。这种教材观强调的是“教教材”，而真正优秀的教师应该强调的是“用教材教”。

“教教材”，看起来天经地义，教材怎么说，我就怎么讲，完成教材规定的任务就算完事儿了，但这种只对教材负责的做法是比较狭隘的。“用教材教”则不同，教师不仅仅是解释教材，而是用教材做“诱饵”，去引导学生思考，“用教材教”是一个动态、可延伸的过程。

理想的教育应该是使全世界变成孩子的教科书，而不是将教科书变成孩子的全世界。从这个意义来说，“教教材”与“用教材教”有着分明的界线：一名教师考虑教材以内的东西，可以称为“深挖洞”，如果还能考虑与教材相关或与教材暂时无关但与学生未来有关的东西，则可称作“广积粮”。很显然，后者才是真正把“人”摆在中心位置的教学思维。

（3）教学模式的选择：从“僵化”到“灵动”。我到很多学校拜访时，许多校长千叮咛万嘱咐：能不能帮我们设计一套教学模式？

教学本身是一种价值负载的活动，这种“价值”有着丰富的内涵，绝不仅限于知识的发展。绝大多数学校提出的“教学模式”，几乎都把着眼点落在学生获取、掌握知识的层面上。尤其是硬性规定的“讲几分钟”“练几分钟”，更使这种课堂追求达到了极致。课堂教学的伦理价值可以理解为学生的生命价值，没有什么比生命更值得关注。由此追问：我们的教学模式，为课堂营造了什么样的生态？生命在哪里？当学生的生命存在完全让位于知识的存在，生命的价值沦落于知识的价值之下，这是多么可悲的事情！

要知道，造成这一事实的根源并不仅仅在于教师对学生生命的漠视，而是僵化的、单一的教学模式无力为生命提供鲜活的生存环境。“人”不见了，教学还有什么意义？

（4）教学形态的选择：从“刷题”到“讲求情境、跨学科的学习”。新课程方案指出，要让学习行为发生在实验室、实习场所等职业生活的场景下，以学生独立完成的作品质量来衡量其学业水平。课程应“突出学科思想方法和探究方式的学习，加强知行合一、学思结合，倡导“做中学”“用中学”“创中学”，这里强调的是从“坐而论道”转向“做而论道”。

“原则上，各门课程用不少于10%的课时设计跨学科主题学习。”例如，推进综合学习，探索大单元教学，开展主题化、项目式学习等综合性、探究性教学活动，凸显学科融合。这是强调教学模式要从“解答型”转向“解决型”，这样培养出来的人才是真正能够适应未来社会的。追求真实情境下的学习，追求跨学科的学习，才是真正的“以学为中心”。

凸显“精准内容”的价值与意义，有助于学生知识结构、学科素养、人格修养、独立思考能力、价值判断能力、抗挫折能力等方面的完善和提高。但也不得不说，在追求“升学率”的大环境下，课堂教学的“精准内容”依然是课堂改革最大的“痛点”。

痛点二：未建立课堂教学的“完整机制”

制约学生学业成绩提高的很大原因是学习动力的丧失，甚至是学生生命活力的丧失。这在我进入学校、接触学生的过程中感受极深，这个问题也深深困扰着教师。要想推动课堂改革，这是无法回避的难点和痛点。

毋庸置疑，从管理的角度而言，大部分学校仍然把更多精力用在关注成绩、强调结果上，天天把第几名挂在嘴上，很少强调动力，强调成绩背后的东西。这样的环境很容易让学生遇到挫折一蹶不振，或者陷入爱慕虚荣的泥坑。只有关注学生的动力系统，学生才会有终身成长、终身学习的想法，遇到困难才不会怕，才会逢山开路、遇水搭桥。只有兴趣、梦想、成就感、逻辑思维、阅读能力、批判思维、时间管理等这些构成自我进取底座的内容壮大了，学生才能达成“自我驱动＋自我赋能＋自我进化”的状态。

显然，很多时候，课堂所倡导的文化是与此相反的。我们强调的是什么？一是“控制”文化，追求绝对的整齐划一；二是“圈养”文化，把学生的每分每秒都安排好，学生甚至吃饭都要跑着去，连睡个囫囵觉都没时间，这时谈学习的自主性、内驱力，显然缺乏说服力；三是“丛林”文化，强调竞争，提高一分干掉千人，专注、自信、乐观、合作，都成了被牺牲的代价。这些都在不断破坏学生学习力的生成。我把这种情况称为“扭曲的课堂文化”，而扭曲的课堂文化正是学生学习力丧失的重要根源。在这样的课堂文化中，一些学生有人的外形，有乖巧听话的行为模式，但是没有人的性格、缺陷、情感、情绪，变成了机器人一般的存在。这时候谈“以学为中心”，只能是笑话。

因此，我在很多场合反复讲，如果我们下定决心要变革课堂，必须将学习发生的基本机制与课堂紧密结合，才有可能实现实质性突破。

我曾将学习发生的基本机制概括为四句话：始于心，动于脑，落于行，归于人。其中，归于人是学习的最终目的和结果。始于心、动于脑、落于行就像是三个齿轮，三个齿轮互相咬合、互相带动，代表学习的过程，其中一个齿轮动力不足，或相互间的咬合不紧密，都会影响学习的效率。这里我对这三者的内涵做个简要介绍，为课堂改革工作提供一些思路。

始于心就是“想不想学”。如果一个人缺乏学习的动机，缺乏学习的热情和兴趣，没有内在的“自我驱动”，学习就很难真正发生。被逼迫、被强制学习的学生，很难取得良好的学习效果。

动于脑就是“会不会学”。在学习时，很多学生的大脑处于被动接收状态，学生会将教师所讲的话都认认真真记录下来，即使教师讲错了，他们也不会提出疑问，如同一台不知疲倦的“复印机”。这些学生花费大量时间和精力在机械记忆和反复操练上，缺少深度加工思维，学习的东西都是碎片式的，零零散散的，不能跟其他知识联系起来，缺少知识的连接和再创造，学习效率很差。

落于行就是“肯不肯学”。真正的学习一定是边学边想，边想边做，想做结合的。学习上不愿意动脑的学生，不愿深度思考知识间的内在联系，不愿归纳总结学科规律和学习方法，很难形成解决复杂问题的能力。时间长了，学习能力就下降了。

归于人就是“成不成学”。不能以简单的分数、排名来衡量学习的成效，而应以学生的成长和发展来作为衡量的标准。衡量学习成效的指标有两个：一个是人，另一个是未来。让学生感受到自己的价值，让自己变得越来越向上、向好，让所学的东西真正有益于学生未来的生活，这才是有价值的学习。

只有学习发生的基本机制是完善的，学习才可能处于正循环的良性状态。学校不妨建立起与此机制相对应的教研体系，从而为课堂改革提供助力。下面的教研主题设计表4-39可供参考。

表4-39 教研主题设计

序号	项目	教研主题
1	始于心：想不想学	1. 影响学生学习意愿的内部因素（如兴趣、动机、自我效能感等）；2. 外部环境对学生学习意愿的影响（家庭氛围、学校氛围、社会文化等）；3. 教学方法与学生学习意愿的关联；4. 教师个人魅力对学生学习意愿的影响；5. 评价体系与学生学习意愿的相互作用；6. 学生同伴关系对学习意愿的影响
2	动于脑：会不会学	1. 学生学习方法和学习习惯的培养与探索；2. 如何引导学生制订有效的学习计划；3. 提升学生自主学习能力的途径；4. 学生时间管理技巧的研究；5. 如何教会学生高效记忆的技巧；6. 小组合作学习中提升学生学习能力的研究

续表

序号	项目	教研主题
3	落于行： 肯不肯学	1. 学生的意志品质对学习持续性的影响；2. 学生专注力训练策略研究；3. 学生的情绪管理；4. 班级学习氛围对学生学习态度的影响；5. 学习成果反馈机制对学生积极学习态度的影响；6. 榜样作用对学生积极学习态度的激励
4	归于人： 成不成学	1. 培养学生终身学习意识的策略；2. 探索培养学生积极主动学习态度的途径；3. 培养学生自我学习能力；4. 利用校园文化促进学生终身学习观念的形成；5. 家庭、学校、社会对学生终身学习能力的协同培养

痛点三：缺失了课堂教学的“安全属性”

不少课堂的效率不高，很大程度上在于没有给予学生足够的“安全感”。学生在课堂上紧张焦虑，不太敢表达自己的观点，总是揣摩教师的答案，等待教师的肯定。他们的讨论、思考、表达都在“不安全”的氛围中流于形式，最终狭窄化、趋同化。当表达被压制，思想被限制，课堂效果理所当然会被抑制。

在推进课堂改革过程中，要将解决课堂的“安全属性”列为痛点之一。“安全属性”强调的是，要在课堂上给学生营造一种稳定的、放松的、愉悦的、积极的、开放的心理环境。课堂氛围融洽，积极向上，学生的学习能力也就更强、更稳定。学生产生了积极情绪，才会愿意探索，才能培养出真正的创新意识和创造力。

但现实中的许多课堂仍然做不到这一点。在我看到的课堂中，学生表现为沉默、紧张、恐慌、自卑，课堂中的体罚和语言冷暴力的情况并不少见。我们必须承认，一节课传授的知识再多、再快、再高效，如果有学生因为成绩不理想或个性方面的一些原因，而处于一种尴尬、羞愧、自卑甚至压抑的学习状态中的话，这样的课堂绝对算不上“安全”课堂。但是，很多教师偏偏喜欢用制造压力、制造恐惧的方式来管理课堂，显然，这是很容易导致失败的。在我看来，如果一所学校、一名教师总是单纯地靠管理、靠高压、靠刚性的方式来管理课堂，靠不断地制造升学的紧张气氛来维持课堂运转，那么当达到某个临界点后，学生的情绪就会像洪水一样爆发。

不得不说，应试教育是“安全”课堂生态构建过程中的巨大阻碍，也让课堂改革变得困难重重。在应试教育下，不少课堂教学演变成为一种背离人性的活动，完全忽视了教育的生命特性，学校致力于塑造考试的机器、分数的奴隶，而不是致力于把学生培养成具有人格魅力、心智健全、个性鲜明、全面发展的人。这样的课堂是不安全的，也是非生态的，原本应该是充满生命气息的精神交流场所，变成了禁锢心灵的地方。

课堂改革必须把构建一个安全、良好的课堂生态纳入关注的视野。具有安全特性的课堂，应该是教师、学生及课堂环境等诸多要素动态组合、联结共生的结果。其中，“师”和“生”作为最重要的两大元素，对课堂的生态状况起着决定性作用。

那么，如何通过管理课堂达到这一目的呢？可以抓住以下四点。

（1）将良好的倾听习惯纳入教师课堂常规要求。大量研究表明，每个人都喜欢和尊重自己的人交流。养成倾听的习惯、掌握倾听的技巧，是教师创造课堂安全属性的必由之路。好的倾听者是理解学生，不忽视、不急于评价学生的，好的倾听者会向学生传达一种真诚、肯定和无条件的尊重与接纳，让学生感到安全。可把下述要求纳入教师课堂常规要求：

- 当学生发言时，教师向前走几步，用温和、专注的目光看着发言者，适时点头、微笑，必要时可重述学生发言中的关键词。
- 对学生的情感动向和课堂状态有细致入微的把握，能从对话中听出学生不满、厌烦、快乐或喜悦等情绪，并做出积极的回应。
- 当学生出现错误时，不急于打断或纠正，鼓励他继续说出想法和思路，教师以倾听的方式参与、感悟、引导、等待，帮助他们修正错误。

- 如果学生沉默不语，不要太急于催促学生开口讲话，应允许学生稍作思考，设法打消学生的顾虑，或引导学生向其他同学寻求帮助，以相对柔和的方式破解学生的尴尬和紧张。

(2)将展示的舞台留给每一个学生。要为学生提供演讲的舞台，帮助学生找到自信。可以从以下细节着手：

- 教师学会“示弱”。让学生改变等待被教师安排的惰性，在学生展示过程中，教师要努力降低自己的控制欲，尽量减少“下场表演”。
- 避免“精英式展示”。尽量让小组每个成员都参与课堂学习，谨防“尖子生”的“一言堂”。
- 要引导学生形成“肯定＋建议”的评价模式。避免全盘否定式的评价方式带给学生过重的心理压力。

(3)将非正义的课堂行为及时扼杀。教师必须具有正义感，要能够制止课堂上学生之间的各种伤害行为，包括言语伤害、身体伤害，杜绝学生被孤立的现象。

(4)改变非生态的座位组织形式。可改变“秧田式”的座位编排形式，代之以开放的“月牙型”，或“马蹄型”“圆型”，或“环型”、会议型、小组型，拉近教师与学生、学生与学生之间的距离。

好课堂不是骂出来的。学生只有真正被安全感滋养，才能获得身心与学业齐头并进的发展。如何从教师行为入手，探索课堂教学的“安全属性”的形成路径，是管理者必须思考的问题。

痛点四：用不好课堂教学的“科学评价”

评价是一种导向，我们用什么样的标准评价课堂，我们的课堂就会走向相对应的方向。

如果想实现“以学为中心”这一目标，就要找准相关的要素和标准，设计出能够评判这一目标是否真实发生的测量工具。教师应主动对照这些要素和标准，一次次比对自己的课堂，慢慢修正。

我们在前面谈到课堂改革实施路线的时候，已经把修订课堂评价量表纳入其中了。

为什么我要反复强调这个问题？从现实情况看，学校都有自己的课堂评价标准，在听课评课时，教师都会带着评价量表，打分完毕后交给教务处，有些学校甚至有教研室研制的统一的评价标准。但说实话，这些评价量表能否有助于课堂实现积极转向呢？现实情况不容乐观。有些学校使用的还是几年前，甚至十几年前制订的课堂量表，条目陈旧。虽然教育界在不断提出课堂改革的新要求，但天天使用这样一份课堂量表，其结果注定会南辕北辙。

怎么解决这个痛点？很简单，给大家一个建议：组织优秀教师，形成专业力量，把学校的课堂评价量表拿来认真分析，对其中的指标和标准进行批判性反思，把其中不能体现“以学为中心”的要素拿掉，列入必要性的条款，并应用于课堂实践。反复修订几次，我想，我们离“以学为中心”的课堂目标会越来越近。

这就是工具的价值：让抽象的理念变得具有可操作性，能够落地。管理者要善于将每一个抽象的理念转化为一个个可感、可知、可识、可用的“工程学问题”，形成解决教育现场真实问题的能力清单和方法清单，通过行动将教育的先进理念真实落地。课堂评价量表的变革，会给课堂改革带来一系列积极的变化。

以上四点是课堂改革推进过程中常见的挑战和障碍，也就是我们所说的痛点。

任何人在管理上投入的时间、精力都是有限的。在推进课堂改革的过程中，能够抓住痛点深耕不辍，紧紧牵住“牛鼻子”，是管理者应该具有的能力。

识别痛点后，管理者需要将这些痛点纳入重点研究范畴，以研究主题的方式持续推进，最终形成一套具体的解决方案或策略。管理者要针对痛点，设置常规管理手段，通过定期的调查问卷、座谈会等方式，实现持续的监测与反馈，并基于监测和反馈的结果，不断优化和改进课堂改革的策略和方法。这是一个发现问题、解决问题、再发现问题、再解决问题的循环反复的过程。

总之，管理者要紧紧围绕痛点设计管理思路，在明确问题、制订策略、持续监测、优化改进、培训指导、资源投入和形成长效机制等多个方面予以强化，确保课堂改革的顺利进行和最终成功。

深度思考

◎ 请你真实地做个自我评判：在自己所在的学校，你是否真的有勇气掀起一场课堂的“革命”？

◎ 你是否有课堂改革失败或遇到瓶颈的经历？你从中得到了怎样的经验教训？

◎ 你学习过哪些名校的课堂改革经验？你认为其中是否有可供自己学校借鉴的点？

◎ 如果你准备推行课堂改革，你计划分几步走？

第五章　共育共生：学校生态系统打造

- 共育共生：学校生态系统打造
  - 文化“重构”塑“魂”
    - “重构”的价值
    - “重构”的关键
    - “重构”的切口
    - “重构”的步骤
  - 家校“共育”铸“根”
    - 把握共育内涵
    - 帮助父母成长
    - 建立参与机制
    - 畅通沟通渠道

现场速记

现场一

我曾经与一位高中校长产生过一次争执。就如同国内大多数高中学校一样，他的学校从校园、走廊到教室，到处悬挂着刺眼的“提高一分，干掉千人”“只要学不死，就往死里学”“两眼一睁，开始竞争”之类的口号，甚至在升旗仪式的时候，学生被集体组织起来，要求声嘶力竭地喊这些口号。我认为这样的“口号”已经不是教育，“丛林文化”的蔓延贻害无穷。而这名校长认为，“狭路相逢勇者胜”，口号一喊，学生激情无限，至于有些学生在高压之下出现心理问题，这是“弱肉强食，物竞天择”的结果，淘汰了也没什么可惜的，谁让你是个弱者呢？

现场二

在广东参加一个班主任培训时，一位来自佛山市的年轻教师跟我吐槽，他们学校的家校关系极其“恶劣”。家长和教师对立情绪严重，双方互不信任。班主任常常遭到各种投诉，搞得他们焦头烂额。她的发言，得到了在场很多教师的积极回应。

反思感悟

什么是学校的生态系统？良好的学校生态系统包含哪些要素？如何建立起支撑学生健康成长的学校价值体系？如何创建富有生机的家校共育关系？要营造安全和谐的环境和氛围，可以从何处着手？

一、“重构”文化，塑造学校之“魂”

走在一所学校的校园里，我常常能敏锐地感觉到这所学校“有魂”还是“没魂”。这听起来有些玄乎，但它成了我的一种执念，极为深刻地影响着我对一所学校的认知和判断。

譬如，一所学校看起来过于沉闷，学生、教职工忙忙碌碌，缺乏交流和互动，这都会使整个学校显得极为冷清，缺乏生气和活力。再如，学校缺乏自己独特的文化氛围，师生感受不到本应弥漫在学校中的凝聚力和归属感。

归纳起来，在某种程度上，如果学校不能营造独特的氛围和精神内核，不能让师生、教职工感受到学校的魅力和价值，那么，学校大概率会处于“没魂”的状态。

1. 不妨对学校文化进行“重构”

我想，还是从一个故事讲起。

这是几年前发生的一件事。我的一个同学当了一所小学的校长，他向我“求助”，说上级部门推出“一校一品”的校园文化评估制度，所有学校都要参评，评估结果要公示。但他刚刚调到这所城郊接合部的普通学校，学校倒是有30多年历史了，不过校舍年久失修、陈旧破烂，校园文化建设几乎一片空白。他对学校的情况还不熟悉，而评估一两个月之后就要进行，怎么办？

我向他建议，抓紧调研学校的发展历史。可以开展教师座谈会收集相关信息，或者面向学生、家长收集相关信息，好好梳理一下学校发展的历史，在这个基础上做一个校园文化建设的整体规划出来。他叹口气，说："来不及啊！"

聊天就此结束了。过了两三个月，他忽然联系我，告诉我一则喜讯：市里组织的校园文化评估工作结束了，他的学校被评为"十佳"，而且名次靠前。我感到困惑，几个月前还是"破烂不堪"的学校，文化建设一片空白，怎么这么短的时间里就脱胎换骨了？这样的"奇迹"是怎么创造出来的？

我的同学在电话里笑了。他告诉我，自己找到了一个"捷径"。他和南方一所百年名校的校长取得了联系，拿到那所学校全套的校园文化建设方案，然后找到装修公司，依葫芦画瓢，进行复制。不仅是装修风格，连那所学校的办学理念、三风一训，全部实行"拿来主义"。短短的时间，学校"改头换面"了。

他说，反正一南一北，相距遥远，谁也不会影响谁。评委们不仅没看出来，相反，还对他们学校刮目相看，赞不绝口。

这件事给我的触动很大。什么是学校文化？学校文化到底应该如何打造？我想这应该是每个校长都要思考的问题。

毫不夸张地说，学校原本应该是一个文化机构，但在相当一部分学校中，已经越来越看不到"文化"的味道了。我最近几年专门从事学校的跟踪指导工作，走了几百所学校，发现这种现象是非常严重的，集中表现为两点：

一是"千校一面"问题严重。走在大多数学校里，我都有似曾相识的感觉。一样的标语，一样的装饰，仿佛"批发"而来，庸俗而粗糙。许多地方教育行政部门提出了"一校一品"的学校文化建设要求，但部分校长缺乏对学校文化的正确理解，加上学校自身积淀不够，导致这样的要求只停留在空泛的概念层面，根本没有被真正转化为文化的力量。学校文化建设被降格为"装修艺术"，只注重"涂脂抹粉"，内里缺少灵魂，空洞乏味。如同前面案例中提到的学校，抄袭来的标语口号到处都是，校训、校风、校歌可以在一夜之间诞生，尽管如此，这样的学校还能被评为“十佳”，不能不说荒唐和怪诞。

二是“虚伪文化”盛行。很多学校都在标榜自己学校文化建设的成就，提出“和谐校园”“美丽校园”“民主校园”“温馨校园”“梦想校园”等五花八门、五彩缤纷的说辞，似乎我们的教育“忽如一夜春风来”，呈现出“百花齐放”的大好局面。但事实呢？稍稍细心观察便可看出，这些悦耳动听的所谓“文化”，不过是用来装点门面、邀功请赏的谎言而已。有一次我到一所学校去，教学楼的墙上刷着“以人为本、和谐施教”的标语，可是下面楼道里到处都是罚站的学生，公示栏里是各种各样的罚分记录，与和谐毫不沾边。很多学校的文化是虚伪的，不管是否适合自身实际，就盲目炒作一些似懂非懂的“新名词”，彰显自己的时髦和与众不同。

弥漫在校园中的劣质文化不仅会影响学生的身心健康和学习效果，也会阻碍教师的专业发展和教育创新。我曾在一次研讨会上听到某位教师这样说道：

当今的学校，缺乏文化敏感性和自觉性，意识不到自身的文化堕落，又不去与有损于自身文化特性的事物对抗，却去另搞一套“涂脂抹粉”式的文化建设。这种奇异现象的存在，影响极其恶劣。一方面，学校是社会的“文化高地”和“道德高地”，甚至是社会最后的文化与道德防线，学校滑入没有文化的深渊，就意味着社会失去了一道文化屏障。另一方面，学校的文化堕落，又会反过来加剧社会的文化堕落。更糟糕的是，年轻一代都生活在学校之中，学校的这种文化堕落、文化虚伪会给他们的心灵以严重的污染与巨大的伤害。

正因如此，在最近几年深入指导学校的过程中，我一直对外传递一个思想：真正追求卓越的校长，一定能够意识到弥漫于校园中的低劣文化带来的恶果，从而自觉克服急功近利的想法，克服自身能力的短板，把文化重构纳入学校变革的重要版图。

文化重构，是指学校对其现有的文化元素、价值观进行重新审视、梳理和整合的过程，旨在剔除隐匿于学校文化系统中不符合人类社会文明发展方向，不符合教育“以人为本”价值追求的糟粕部分，重新构建一个更加符合现代教育理念、适应时代发展需求、促进师生共同成长的新型学校文化体系。

这一过程通常涉及对学校的历史传统、教育理念、师生行为、校园环境等多个方面的深入剖析，以及对当前教育形势和社会需求的精准把握。通过重构，学校可以提炼出更具时代特色的核心价值观，塑造更加积极向上的校园氛围，推动教育教学的创新与发展，实现学校文化内涵和品位的不断优化与升级。

据我观察，很多校长虽然认同这样的观点，但往往因课堂改革本身的不确定性，对现有文化状况的固守，对教职工和学生接受程度的担忧，特别是缺乏相应的课堂改革常识，不能预判文化重构带来的结果等，出现畏难情绪。

这些顾虑是可以理解的。下面，我们围绕一所学校如何重构文化展开一些探讨，希望能给校长们提供一些有效的理论支撑。

2. 抓住文化“重构”的四个关键

在进行任何变革之前，首先要界定关键概念，这样才会确保所有人对关键概念有一致的理解，避免误解和沟通障碍。

余秋雨先生认为，文化是一种养成习惯的精神价值和生活方式，文化的最终成果是精神人格。我把这句话简化为：文化就是一群人说话、做事的习惯。可以看出，文化的力量可以影响两个方面，即思想观念和行为方式。走进校园，师生的一言一行所折射出来的品质、特性、习惯，这些都是文化。文化是通过人来呈现的。

基于这样的认知，我在学校文化重构的过程中，主张抓住“四个关键”。

第一个关键：文化要从学校自身“长起来”

学校文化不能是简单的舶来品，不能从别人那里生搬硬套，那种靠简单地复制粘贴而得来的文化是没有任何生命力的。管理者可以从两个方面寻找文化之根：一个是基于学校的办学传统，从办学历史中去寻找；另一个是基于学校的所属区域，从地域历史、地域文化中去寻找。

想做好学校文化的顶层设计，管理者必须向内深挖学校的精神之源。强调文化要从学校自身“长起来”，就是强调了学校文化的内生性和原创性。

我走访了很多学校，在帮助学校认真梳理的时候，我发现，其实每所学校都有自己的特点，都有自己宝贵的东西，都有自己独有的“精气神”，这个“精气神”就是学校文化之根，它反映了一所学校的精神长相，彰显了一所学校的文化特性，决定了一所学校的教育样态。找到它，学校的文化建设就有了底气。

比如，廊坊市第二十中学，这所新建的学校就从学校所在区域的历史文脉中找到了文化之根。北宋初期宰相吕端是廊坊的名人，毛主席曾用“诸葛一生唯谨慎，吕端大事不糊涂”来评价叶剑英。吕端的“大事不糊涂”正是源于他临大事而不乱，冷静分析形势，找出问题根源，做出正确判断的“明理”之能。因此学校提炼出了“明理”文化的主张，“明理”正是对吕端做人、做事之理的总结提炼。这样的文化表达就是有根的。

再如，都安瑶族自治县河东小学。这所新建的学校位于城乡接合地带，校园东面是一片葱郁的树林，树林里长期栖息着国家二级保护动物白鹭等。人与自然是生命共同体，“天地与我并生，而万物与我为一。”特殊的自然条件，让这所小学在建校伊始，就将教育的目光投向“顺应自然，天人合一”上，提炼出“和·雅教育”的文化主题，坚持“和润童年，雅致成长”的办学理念，构筑育人体系，促进学生全面发展，让教育回归自然，让生命焕发活力。这是学校从所在区域的自然特征中获得的文化启迪。

第二个关键：文化要靠先进价值“亮起来”

学校文化建设成功与否的关键，在于一所学校能否形成清晰、科学、鲜明的核心价值主张，以及这些价值主张是不是全体师生共同遵守的行为准则。

一所学校能够走多远，很大程度上取决于其价值判断力。一所有价值追求和价值坚守的学校，是可以在有限的范围内做出无限改变的。遗憾的是，在和校长、教师开展座谈会的时候，我发现很多学校在这一点上是模糊的，它们没有清晰的文化主张，即使有，也只是校长一个人自说自话。主张大多是写在手册里、挂在墙上的，根本没刻进师生的心里。

在协助学校做文化建设的时候，我总会提前做些问卷调查，很多学校的教师根本说不出学校的校训，哪怕这些校训就在学校非常醒目的地方张贴着，大家仍然不知道。

文化主张包括哪些？常见的标配版包括一个理念（办学理念），两个目标（办学目标、育人目标），三风（校风、教风、学风）一训（校训）。这几点内容的表述是必须清晰的，而且要逻辑自洽。这些主张要符合教育发展的规律，符合时代发展的特点，同时要有学校自己的个性。像“团结、奋进、创新、求实”之类的表达，就过于平庸，没有个性。

杭州市凤凰小学的育人理念之一是“有滋有味”。所有看到的人无不眼前一亮，这个表达既别具一格，又有着深刻的内涵；廊坊第五小学院子里有十几棵柿子树，每到秋天，枝头就挂满了红彤彤的柿子，非常漂亮，学校就把育人理念写成了一个形象的比喻句：“小柿子，个个红。”把期待培养的孩子特质揭示了出来，这样的表达极富个性；上海市普陀区洵阳路小学，校园非常小，但极具特色，学校提出“洵阳”文化，意为“寻找阳光”，并提出“润泽生命，洵美且异”的办学理念。洵阳路小学学校文化大厅的主题墙上有一幅油画，画的是教师曾勾勒过无数遍的理想学校的样子：学校为每个孩子营造温暖的教育生活，每一个孩子都在这里自由生长，长成自己喜欢的样子，他们阳光、自信，充满生长的力量。“洵美且异”取自《诗经·邶风·静女》，意为“实在是美，而且美得出奇”。这种表达就与学校的精神气高度契合。

作为学校的管理者，在重构学校文化的过程中，必须能够清晰地回答下列问题：

- 什么是教育？什么样的教育才是好的教育？
- 什么是学校？什么样的学校才是好的学校？
- 一个人为什么要上学？为什么要学习各种科目？
- 教育只是为了通过几项考试吗？好成绩、更“好”的学校、理想的工作、不愁吃穿的生活，这些是教育的最终目的吗？

我想，把这些问题想清楚，才有可能提炼出学校自己的文化主张。

第三个关键：文化要利用系统设计“活起来”

学校的文化表达必须是协调的，统一的，是逻辑自洽的，也不能是零零散散的，自说自话的。学校文化的力量，很大程度上来自系统设计。

比如，河北省的青县实验小学，致力于建设“和美”文化品牌，把核心价值理念定位在“和润生命，美泽人生”，并以此构筑了整个学校文化体系的灵魂。学校提出的办学目标是“育和美少年，做和美教师，建和美学校”，办学使命是“将美种进每一个人的心田”，育人目标是“培养具有生命光彩的和美少年”，校风是“和衷共济，求实创新”，教风是“和颜悦教，美德育英”，学风是“和勉共进，美思乐读”，校训是“大爱人生，和美天下”，等等，这些都是在一个逻辑框架内形成的表达。学校的顶层设计又围绕打造和谐校园、和洽团队、和美课程、和润课堂、和煦德育、和睦生态六个路径进行规划，让和美教育的理念找到了落地的办法。这样的文化设计就是系统的、自洽的。

再如，广东省的海丰县城东镇中心小学。这所城乡接合部的学校坚持走“品格教育”的特色发展之路，提出了“真正的力量来自品格”的办学理念，致力于培养“面向未来的品格少年”。学校不仅提炼出了学生发展的6级18个关键品格，形成校本化的学生核心素养体系，而且形成了文化育品、学科育品、活动育品、评价育品、协同育品的五条实施路径。这样，不论是从学校的价值体系勾勒出的“愿景图”，还是为呼应学校实际工作设计出的“施工图”，其逻辑关联都贯通严密，不仅具有深刻和鲜明的个性特色，还能体现出学校文化品牌建设的系统性。

文化设计的系统性一般体现在五个方面：

- 整体性。文化建设的多个方面共同构成一个完整的文化体系。
- 层次性。物质文化、制度文化、精神文化等各个层面都有其独特的作用和意义，它们之间是相互衔接和支撑的关系。
- 稳定性。不会因为个别因素的变化而轻易改变，能够在一定时期内保持相对稳定。
- 传承性。注重传承学校的历史、传统和精神，同时也要与时俱进，不断创新和发展。
- 导向性。能够引导教职工的行为和价值观，使其符合学校的发展目标和理念。

这种系统性的文化设计很考验校长的管理智慧，一般来说，可通过以下五个步骤来实现：

一是确立学校文化建设的核心目标：包括培养学生的价值观、精神风貌、行为规范，以及提升学校的品牌形象和社会声誉等。

二是制订学校文化建设的整体规划：根据核心目标，制订学校文化建设的整体规划，包括学校文化理念、文化建设内容、文化建设方式、文化建设时间等。

三是落实学校文化建设的具体措施：根据整体规划，制订具体的文化建设措施，包括校园文化建设、课程文化建设、师生文化建设、制度文化建设等方面，确保每项措施都能够有效地促进学校文化建设的整体目标。

四是建立学校文化建设的评估机制：定期对学校文化建设进行评估，了解文化建设的进展情况，发现问题并及时进行改进，确保学校文化建设的系统性和有效性。

五是加强学校文化建设的宣传推广：通过各种渠道和方式，持续宣传推广，提高师生对学校文化的认同感和归属感，增强学校的凝聚力和向心力。

只有这些方面都得到有效执行，学校的文化建设才能够实现系统化，学校的整体实力和竞争力才能进一步提升。

第四个关键：文化要借品牌“火起来”

学校如何实现高质量发展？我认为校长应该有一种使命感，要时刻有一种品牌意识。校长要通过定位、宣传、管理、维护等一系列战略决策，提高办学质量和效益，进而提高学校的知名度。这在我们当下学校发展中是非常重要的。现在很多校长开始学会借力借智，他们通过梳理学校文化、重塑学校文化来打造学校品牌，然后用学校的知名度倒逼学校提升品质，为学生提供更优质的教育。我觉得这是很明智的做法。

品牌是学校文化的载体，是学校内在品质的外在表现，是学校教育理念、办学特色、教育质量和发展水平等综合实力的表现。在品牌创建过程中，管理者也要看到一些问题，比如，缺乏文化内涵，缺乏独立精神，缺乏行动力量，没有办法把理念转化成实实在在的行动，等等。

一名校长曾让我协助他做好学校的文化设计，他很认真，反复调研，寻找文化根基，寻找个性化的表达。他说："我希望我们提出来的文化主张，能真的变成教育品牌，产生影响力，这样就不会在我被调走后，新校长一来，就先把原来的东西全部换掉。如果还是被换掉了，只能说我这个主张不符合教育的规律，缺乏深刻性、独特性，也没有影响力，算不上品牌。"

我认为这样的说法是很有道理的。如果一所学校的文化主张变来变去，没有持续的积淀，只有不断"求新"，那很难形成真正的品牌。文化主张怎么能成为品牌？可以遵循"16字方针"展开：

- 人无我有。要求学校在文化建设上要有创新意识和前瞻性，力求在诸多学校中脱颖而出，形成独树一帜的文化特色。这种独特性可以体现在学校的办学理念、教育模式、课程设置等多个方面，它们都会使学校成为行业内的佼佼者，吸引更多的目光和赞誉。
- 人有我优。当其他学校也具备某种文化元素时，学校需要通过不断深化和提升，使这些元素在自身学校中得到更好的体现和发展。这需要学校具备较深厚的文化积淀，能够将普通的文化元素转化为独特的教育资源，以进一步增强师生的认同感和归属感。
- 人优我精。即使学校在某个领域已经取得了较高的成就，也不能满足于现状，而应该追求精益求精，将这一领域的文化元素打造得更加精致和完美。这需要学校具备深入思考和持续探索的精神，不断探索文化建设的新路径和新方法，为学校的发展注入源源不断的动力。
- 人精我妙。它要求学校在每一个细节上都追求极致的完美，无论是校园环境还是教学设施，都应该体现出学校的高标准和严要求。这种追求卓越的精神有助于提升学校的整体形象，能够激发全校师生的积极性和创造力，共同推动学校不断向前发展。

这"16字方针"不仅为学校文化建设提供了战略性的指导，更为推动学校不断向前发展，形成独特品牌形象提供了重要保障。

3. 文化“重构”可从起草纲要切入

在跟校长接触的过程中，很多人并不反对重构学校文化，但常常苦于无从下手。

面对一个复杂的工作任务时，我们通常很难直接从整体上把握和推进，因此，需要找到一个恰当且简洁的切入点，从这个点开始着手处理，逐渐将整个任务分解为更小的、更易于管理的部分。一个好的切入点应该能够帮助我们快速定位问题的核心，找到解决问题的最佳路径，从而提高工作效率和质量。

同样，面对学校文化重构这样一个“大工程”，管理者可以以简驭繁，组织力量，集中精力去起草一份学校文化建设纲要，将这样一份统领性文件作为大系统变革的出发点。

学校文化建设纲要（以下简称“纲要”），是指一份全面规划学校文化发展的指导性文件，它不仅具有战略性，还具有引领性和可操作性。

这份纲要旨在明确学校的文化发展方向、目标、策略和措施，进而引导学校师生共同塑造和传承学校的独特文化。通过这份纲要，学校能够确立自身的文化定位，塑造鲜明的文化形象，使学校成为师生共同成长的精神家园。

纲要就是通过梳理核心的理念、目标，基本的思想、价值，清晰的路径、方法，促成学校管理者看清事物全貌，在最高层次寻求问题的解决之道，为学校勾画发展的规划图、路线图，从而提高学校的核心竞争力。具体而言，纲要价值可以概括为四句话：

- 勾勒“灵魂”。为学校发展确定明晰的方向，实现价值的引领。
- 实现“整合”。将事关学校发展的相关要素全部纳入，进行统筹、协调，形成全局合力。

- 打通“路径”。不仅可以指明目标，更可以指明路径，形成一套具体的方法论。
- 确定“责任”。划分清楚各个工作模块的责任人，从而确保工作落实到位。

因此，纲要就是学校工作的顶层设计，具有方向性的引领作用、全盘统筹的规划作用、方法论的指导作用和责任划分的界定作用，它的指导意义就是帮助管理者在遇到突发变化时，知道抓住矛盾的主要方面，确保工作有序进行。

纲要的撰写内容要丰富且全面，主要包括以下几个方面：

- 指导思想。这部分内容应详细阐述学校文化建设的理念、原则和目标，为学校文化的发展提供理论支撑和行动指南。
- 核心价值观。学校提炼自身的核心价值观，比如北京市史家小学提出“一切为了孩子，一切为了明天”，广州协和学校提出以美育人，开发潜能，发展个性，师生为本，多元发展等，这些价值观不仅能引导师生更好地成长和发展，也为学校的日常运作和管理提供了价值参考。
- 重点任务。结合学校的实际情况和发展需要，纲要需明确文化建设的重点任务，如加强校园环境建设、提升师德师风、丰富学生文化活动等，这些任务为学校的文化建设提供具体的行动指南。
- 实施策略。为了确保文化建设任务的落实和推进，纲要还要提出具体的实施策略和方法，如加强组织领导、加大资金投入、完善队伍建设等。
- 保障机制。建立健全保障机制，包括制订相关政策、成立专门机构、开展定期评估等。

这里我为大家提供一份基础的模板，以供参考：

某学校文化建设纲要

一、前言

为深化学校文化内涵，促进学生全面发展，培养具备高度文化素养的新时代青少年，特制订本纲要。

二、指导思想

本纲要以社会主义核心价值观为指导，全面贯彻国家教育政策，坚持以学生为中心的发展理念，注重中华优秀传统文化的传承与现代教育理念的创新融合，旨在构建具有鲜明时代特征和学校特色的文化体系。

三、基本原则

1. 导向性原则：文化建设必须符合国家教育政策导向，引导学生形成正确的世界观、人生观、价值观。

2. 主体性原则：充分发挥学生在文化建设中的主体作用，尊重学生的自主意识，培养学生的合作精神和创新能力。

3. 实践性原则：注重实践体验，让学生在参与中感受文化魅力，提升文化素养。

4. 创新性原则：鼓励创新思维，推动学校文化建设的创新发展，形成具有独特魅力的学校文化品牌。

四、核心任务

1. 梳理学校价值表达：建立学校价值体系，形成对办学理念、育人目标、三风一训等的表达文本。

2. 优化校园文化环境：加强校园绿化、美化工作，完善文化设施建设，营造浓厚的校园文化氛围。

3. 构建多元化课程体系：将文化教育融入课程体系，开发多样化文化课程，提升学生的综合素质。

4. 丰富校园文化活动：定期组织各类文化、艺术、体育等活动，增强学生的参与度和文化认同感。

5. 加强师资队伍建设：提高教师的文化素养和教育教学能力，发挥教师在文化建设中的关键作用。

6. 强化家校社合作：加强与家长、社区的联系与合作，共同推进学校文化建设，形成教育合力。

五、保障措施

1. 加强组织领导：成立学校文化建设领导小组，明确职责分工，确保文化建设工作的有序开展。

2. 完善政策支持：完善相关政策措施，为文化建设提供有力保障，包括经费支持、师资配备等。

3. 强化监督评估：定期对文化建设工作进行监督检查和评估，确保各项工作落到实处，取得实效。

六、实施步骤

1. 制订详细计划：根据本纲要精神，结合学校实际，制订具体的实施计划，明确时间节点和责任人。

2. 分阶段推进实施：按照实施计划，分阶段有序推进文化建设各项工作，确保各项任务落实到位。

3. 总结评估与持续改进：在实施过程中及时总结经验教训，对文化建设工作进行持续改进和优化，不断提升学校文化内涵和品质。

七、附则

本纲要自发布之日起正式实施，由学校文化建设领导小组负责解释并监督执行。如有需要修改或补充之处，须经领导小组审议通过并报请上级主管部门批准后执行。

当然，这只是一份基础的模板，为大家提供纲要的基本条目和基本框架。真正起草一份纲要，要围绕具体工作内容详细陈述和说明，是一项“大工程”，字数常常上万，要花费较大力气才能完成。起草纲要应该注意以下事项：

- 深入调研。起草前要进行深入的调研工作，全面了解学校的实际情况和师生的需求，确保纲要的针对性和实效性。
- 广泛征求意见。要广泛征求师生、家长和社会各界人士的意见和建议，使纲要更加符合大家的期望和需求。
- 立足实际。纲要的内容要立足学校的实际情况和发展需要，避免过于理想化或不切实际的内容。

▶注重可操作性。纲要中的任务和策略要具有可操作性和可执行性，确保各项任务能够得到有效落实。

▶突出特色。在制订纲要时，要突出学校的特色和个性，形成具有独特魅力的学校文化。

▶注重实效。纲要的制订只是起点，关键是要在实践中不断落实和推进，确保文化建设的实效性和持续性。

综上所述，纲要是学校文化建设的重要组成部分，对于提升学校的整体形象、凝聚力和竞争力具有重要意义。在起草纲要时，管理者需要注意深入调研、广泛征求意见、立足实际、注重可操作性、突出特色、注重实效等方面的问题，以确保纲要的科学性、合理性和可操作性。

4. 把握文化“重构”的推进节奏

文化的顶层设计并不一定能够真正衍化为学校的良好生态，也未必能够转化为学校的优质生产力。这些年，我也见过不少学校精心编制的纲要，但它们大多未能真正发挥其价值，最终变成一纸空文。

将存在于文本中的“文化理想”变成师生真正践行的“文化行为”，需要管理者采取一系列具体策略和实施步骤。我将其要点予以拆分，以“策略”与“实施步骤”的形式呈现，供大家参考。

要点一：深入宣传和解读

策略：通过多种渠道和形式，向师生深入宣传学校文化的核心理念和价值观。

实施步骤：

▶举办学校文化讲座和工作坊，邀请专家或校内教师解读文化理念。

▶制作宣传材料，如海报、手册、视频等，在校园内显著位置展示。

▶利用学校网站、社交媒体和内部传播工具进行持续推广。

▶在课程教学中融入学校文化元素，让学生在学习中边体验边领悟。

要点二：师生参与和共建

策略：鼓励师生参与学校文化的共建过程，增强他们的归属感和责任感。

实施步骤：

- 由师生代表共同组成学校文化推广小组，共同参与策划活动。
- 向教职工正确、详尽地阐述学校价值要义，鼓舞士气。
- 举办师生座谈会，收集对学校文化的意见和建议，持续改进。
- 开展文化实践活动，如主题班会、文化节等，让师生亲身参与。

要点三：制度保障和激励

策略：通过制度建设和激励机制，确保学校文化在日常教育和管理中得到贯彻。

实施步骤：

- 制订与学校文化相契合的规章制度，如学生行为准则、教师职业道德规范等。
- 根据学校自身特点，编制教师与学生的专用手册，形成新的管理规则。
- 将学校文化融入考核评价体系，如教师绩效考核、学生综合素质评价等。
- 设立奖励机制，表彰在学校文化建设中表现突出的师生。

要点四：环境规划和建设

策略：通过校园环境建设，营造体现学校文化的物质和精神空间。

实施步骤：

- 对校园进行整体规划，打造与学校文化相协调的景观和建筑。
- 在校园内设置文化墙、文化角等，展示学校历史和文化成果。

- 开展校园美化活动，鼓励学生参与校园环境的设计和维护。
- 在学校醒目的地方悬挂宣传学校价值主张的横幅。

要点五：持续监测和评估

策略：通过定期监测和评估，确保学校文化建设的效果和可持续性。

实施步骤：

- 建立学校文化建设的监测机制，定期收集和分析相关数据。
- 开展定期评估，对学校文化建设成效进行客观评价。
- 根据评估结果调整策略和实施步骤，进行持续改进和优化。

通过以上策略和实施步骤的综合推进，可以将学校文化的顶层设计转化为学校的良好生态，为学校的长远发展提供有力支撑。

深度思考

◎ 请试着说出自己所在学校的办学理念、育人目标、校训校风等，你能否清晰表达并解读？

◎ 你认为自己所在的学校是否形成了一套清晰的价值体系？全体师生是否认可并主动践行？

◎ 你是否将文化建设作为一项长期而系统的工程来推进？你是否认可以纲要的方式确保文化建设的连续性和稳定性？

◎ 你认为自己所在学校在文化建设中的创新点体现在何处？

二、家校“共育”，铸就教育之“根”

在不同地域、不同学校走访时，我曾不止一次听到一个说法：这里“民风彪悍”。校长说这话的时候，往往是面带微笑，有些调侃之意，但又透着些许无奈。无疑，这个说法非常形象，也非常巧妙，其背后多少包含着一层深意：这里的家长素质不高，很难合作，因此家校共育工作很难取得实质性进步。

家校共育工作的意义不言而喻，可以说，家校共育是一个有着巨大前景的教育改革领域，从一定意义上讲，谁抢占了这个制高点，谁就获得了基础教育改革和发展的先机。

但遗憾的是，许多管理者要么对这项工作的重视程度不够，要么认识上还存在误区。比如，很多校长认为，家校共育就是引导家长“配合学校和教师”，家校共育就是学校“教会家长怎么做父母”，等等。缺乏对家校共育内涵的理解，则难以形成系统化顶层设计，这严重制约着家校共育工作的开展，也让不少学校深陷于矛盾重重的不良生态环境中。

1. 准确把握“家校共育”的内涵

什么叫“家校共育”？大家常常把这个概念挂在嘴边，但细究起来，其基本内涵却似乎并不容易说准。

美国学者乔伊斯·L. 爱泼斯坦提出了一个关于家庭与学校之间合作关系的重要理论——共同责任理论。她指出，家长在子女的教育问题上和教师负有共同责任。这种共同责任不仅仅是各自完成自己的任务，还强调双方需要相互沟通、紧密合作，共同为学生的成长和发展负责。

但在实际工作中，我们不难听到这样的言论：

“我将孩子交到学校，就应该由学校全权负责。你们是专业的，我们哪懂孩子的教育问题，如果什么都找家长，那要你们学校干什么？”

“这些家长对怎么教育孩子一点都不懂，只喜欢在那边指手画脚地提意见，真让人头疼。还不如别添乱的好。”

如果用共同责任理论去剖析上述观点，不难发现其问题：这种硬生生将教师与家长责任割裂开来，试图各负其责、互不干扰的想法，与家校共育的应有之义背道而驰。但这样的思想，在教师、在家长，甚至在学校管理者的头脑中大面积存在。

因此，审视家校共育的基本含义，并得到参与其中的每个群体的理解至关重要，这是家校共育得以真正开展的重要前提。

在共同责任理论的框架下，家长和教师需要针对学生的学习和生活表现进行深入沟通，以增进彼此的联系和了解。通过交换学生在家庭和学校中的成长信息，双方可以更好地理解学生的需求和挑战，从而采取更加有效的教育措施。

共同责任理论的特点在于它强调了家庭和学校之间的合作与互动。这种合作不是单向的，而是双向的。双方的积极参与和互相影响。双方的共同努力和协作，可以更好地促进学生的全面发展。

此外，爱泼斯坦还提出了交叠影响域理论，他认为，在教育学生的过程中，学校、家庭和社区三者之间是相互交叠影响的。这意味着，学生的成长不仅受到学校和家庭的影响，还受到社会环境的影响。共同责任理论也强调了家庭、学校和社会之间的协同作用，以确保学生能够在各个方面得到全面的发展。本书主要阐述家校之间的协同作用。

我们不妨试着给家校共育下个定义：

家校共育，就是家庭和学校为促进学生发展而相互联系、相互支持、密切合作的双向互动活动，在这一过程中，家庭参与学校教育，学校帮助家庭教育，二者共同形成育人合力。

从上述定义可以看出，家校共育表面是学生家长与学校教师之间的沟通、互动、合作，实质上是在打破家庭教育与学校教育的界限，避免这两个教育力量之间相互分离乃至相互抵触或相互消解，追求家庭教育与学校教育之间的相互配合、密切沟通、协调一致，以充分发挥和有效利用家庭和学校的教育资源，更好地发挥家庭教育和学校教育的优势和长处，从而形成有效的教育合力。

在对家校共育的理解上，可以抓住这样几个要点。

服务对象：维系双方合作关系的学生

家庭和学校之所以建立合作关系，正是因为他们共同关心学生的成长和发展。学生是维系双方合作关系的实体，学生的成长和进步是家校共育合作关系的纽带。学生的表现、进步和成长是家校共育关系的直接体现，也是双方合作的动力和目标。

这种描述强调了在家校共育中，学生不仅是被教育的对象，也是连接家庭和学校的重要桥梁。家庭和学校应该围绕学生的需求和发展来开展合作，共同为学生创造一个良好的成长环境。

基本动力：使学生获得良性有效发展

家庭和学校是学生成长过程中的两个重要场所。家庭为学生提供了情感、生活指导和价值观培养等方面的支持，而学校为学生提供了知识、技能和社会交往等方面的支持。家庭和学校共同合作，可以为学生提供更全面、更丰富的教育资源，促进学生的全面发展。

家校共育不仅关注学生的知识学习，还关注学生的综合素质发展。通过家庭和学校的共同努力，可以培养学生的创新能力、实践能力、团队协作能力等，为学生未来的成长和发展打下坚实的基础。

重要前提：家校良好沟通并形成共识

家校之间的良好沟通是家校共育工作的基础。家长需要了解孩子在学校的学习和生活情况，学校也需要了解学生在家庭环境中的成长状况。

双方通过有效的沟通，可以交换信息、分享观点、解决问题，从而确保教育的一致性和连贯性。良好沟通的实现需要双方建立信任、尊重和理解的基础，采取积极、主动的态度，采用适当的沟通方式和渠道。

在良好沟通的基础上，家长和学校需要就孩子的教育目标、方法、策略等方面形成共识，这有助于确保家庭教育和学校教育的协同作用，避免双方产生矛盾或冲突。形成共识需要双方充分讨论、协商和妥协，以达到对孩子教育的一致理解和认同。

主导力量：学校主导良性局面的形成

家校共育强调家庭和学校的相互配合和协调，双方是平等的。但在实际工作开展中，学校是主导力量。

第一，学校应该制订家校共育的规划和政策，明确家校共育的目标、任务、措施和评估标准等，为家校共育提供指导；第二，学校应该搭建家校共育的平台和渠道，如家长会、家长学校等，促进家庭和学校的沟通和合作，共同关注学生的成长和发展；第三，学校应该提供专业的支持和指导，包括教育理念、教育方法、教育资源等方面的支持和帮助，帮助家长更好地履行教育职责，同时提升学校教育的质量和效果；第四，学校应该积极引导家长参与学生的教育，鼓励家长关注学生的学习和生活，支持学校的教育工作，共同促进学生的全面发展。

因此，如果一所学校家校共育工作局面不理想，更多情况下应该从学校管理者的视角进行反思。

最终目标：促成学生全面发展和成长

无论家校之间建立怎样的联系，实现怎样的互动，最终目标只有一个，即通过学校和家庭的共同努力，为学生的全面发展和成长创造一个良好的环境。这需要家校之间建立紧密的合作关系，共同制订和执行教育计划，分享教育资源和信息，以及共同解决学生在成长过程中遇到的问题。

由此可见，教师与家长是战友，是同盟军，教师理应向家长群体借力、借智、借道，同时与家长相识、相知、相行，共同做孩子成长的护航人。如此，家校共育工作才可能走上正轨。

2. 学校要帮助父母成长

在这个问题上，我曾跟一名校长产生过分歧。这名校长认为，学校的主要职责是帮助学生获得知识、技能和素质的发展，如果把学校作为协助家庭成长的机构，是越界了，是让学校和教师承担了不该承担的责任。

或许这名校长的说法有一定道理，帮助父母成长并非学校的直接职责。但孩子的教育问题是复杂的，参与孩子教育的各方都有着重要的作用。虽然当下孩子的父母大多有着较好的教育背景，但这并不意味着他们已经成为优秀的父母。相反，在教育高度内卷的情况下，面对孩子的成长问题，很多父母常常左右摇摆，手足无措，这样的现状直接给学校教育带来了挑战。学校作为教育的专业机构，如果只关注自己给学生带来的影响，而忽视其他因素，往往会事倍功半。

从现实情况看，现代社会对教育的需求已经远远超出了传统的范畴。许多学校为了更好地满足学生及其家庭的需求，已经开始提供家长教育、家庭教育指导等服务。这些服务旨在帮助父母更好地理解孩子的成长需求，提升家庭教育质量，从而间接促进孩子的全面发展。因此，从这种意义上说，学校要在一定程度上承担起帮助父母成长的职责。

当然，这不意味着学校应该无限扩大其职责范围。在决定是否要帮助父母成长时，学校需要权衡自身的资源和能力，确保不会因此影响其核心教育任务的完成。同时，学校还需要考虑如何与家庭、社区等其他教育力量进行有效的合作与分工，在确保不影响其核心职能的前提下，积极探索与家庭、社区等其他教育力量的合作方式，共同为学生的成长创造良好的环境。如何帮助父母成长呢？学校管理者不妨从以下路径入手。

路径一：系统设计和组织家长学校

很多学校门口都挂着“家长学校”的牌子，但这些“家长学校”要么很少开课，要么毫无规划，偶尔组织的家长学习也往往缺乏清晰的目的性，效果不佳。

我曾在学校做过一次相关调查，在参加过家长学校的家长群体中，只有不到20%的家长认为，家长学校的确对自己的家庭教育有所帮助，让自己有所提升；一半以上的家长认为家长学校只是一种形式，不认为自己需要通过“家长学校”实现能力的发展和观念的转变，相反，他们认为，自己之所以参加，就是配合学校工作，甚至有家长直言不讳：“这不就是给老师面子吗？如果不去，以后见到老师该多么尴尬。”

这样的调查结果，我想一定出乎很多管理者的预料。

出现这样的情况，一方面跟家长的认知有关系，很多父母仍然把教育窄化为知识教育，孩子小学时还好，等到上了初中、高中，家长已经很难在知识学习上给予孩子有效的帮助，那么教育自然地就成为学校单方面的责任。家长并没有意识到，日常生活中自己的点滴行为对孩子产生的潜移默化的影响，其实也是教育不可或缺的一部分。因此，家长缺乏主动学习的意识，加上工作忙等，做不到全身心地参加家长学校的学习。

除此之外，据我观察，家长学校效果不佳，更重要的原因在于学校。

有的学校想要大幅提升家长的家庭教育水平，于是在没有任何调研和广泛宣传的基础上，就决定每个月开展一次大型的家长学校线下讲座，为此还花了不少钱聘请家庭教育专家入校。结果呢？家长颇有微词。过分频繁的活动让家长难以接受，一开始还好，几场下来，家长的参与热情越来越低，人数越来越少，最后只得草草收场。设计太过理想化，碰壁也就成了必然的事情。

再如，有些学校为家长学校设置的课程及编写的教材过时，不符合当代学生的特点和家长面对的实际问题，授课内容难以引起家长的兴趣；有的学校组织家长学校的形式过于单一，与传统的学校教育别无二致，都是知识的“灌输”，很少有互动，难以触及家长的心灵，缺乏“对症下药”的功效。

想做好家长学校，不妨从以下几点着手：

（1）深入调查家长需求。因为校际差异，地域的不同，家长群体的需求也千差万别。比如城区学校和农村学校，家长的需求就会存在较大差异，即使同样的需求，侧重点也会有所区别。管理者可以将《中华人民共和国家庭教育促进法》的实施作为背景，主要调查家长对该法的认识程度，对家庭教育和家校共育的态度和看法，对家长学校课程开设及教材开发的意见和建议等。具体的调查形式应该做到多样化，比如问卷调查、家长会、家访等，做到线上线下结合。需要注意的是，因为家长平时比较忙，时间有限，如果简单采取问卷调查的方式，学校得到的很可能是家长并未经过深思熟虑的“应付作答”，这会给后续工作的开展带来不利影响。因此，采取多形式、多维度、多渠道的方式获取信息，确保调查结果的精准度尤为重要。

（2）形成课程的系统设计。管理者可以通过对家长需求的调研和分析，设计出符合家长实际需求的课程内容，从而提高家长参与的积极性，增强家长学校的教育效果。系统性设计能够使课程内容更加科学、全面和连贯。整体规划课程内容，可以确保各个课程之间的逻辑关系和内在联系形成完整的知识体系，避免内容重复和遗漏，也有利于对课程效果进行评估和反馈。这就需要学校根据学段的特点，根据家长的需求和孩子的成长需要，制订家长学校课程的目标，并在此基础上设计具体的课程内容，包括主题、知识点、教学方法等。课程设计的科学性、全面性和连贯性越强，家长学校的教育效果就会越好。

我为大家提供一所初中学校的家长学校课程目录，作为示例。(见表5-1)

表5-1 某学校家长学校课程目录

年级	授课重点	学期	序号	课题	内容界定
七年级	父母应掌握七年级学生的特点，积极配合学校，培养学生的良好习惯	上学期	1	初中学生的学习特点	介绍初中学习的特点和变化，帮助家长了解孩子在学习上可能面临的挑战，并提供方法
			2	如何培养孩子良好的学习习惯	讲解如何培养孩子的学习习惯，如制订学习计划、合理安排时间、主动学习等
			3	如何与孩子有效沟通	分享有效沟通的技巧和方法,包括倾听、理解、表达等，以促进良好的亲子关系
			4	家庭教育与学校教育的配合	探讨家庭与学校的协同作用；如何加强家校合作，共同促进孩子成长
			5	如何培养孩子的兴趣爱好	介绍如何发现和培养孩子的兴趣爱好，以及如何在兴趣培养中促进孩子的全面发展
		下学期	6	学习方法的优化与提升	介绍一些高效的学习方法,如记忆技巧、思维导图等，帮助孩子提升学习效率
			7	时间管理技巧	教授时间管理的方法和策略，帮助孩子合理安排学习和生活，提高效率
			8	青春期的身心变化	讲解青春期孩子身体和心理的变化，帮助家长理解孩子的成长需求
			9	亲子关系的维护与加强	提供一些促进亲子关系的活动和建议，如共同的兴趣爱好、家庭活动等
			10	挫折教育与乐观心态培养	培养孩子面对挫折的能力，让孩子用积极乐观的心态面对生活中的困难
八年级	侧重青春期教育、亲子沟通	上学期	11	青春期心理健康	关注青春期孩子的心理健康问题，如情绪波动、自我认知等，提供相应的解决方法
			12	如何与青春期孩子沟通	探讨与青春期孩子沟通的技巧和注意事项，如尊重、信任、理解等
			13	性教育与健康知识	进行适度的性教育，普及健康知识，帮助孩子树立正确的性观念和健康意识
			14	培养孩子的独立意识	讲述如何培养孩子独立思考和解决问题的能力，鼓励他们自主决策
			15	社交能力与人际关系	培养孩子的社交技巧，教导孩子如何建立良好的人际关系，以及应对人际冲突的方法

续表

年级	授课重点	学期	序号	课题	内容界定
八年级	侧重青春期教育、亲子沟通	下学期	16	学业压力与应对策略	分析八年级下学期，学生可能面临的学业压力，提供应对压力的方法和策略
			17	考试焦虑的缓解	介绍缓解考试焦虑的方法,如放松技巧、心理调节等，帮助孩子应对考试压力
			18	价值观教育与品德培养	强调价值观的重要性，培养孩子良好的品德和道德观念
			19	青春期叛逆行为的引导	探讨如何引导青春期孩子的叛逆行为，帮助他们树立正确的行为准则
			20	家庭规则与纪律的建立	建立合理的家庭规则和纪律，培养孩子的自律意识和责任感
九年级	如何面对学业的问题，如何面对中考的问题	上学期	21	中考前的准备与规划	指导家长和孩子进行中考前的准备工作，包括学习计划制订、备考资料收集等
			22	学习目标的设定与实现	帮助孩子设定明确的学习目标，并提供实现目标的方法和步骤
			23	应对学业困难的方法	分享应对学业困难的经验和方法，如向教师请教、同学互助等
			24	压力管理与情绪调节	教导孩子如何管理压力和调节情绪，保持良好的学习状态
			25	职业规划与未来发展	引导孩子思考自己的职业规划和未来发展方向，为高中阶段做好准备
九年级	如何面对学业的问题，如何面对中考的问题	下学期	26	中考心理调适	关注孩子在中考前的心理状态，提供心理调适的方法和建议
			27	考试技巧与答题策略	传授考试技巧和答题策略，提高孩子的应试能力
			28	志愿填报与升学指导	介绍志愿填报的流程和注意事项，为孩子的升学提供指导
			29	家庭支持与鼓励的重要性	强调家庭在孩子中考期间的支持和鼓励的重要性，营造积极的家庭氛围
			30	毕业阶段的综合素养提升	培养孩子在毕业阶段的综合素养，如团队合作能力、领导能力等，为未来的发展打下基础

（3）创新家长学校的形式。要让家长学校深入家长之心，吸引家长参

与，就必须根据采取多样的开课形式，避免内容单一枯燥。

比如，可以将家长学校的形式大致区分为线上和线下两种，在线下形式中再细分为讲座、论坛、体验三种主要类别。讲座以教师或专家团队利用校本教材向家长进行教育为主，宣讲现代化的家庭教育理念和相关案例，注重结合本校学生的实际情况；论坛则强调互动交流，包括教师或专家与家长的互动以及家长之间的互动，为家长答疑解惑，解决具体的问题；体验则是创设真实情境，让家长自己体验其家庭教育方式的优劣，促进家长在家庭教育上的创新实践。

互动是非常重要的，可以将家长学校与学校其他家长活动结合。比如举办“亲子运动会”，安排家长与孩子一块儿参加活动；开展“学校大联欢”，请家长、教师和孩子一起登台演出；开通“家校联系信箱”，及时收集家长对学校对教师的意见、建议；开通“家长热线”，倾听家长心声；公布“家庭智慧榜”，张贴孩子的优秀作业和家长的字、画、文章等；还可以评选家长学校优秀学员，争取上级教育主管部门对其进行表彰奖励。

考虑到大多数家长平时较忙，组织线下活动较为困难，学校也可以将课程内容录制成10分钟左右的视频“微课”，定期推送给家长学习。当然，要通过制订规则等方式，确保家长的学习效果。

（4）做好相关的评价反馈。每次家长学校课程结束后，管理者要通过问卷调查的方式了解家长的感受，并由各班班主任负责跟踪，与家长保持交流沟通，观察学生的实际状态。在发现问题之后，班主任应该尝试与家长进行个别交流，或者组织教师、家长和学生进行三方谈话，进一步解决问题。

在评价反馈中，管理者还要引导家长主动提出意见或建议，了解家长对家长学校的满意度，家长的需求是否得到了满足，家长学校的师资力量是否需要优化，家庭教育校本教材的编排是否存在漏洞，等等，以便及时做出调整。所有的评价反馈结果要利用信息技术做好记录和分析，便于后续随时查看。

路径二：精心设计家长会

作为家长、教师和学校管理者，我曾以几重身份亲历过学校的家长会。我最真切的体会是：大部分学校的家长会处于相对粗线条的管理中，由于缺乏统一的组织原则和内容设计，加上教师自身能力的差异，家长会的实际效果参差不齐。

因此，在学校我一直主张家长会“集体备课制”，发挥教师团队的力量，认真准备好每次家长会。管理者可根据以下操作流程和基本步骤展开工作：

- 确定目标与主题。根据学期或学期末的教育目标，确定家长会的主题和目标。要充分考虑学生、家长和学校的实际需求，确保目标与主题具有针对性和实用性。
- 组建备课团队。确定参与集体备课的教师成员，确保团队成员具备不同的专长和经验。分配角色和责任，如主讲人、资料收集员、互动环节设计师等。
- 收集与整理资料。收集关于学生表现、课程进度、学校政策等方面的资料。整理成易于理解和展示的形式，如PPT、图表等。
- 设计家长会结构。规划家长会的开场、主体内容和结束方式。设计互动环节，如问答、小组讨论等，增强家长参与感。
- 编写教案与讲稿。编写详细的教案，包括每个环节的内容和时间分配。准备主讲人的讲稿，确保语言清晰、内容准确。
- 试讲与反馈。在正式开展家长会前进行试讲，模拟家长会现场。收集团队成员的反馈，调整教案和讲稿。
- 正式家长会。依据教案和讲稿开展家长会。注意与家长的互动，回答家长的问题，确保家长会的顺利进行。个人可根据集体备课意见，根据班情做适当调整。

▶**总结与反思。在家长会结束后进行总结，分析家长会的成功之处和需要改进的地方，为下一次家长会提供经验。**

家长会集体备课制度可以确保团队成员更加清楚家长会的目标和预期效果，有助于团队成员对外保持专业、友好的态度，展现学校的良好形象。

班主任组织家长会的能力也应该引起管理者的高度重视。我曾不止一次跟我的团队讲，我无法真正深入每个班级中参加家长会，但我依然能够用简单的方式来评判一场家长会的效果如何——如果家长会结束，从教室走出来的家长是表情轻松、愉快的，对孩子与教师充满了信任和信心，那么这场家长会大概率是成功的；反之，如果大部分家长面色凝重，甚至唉声叹气，那么可以断定，这场家长会已经失败了。

家长会千万不能开成“批判大会”，应当避免那种简单粗暴的成绩通报式、教育家长式，甚至是指责家长式的家长会形态，这是家长会的常见问题。有些班主任把家长会当作发泄情绪的机会，把平时工作中遇到的困难 向家长倾诉。殊不知，这样的做法未必是明智的。家长并不能帮助教师解决许多问题，而当教师把过多的负面情绪、过多的班级问题倾诉给家长时，换来更多的可能是家长对教师的怀疑，他们会担心：这个班级如此混乱，自己的孩子在这里还能有希望吗？

为了防止这种情况发生，管理者不妨对教师提出一些具体要求。比如，在家长会上，不要公开宣读学生个体的考试分数，更不能谈成绩的排名情况；不要点名批评任何一个同学或一部分同学；不要过多地谈论班内存在的问题。

当然，在家长会的实际组织过程中，由于部分教师准备工作不够细致、缺乏对家长的基本尊重等，往往引起一些家长的吐槽或差评，影响良好家校关系的建立。为了建立良好的家校关系，可以引导教师着力做好以下方面工作：

- 要有明确的主题。内容要聚焦，不宜过散，主题可通过黑板报、邀请函呈现。
- 要有精心的准备。确定会议的时间、地点、参与人员等，并提前通知家长；准备相关的会议材料，如议程、发言稿等，确保会议内容的充实和丰富。
- 要有新颖的邀请方式。设计一份新颖独特的邀请函，可以采用卡通形象、手绘风格创意设计，也可以在邀请函上附上一些有趣的小游戏或互动环节，让家长感受到乐趣。
- 要有温馨的场地。场地做到整洁干净、宽敞明亮、通风良好，可以摆放一些花卉或装饰物，黑板上写好欢迎词，如果条件允许，还可以为家长提供舒适的座椅和茶水。
- 要有和谐的氛围。保持微笑，耐心倾听家长的意见和建议，并积极回应他们的问题，可以设置如问答、小组讨论等互动环节。
- 要有具体的内容。要介绍学生的学习情况、进步与不足、兴趣爱好等；可以邀请教师或学生代表上台发言，分享一些经验和故事，让家长更加深入地了解孩子在学校的生活；可以让学生进行现场组织、主持等，全方位呈现学生的学习成果。
- 要有记录和总结。对家长的意见和建议进行整理和分析，以及对会议中提到的问题和解决方案进行总结和归纳，整理出详细的报告或反馈表，供家长参考使用。

路径三：建立基于教育伙伴关系的家访制度

我在广东省汕尾市的一所学校曾看到关于家访的一个很好的做法：班主任和任课教师必须带着证书和荣誉去家访。从对学生的访谈中可以看出，这样的做法备受学生欢迎。

无疑，这所学校的管理者和教师是有教育智慧的。

中小学教师家访在很多地方已经制度化，家访是“教育即服务”观念的外化显现，教师送“教育”上门，体现的是一种服务意识，学生是主体，家长是资源，教师的责任在于服务，应充分调动、优化家长这一资源服务于学生。因此，家访是引导家长成长的重要契机，对提升家校共育的水平、发挥双方的合力作用是非常明显的。

但在很多学校，家访的专业性并未引起管理者的高度重视，因此，家访工作常常陷入尴尬的境地。

比如，“不被欢迎”的家访。家访是为了完成任务，走过场，没有实质性的意义，满足于摆拍几张照片交差了事；家访是为了告状，教师兴师问罪，告诉家长，孩子拖了班级的后腿；或者是家访的教师无力解决家长的实际问题，提供不了任何有价值的解决方案。这样的家访，未能在观念、态度和情感上与家长产生真正意义上的“交集”，对于家校在教育目标、内容和方式的一致性上也缺乏深刻认识，偏离了家访谋求“家校共育”的本质。

再如，“关系扭曲”的家访。在这样的家访中，要么班主任以教育权威自居，习惯性地将问题归咎于学生及其父母，家访丧失了平等对话的基础，家访成为班主任的“一言堂”“独角戏”；要么家长在家访中表现得过于“强势”，一味地对班主任的教育教学工作表达不满，使得教师和家长之间产生不同程度的信任危机。作为教育对话的主体，班主任和家长都未能认清家访应是家校双方进行平等互动的机会，以“谈话”替代“对话”，模糊了双方是教育路上相向而行的“合伙人”的实质。如此，双方便难以真正坐下来一起“会诊”，一起探求问题真相并开出“处方”。

因此，管理者必须树立一种意识：要想走出家访的困境，实现家访的教育价值，就要用专业的思维来重新思考、设计和实施家访。

首先，管理者应该对家访这一活动的基本功能做出准确定位，参考四点。

（1）形成“合作共同体”。以建立良好“家校关系”为出发点。家访理应成为班主任、家长和学生“共在”的“主场”，避免班主任的“独角戏”。三方通过互动进行价值共创和价值共享，碰撞出教育的“火花”。因此，家访的出发点是建立、修缮、弥合家校之间的关系，“建立良好关系”是家访的首要价值。

（2）谋求“家校凝聚力”。以促进学生“健康成长”为落脚点。教师和父母通过交换信息，共同探究原因、研究策略，以发挥家庭和学校的优势，为学生的成长和发展提供良好的环境和条件。家访旨在形成教育合力，形成教育方向、过程、方法上的“统一战线”，为学生的全面健康成长绘就一张完整的“教育拼图”。

（3）提升“家庭教育力”。以推动家长“自身成长”为关键点。教师要努力成为家教专家，为家长提供家教锦囊。在家访的过程中，教师也应以加强自身的家庭教育指导能力，不断地增强、充实和更新自己的教育理念、育儿知识，并将其适时、适度地传递给家长。教师的经验越丰富，家长对教师的信任值就越高。

（4）强化“情感影响力”。以成为学生“重要他人”为增值点。登门家访不像简单的电话、网络信息沟通那般生硬和冰冷，它能够让教师在家庭现场获得“第一手资料”；以平等接纳的姿态安抚家长和学生的紧张心理，缓解焦虑情绪；通过客观的事实陈述、鼓励的话语，向家长传递信任，表达理解和认可。最终，让教师和家长成为学生最亲近的人，成为学生的“重要他人”，从而产生持久的影响力。

其次，在家访的具体操作技术上，管理者要给教师做好相应的培训，让教师明确以下几个要点。

（1）家访准备工作。时间安排。跟家长预约，商量家访的时间。家访的时长宜控制在半小时到一小时之间，前提是不妨碍家长的工作和生活。

路线安排。事先要计划好路线，确保准时出现在学生家中，尽量避免因路线不熟而迟到。

学生在校情况准备。家访前，必须对学生的学习习惯、兴趣爱好、同伴交往、个性、优缺点等全面掌握，以提高家访的实效性。

了解家长。家长学历、个性、职业、阅历、育儿观念各不相同，家访前应对家长的各方面情况有所了解，尽量做到信息全面，掌握对话的主动权。

（2）明确家访目的。反馈学生表现。及时向家长反映学生近段时间的表现，帮助家长了解学生的在校情况，包括取得的进步以及可能还存在的需要改进的地方。

了解家庭情况。了解学生的家庭状况、学习环境、个性特点，以及在家的表现，了解家长的期望、要求，以及教育方法等，为今后的教学工作奠定基础。

增进双方情感。向学生家长讲述学校的基本情况、基本政策，帮助家长树立正确的教育理念，增强家长的责任意识和信任度。

解决现实问题。解决家长的一些困惑，针对学生具体情况，共同探讨帮助学生成长的有效策略。

（3）做好家访计划。由被动家访到主动家访。打破被动完成任务、集中家访的做法，延长家访时间跨度，根据教师的准备、家长需求和学生的问题确定清晰的家访计划，使家访更合适、更合理、更有效。坚持目标导向，做到有计划、有思路。

由按规家访到按需家访。尝试打破简单按既定计划家访的做法，根据学生成长的具体情况，以实际需要为出发点主动家访，把家长工作做实、做细、做稳、做踏实。坚持需求导向，强调及时性、有效性。

（4）把握谈话效果。要把握谈话内容。精心组织，突出重点，讲究次序；主线思路要清晰，离题时要想办法“拉”回来；多鼓励，少埋怨，不“告状”，可以带着小礼品家访。

要形成三方互动。在与家长的谈话过程中，教师可以让学生坐在教师身边，对学生提一些简单的问题，让学生也参与教师和家长的谈话。

要追求专业属性。谈缺点必先谈其优点，谈问题必谈解决方案，谈自己必先谈到学校。

（5）做好后续工作。做好记录。及时写出详尽的家访记录，把家访过程、家访达成的共识、家访中受到的启发及发现的问题一一记录下来。

及时反馈。及时将家访后的一些相关情况反馈给学生和家长，为学生和家长提供相关的帮助和建议。

形成方案。根据学生在校表现，结合家访中了解掌握的资料，重新分析评估，制订适宜的、个性化的教育措施。

持续关注。综合家访得到的信息，持续关注学生的学习和生活情况，追踪学生的进展和变化，及时给予引导和援助，发挥家访的长久功效。

意见调查。家访后听听家长对家访的意见及感受，最好采用无记名的方式。

（6）注意家访礼仪。提前预约。要提前通知家长并告诉家长家访的主要目的，不要勉强家长，不能不预约直接到访。

衣着整齐。做到“六忌”：忌脏、忌露、忌透、忌短、忌紧、忌异。夏天不在学生家脱衣服，冬天进屋要脱帽和大衣。

注意敲门。用食指敲门，力度适中，有序地敲三下，等待回音。如无回应，可再稍加力度，再敲三下，待主人开门并打招呼后方能入内。

说话客气。进门可简要说些寒暄的话，夸夸主人的房间布置等。无论学生家境贫富，教师都要表现得不卑不亢，平和自然。

注意时长。达到预期目的即应告辞，要表示“打扰”之意；出门后主动伸手与主人握别说“留步”；主人留步后，走几步，再回首挥手“再见”；不能接受家长礼物或宴请。

强调尊重。交谈时学生最好在场，如需要单独与父母交流，可预先告诉父母，不能强行让学生到自己房中回避。

3. 建立家长参与学校教育的机制

家委会值班制是我在学校管理中坚持推行的策略，我将它称为“用第三双眼睛看学校”。学校家委会实行轮流排班，成员每周一至两次在学校全天候值班。值班期间，他们可以凭借证件进出学校所有场所，并把发现的问题整理反馈给家委会负责人。另外，家长信箱的管理由值班家长负责，对于各种家长来信，他们第一个经手，经过初步审阅后再确定后续的处理程序。

我最早在学校推行这一制度的时候，几乎遭到了学校管理团队所有人的反对，大家的理由是：学校不可能所有工作都做得十全十美，若让家委会的人自由地在学校里活动，学习存在的问题岂不是全都暴露了？如果传到其他家长的耳朵里怎么办？会不会给学校带来麻烦？甚至有人提议，家长可以值班，但要限制活动范围。在我的“坚持”下，家委会值班制在争议中启动了。执行一段时间后发现，先前疑虑的事并未出现。家委会成员值班非常认真，他们完全把自己当作学校的一员，会及时发现、反馈他们看到的问题，提出整改措施，平时教师熟视无睹、司空见惯的一些不良现象，因为这样一个特殊视角而得到了关注与改善。他们不仅没有因为学校存在不足而产生不满，相反，因为值班，他们看到了教师和学校管理者的辛苦和用心，对学校多了一份理解和包容。原本学校的一些做法、政策，因为缺少中间解读环节而被家长质疑，家长在值班期间了解情况后会主动承担起相关的解释工作。家委会值班制启动后，家长信箱的投诉信件明显减少了……

一个简单的举措为什么会带来如此显著的效果？我认为，一所学校的价值取向决定着管理者的管理思维和管理行为。管理者不应把家长当作“对立者”严防死守，而应真心实意地把他们拉进学校这支队伍，变成“自己人”，让双方的力量合而为一，彼此相互信赖，共创美好。

怎样的机制能够真正让家长参与学校的管理工作呢？我提出了三个观点。

让家长校访更具效果

家长校访，一般可分为两种形态：一是家长因学生在学校学习成绩差或违反校纪校规，被班主任请来的被动校访；二是家长为了解学生在学校的表现或想与班主任主动沟通一些情况而主动校访。

很显然，学校中出现更多的是第一种情况。过多的被动校访，常常使家长形成思维定式：只要接到教师的电话，一定没什么“好事”。而这种思维定式，显然不利于家校共育良好局面的形成。

因此，管理者首先应该在团队中达成一个共识，谨慎邀请家长到学校，不把家长当作打击学生的“工具”。不要动不动就把家长请到学校来，过分频繁地请家长往往是教师“无能”的表现。即使必须请家长，也应该尽可能避免在家长面前批评或指责学生，而要以一种平和、客观的态度来与家长交流学生的表现和问题，共同探讨解决方案。

教师对待家长校访的态度至关重要。管理者应该从以下四点培养教师。

(1) 注重态度。要以真诚的态度感召家长，使家长打消顾虑、贴近教师，使家长把校访看作是他们和教师互相交流的有效途径。管理者要做到两点：放下架子，用商量、征询的口吻，探寻解决问题的途径；摒弃自己才是专业者的想法，耐心听取意见、建议，表达感谢。

(2) 注重方法。与家长交流时，要讲究场合、讲究方法、把握尺度、语言文明、语气亲切，切忌小题大做，不要因失言而导致失礼。

(3) 换位思考。不管学生犯的错误多严重，教师都不能恶语相向，数落家长，责怪家长教子无方，使家长无地自容。遇到这种情况时，教师要学会换位思考，假如自己是家长，面对教师的责怪会是什么样的心情？只有学会换位思考，教师的态度、言语才会有所改变。

（4）学会调节。不要在情绪激动时请家长校访，否则容易引起家长的反感，严重者会与家长产生矛盾，给双方沟通造成障碍。遇到这种情况，教师应该先让自己的心情平静下来，想好该怎么与家长交谈，既可以达到使家长重视教育学生的目的，又不能让家长无地自容，难以下台。教师要想好对策后再请家长来校访。

在学校管理中，我提出了接待家长校访的“六个一”标准，作为基本的工作准则，该标准发挥了很好的管理效果，供大家参考。（见表5-2）

表5-2　家长校访接待基本工作准则

做　法	理　由
一张笑脸	微笑接待。即便家长未经邀请而来，也一定要笑脸相迎。如果家长突然来访，自己又马上有课，要客气地和家长说明情况，约定谈话时间
一把椅子	主动请家长就座，体现平等、尊重。如果天气好，征得家长同意后，在校园里边漫步边交谈也是不错的选择
一杯水	主动递给家长一杯水，让他们感到被关心
一双倾听的耳朵	对家长的表达要耐心倾听，不随意打断双方说话，不过早表达自己的判断
一条具体可行的建议	类似于“回去好好教育孩子”这样的话，不会产生任何效果，给家长的建议必须具体可行，让家长明白我们的意图并采取行动
一纸记录	与家长的谈话，包括电话往来，必须留下记录，建立家校联系档案，保留工作的第一手资料。一旦和家长发生分歧、争执，这些记录可以很好地帮助我们回忆细节、澄清事实

让家委会回归“正位”

作为校长，首先应该坚定一点，千万不能让家委会成为学校践踏上级政策红线的“挡箭牌”。

学校要打着政策的“擦边球”做一些事，自己不好出头，于是就用家委会来组织这样的情况普遍存在。比如，教育部门明确规定，学校不得在法定节假日组织补课。然而，某学校为了提高升学率，利用家委会向家长提出在假期补课的建议。家委会在没有得到充分信息和明确指导的情况下，可能会误以为这是为了学生好，从而同意了这个建议。这样，家委会就无形中成为学校违反政策规定的“背锅侠”。

家委会由家长代表组成，旨在促进家校沟通与合作，维护学生的权益。但我在走访学校的过程中发现，虽然大部分学校都成立了家委会，但更多时候有其名无其实，家委会并没有发挥其应有的作用。主要存在这样一些表现。

（1）思想认识存在“不足”。有的校长骨子里就认为学校办学和家长没什么关系；有的校长已经意识到家长是一支不可或缺的教育力量，但认为家校共育的重点是开办家长学校，是教会父母如何做家长。这时候，家长仍然没有成为办学的主体之一，而是当作被教育的对象。当然，也有少数校长充分认识到了家长也是办学的主体之一，必须成立一个组织来发挥这一主体的作用，他们大多重视家委会的建设。现实情况是，绝大多数学校对家委会的认识，仍然停留在前面所讲的两种情况。

（2）功能定位有所“偏误”。谁的权力大，谁拥有或能协调的社会资源多，谁就加入家委会。在这样的功能定位下，家委会就会出现媒体行业的家长管宣传、运输公司的家长管交通工具、景区工作的家长管门票、文化部门的家长管活动场地、餐饮行业的家长管接待的局面，家委会成了学校拓宽资源的一个工具。许多学校不能做的事，学校也有可能假借家委会的名义来做。相反，家委会应该着力解决的教育责任缺位、家校信息不对称、维护受教育者权益等本职工作，却被有意“阉割”了。

（3）机构设置成为“摆设”。家委会本应是家长参与的自治组织，但多半学校不肯放权，家委会工作机制不健全，家委会成了“摆设”，要么成了纯粹应付上级检查的工具，要么成了学校信息通报员。若长期处于这种状态，家委会成员在家长群体中便毫无威信。

（4）活动开展注重“形式”。听取学校报告、审议学校计划、监督学校工作开展、维护学生权益、提出办学建议等，这些都是家委会应有的权利，但它们大部分只是学校印在工作制度汇编里的“一纸空文”。家委会的工作常态是开展一两场培训，协助学校开展一些大型活动，等等。

当然，出现上述情况的原因是复杂的。比如，学校重视不够，家委会成员选拔机制不够成熟，还有许多被教师指定的成员能力不足，缺乏经验，不善于沟通，无法发挥学校与家长间的纽带作用。上述情况在一些农村学校中更加常见。学校管理者不仅要完善成员选拔机制，还要有意识地组织相关培训，提升家委会成员的文化素质和工作水平。

首先，管理者要对家委会的职能、权利和义务等进行清晰界定，表5-3供大家参考。

表5-3　家委会的职能、权利和义务

项　目	内　容
家委会的职能	1. 参与职能：积极参与学校教育教学管理，关心学校事业发展； 2. 配合职能：主动配合学校深化教学改革，强化学生素质教育； 3. 督促职能：督促学校全面贯彻教育方针，保证学生全面发展； 4. 沟通职能：保证学校与学生、教师和家长之间的联系
家委会的权利	1. 获知学校的发展规划、办学目标和工作计划的权利； 2. 参与学校管理，对学校的教育发展、教育教学和日常管理工作提出意见和合理建议的权利； 3. 作为其他家长的代言人，对学校工作及教职工给予监督和评议的权利
家委会的义务	1. 收集其他家长意见和建议，促进家校之间相互了解和交流，并向学校反馈的义务； 2. 参与学校的有关活动，主动支持学校的建设和事业发展，对外宣传学校政策和发展情况的义务； 3. 帮助家长提高家庭教育水平的义务

可以看出，家委会存在的价值，是让家长从“幕后”走向“台前”，通过家长对学校教育教学工作的知情权、评议权、参与权和监督权，让

家长充分参与学校管理。家委会成员可以参与学校的决策过程，对学校的教育改革、课程设置、师资力量等方面提出意见和建议。这有助于推动学校的民主管理，使学校的决策更加科学、合理，更加符合学生和家长的利益，也有助于完善学校、家庭、社会三位一体的教育体系，从而营造良好的教育环境和教育生态。

管理者必须意识到，家委会绝不能成为“摆设”，学校要给家委会提供必要的办公场合、办公条件，并将其纳入学校整体的工作计划，做好具体的工作安排。家委会的工作主要可围绕下列内容展开：

- 每学期召开1～2次的联席会，组织家委会成员按时参加，反馈家长意见，制订好工作计划，学期末做好工作总结。
- 组织家委会成员每学期通过听课、参观、交流等形式参加学校活动，听取学校工作汇报，了解学校教育情况。
- 带领家委会成员参与学校民主管理与监督，有计划地参与学校的重要活动，发动家长提供力所能及的支持和帮助，积极协助学校开发教育资源及社会实践活动的课外活动基地，并帮助落实。
- 通过各种渠道了解社会部门人员、家长对学校教育的建议与需求，并及时予以反馈，协调家长、社会部门人员与学校之间的关系，促进社会逐步形成尊师重教的良好风气。
- 协助学校办好家长学校，让广大家长学习必要的抚育、培养、教育子女的科学知识。收集家教方面的成功经验和案例，进行交流，共同关心未成年人的思想道德建设。

当然，我们强调家委会要发挥作用的同时，也要防止家委会走向另一个极端。家委会与学校之间的关系，可以比喻为“合伙人”“同盟军”“交谊舞的舞伴”，双方是平等的、互助的，是相互成就的关系，如果处理不当，也会出现家委会凌驾于学校之上的不利局面。因此，在具体的家委会组织过程中，家委会与家校之间要反复沟通，双方成员要恪守四个原则：

- 监督而不越位。家委会应监督学校工作，确保其合规合法，但不应超越其职责范围，干涉学校的教学和行政管理。监督是为了促进学校工作的透明和公正，而非代替学校进行决策。
- 参与而不干预。家委会应积极参与学校的教育活动和决策过程，提供家长视角和建议，但不应过度干预学校的日常运营和教育教学。参与是为了增进家校沟通，而非代替学校进行日常管理。
- 支持而不盲从。家委会应支持学校的正确决策和举措，同时也要保持独立思考，不盲目追随学校的决策。支持是为了促进家校合作，而非无条件地服从学校的所有决策。
- 弥合而不分裂。家委会应努力弥合家校之间的分歧，促进双方的理解和合作，而不是加剧家校之间的矛盾和分裂。弥合是为了建立和谐的家校关系，而非加剧家校之间的对立。

三是开展好“家长讲堂”

在学校，我曾坚持开展两项工作：一是让“家长分享会”走进课堂，二是开展“家长沙龙”，促成家长之间的智慧碰撞。

前者是指充分利用家长资源，将其作为学生的引路人和榜样。家长的人生经历、职业经验和价值观等都是学生宝贵的财富。让家长走进课堂，讲自己的故事，分享自己的成长经历，以经验分享会的形式，让学生了解不同职业、不同的生活状态，从而开阔视野、增长见识。

后者是指不定期邀约家长参与沙龙活动。管理者可以根据家长的需求和关注点，确定合适的主题，选择方便家长参加的时间和地点开展沙龙活动，也可以邀请一些教育专家、教师或者经验丰富的家长来分享他们的经验和见解，增加活动的吸引力和权威性。活动中可以安排一些互动环节，如小组讨论、问题解答、经验分享等，让家长更加积极地参与和交流。在这样一种轻松、愉快、有益的氛围，家长也更愿意互相学习、互相支持，共同促进学生的健康成长。

两项工作都基于一点认识：每一个学生背后都有一个巨大的支持群体。充分挖掘“家长”教育资源，具有重要的意义。

很多学校都开设了家长讲堂，发挥家长的作用，让家长走进学校的教室、会议室，为学生传经送宝。管理者如何做好这项工作呢？我有四点建议。

（1）做好调查摸底，建立优秀家长档案。通过问卷调查、家访等形式，了解家长的学历、工作情况，个性特点、兴趣爱好、特长，参加家长学校培训的情况，以及教育理念等信息，给家长建立档案，从中筛选出家长讲堂所需的家长信息资源，为家长讲堂提供家长“讲师”队伍。

（2）做好培训工作，提升家长的讲课能力。家长讲堂开课前，可利用家长学堂、家长学校、家长沙龙等载体，对相关家长进行有目的、有针对性的上岗培训，让学生家长具备“讲师”所需的基本素质，确保“家长讲堂”的质量。

（3）做好系统设计，精心安排家长课程。要建立一套完善、合理、科学的家长讲堂实施方案，明确家长课堂的目的、意义、课程设置、实施办法等相关内容。可紧紧结合学校德育品牌建设和学生生活、学习实际，设立“道德讲堂”“生活指南”“凡人逸事”“成长体验”等专栏，充实和丰富家长讲堂的内容。

（4）做好适度融合，发挥家长特殊才能。家长讲堂不必局限于课堂内的讲座，还可以推广到学校的其他层面，邀请有特长的家长参与学校的各类活动。比如，邀请有体育特长的家长参与学校各种体育比赛，充当教练、裁判等角色；邀请技能型的家长给学生进行各类生活知识、生存技能等方面的指导；等等。

家长讲堂的良好开展，必须有相应的长效机制予以保障，对此，管理者应该注意以下几点：

- 需安排教室、报告厅作为家长讲堂长期的、固定的场地，并进行相应的环境布置。
- 需要一定的经费保障，可以赠送适当礼物或者证书，激励家长参与的积极性。
- 要建立家长讲堂管理制度、家长讲堂听课公约等相关制度。
- 要对家长的讲课内容进行必要的审核，确保讲课内容健康，符合学生实际。
- 要建立相关评价机制，对参与讲课的家长、听课的学生或教师实行综合评价。

4. 畅通家校沟通的渠道

沟通渠道不畅是影响家校共育效果的重要因素。比如，学校和家庭之间的信息接收存在延迟，导致家长无法及时了解学生在学校的表现，学校也无法及时了解学生在家庭中的情况。由于沟通渠道不畅，信息传递过程中还可能会出现误解或遗漏，导致家长和学校之间的信息不一致，影响双方对学生的了解和评价。此外，家校沟通方式也较为单一，主要依赖家长会、电话、短信等传统方式，这些方式受到时间和空间的限制，无法满足家长和学校之间的沟通需求。

家校沟通渠道不畅的现象会带来以下负面影响。

（1）影响家校合作效果。家校沟通不畅会导致双方无法有效合作，无法共同解决学生在学习和生活中遇到的问题，甚至造成不必要的误解和矛盾。

（2）加重家长负担。家长需要花费更多的时间和精力去了解学生在学校的情况，增加了家长的负担。

（3）影响学生心理健康。家校沟通不畅可能导致学生感到被忽视或被误解，进而影响学生的心理健康和学习积极性。

为了促进家校之间的有效沟通，管理者需要建立多样化的沟通渠道，提高信息传递的效率和准确性，同时加强家长和学校之间的互信和合作，共同为学生的成长和发展创造良好的环境。以下是一些具体的做法及基本的开展思路。

校报、校刊和年鉴

基本思路：定期汇总、发布学校的重大事件、教学成果、学生活动等，让家长了解学校的发展动态。

开展方式：组织编辑团队，收集资料、设计版面，定期印刷发放给家长。

学校宣传手册

基本思路：为新生家长或新入职的教职工全面介绍学校的历史、文化、课程设置、师资力量。

开展方式：设计精美手册，包含图片、文字介绍，并在新生入学或新教职工入职时发放。

微信、钉钉、QQ 等交流平台

基本思路：利用即时通信工具，方便家校间的日常沟通，如通知发布、作业布置、问题反馈等。

开展方式：建立家长群，确保每名家长都能及时收到信息，并设置管理员维护群秩序。

家校联系单、联系卡、联系本

基本思路：用于记录学生在家、在校的学习情况、行为习惯等，让家长与教师保持密切联系。

开展方式：设计统一的联系单或联系卡，要求学生定期带回家，让家长填写后带回学校。

校级或班级家长会

基本思路：定期召开家长会，让家长了解学生在校表现，同时听取家长的意见和建议。

开展方式：提前通知家长，准备好会议议程和内容，邀请教师、学生、家长共同参与。

学校宣传栏、微信公众号、视频号、每日新闻快讯、喜报、简讯

基本思路：利用多种媒体平台，发布学校的新闻动态、活动报道等，让家长随时了解学校情况。

开展方式：定期更新内容，采用图文、视频等多种形式，吸引家长的关注。

问卷调查

基本思路：通过问卷调查了解家长对学校工作的满意度、学生的需求等，为学校改进工作提供依据。

开展方式：设计问卷，通过线上或线下方式发放给家长，收集数据后进行分析。

家校合作指导手册

基本思路：为家长提供家庭教育指导，促进家校合作，共同呵护学生的健康成长。

开展方式：编写包含教育理念、方法、案例等内容的手册，发放给家长并定期组织学习讨论。

教师与家长的互访

基本思路：加强教师与家长之间的沟通，增进彼此了解，促进合作。

开展方式：教师定期到学生家中家访，了解学生在家的生活情况；家长也可通过预约，到学校与教师面谈。

家长学校

基本思路：举办家长教育培训活动，更新家长的教育理念和方法。

开展方式：邀请专家、教师授课，组织家长参加培训，并提供交流互动的机会。

家长意见箱

基本思路：收集家长的意见和建议，为学校改进工作提供参考。

开展方式：设置意见箱，定期收集家长的信件或电子邮件，整理分析后反馈给相关部门。

这些做法可以加强家校之间的沟通与合作，共同为学生的成长创造良好的环境。

深度思考

◎ 你认为制约学校推进家校共育良好局面形成的主要因素有哪些？你有怎样的破解思路？

◎ 你是否认真分析过学校家长群体的构成与特点，并据此设计相应的家长教育课程？

◎ 你是否从内心深处真的认同家长应该成为学校管理主体的重要构成部分？你认为家长参与学校管理的“边界”在哪里？

◎ 通过阅读本章内容，你是否形成了家校共育工作开展的基本思路和策略？

后记

辽宁海城，这座典型的北方小城，以其独特的气候引人注目。夏日正午炽热异常，而夜幕降临凉爽宜人。这种温差变化，与我创作《学校可以这样管》的心路历程有着奇妙的契合。白天，我如同身处知识的熔炉，不断充实和完善书稿；夜晚，我则在清凉中沉淀思绪、梳理思路。

我深知学校管理工作的复杂与重要。管理者肩负重任，须在挑战中探寻出路，为学生营造优质教育环境。此书旨在为广大学校管理者提供一本实用的操作手册，指明管理之路的方向。

本书追求“接地气”，内容均源于教育现场，真实展现管理一线的情景。本书摒弃华而不实的理论，用生动的实例、朴实的语言，让读者感同身受，易于理解和接受。每个观点和方法都能在学校管理实践中发挥作用，引发读者的共鸣与思考。

本书追求“实用性”，书中包含大量真实案例和实操工具，旨在帮助读者在实际工作中直接运用。无论是校园文化建设、学生发展、师资队伍管理，还是教学质量提升、课堂教学改革、教育生态打造，书中均有具体指导和建议。

本书追求“系统性”，通过全面梳理和分析各个学校的管理经验，本书构建了完整的管理体系，逻辑清晰、层次分明。书中各部分内容相互关联，便于管理者从宏观和微观层面把握管理要点，形成学校管理的“全景图”。

需说明的是，书中部分内容参考了网络资料和学校案例，因实际情况限制，无法一一标明出处。我创作此书的初衷是惠及更多管理者，望大家理解。

我期望这本书能成为学校管理者的得力助手，为他们的工作带来实质帮助与启发。愿所有学校共同努力，为学生创造更加美好的未来。在夏日即将结束之际，我将此书交付，期待它在学校管理的领域里绽放光彩。

2024年7月